高等院校**电子商务类**
"十三五"新形态规划教材 | 电子商务系列

人邮电商教育
E-Commerce

U0734607

网上创业

微课版

赵爱香 桂芳昕 钱蓝 蔡建波／主编

唐智芳 张凤 邱小玲／副主编

人民邮电出版社

北京

图书在版编目（CIP）数据

网上创业 ：微课版 / 赵爱香等主编. -- 北京 ：人
民邮电出版社，2020.6（2024.7重印）
　　高等院校电子商务类"十三五"新形态规划教材. 电
子商务系列
　　ISBN 978-7-115-52926-8

Ⅰ．①网… Ⅱ．①赵… Ⅲ．①电子商务－高等学校－
教材 Ⅳ．①F713.36

中国版本图书馆CIP数据核字(2019)第290258号

内 容 提 要

　　本书以互联网环境为背景，对网上创业的相关内容进行了介绍，力图帮助广大创业者打下创业的基础。全书共8章，分别讲解了网上创业基础，网上创业的机会与风险，网上店铺的开设与装修，商品的选择与发布，店铺的运营管理，店铺的营销推广，新媒体营销推广，资金、财务与企业管理等知识。

　　本书在讲解中穿插了相应的实例，这些实例能有效地帮助读者理解知识。本书可作为本科院校、职业院校电子商务等专业"网上开店""网上创业"相关课程的教材。

◆ 主　　编　赵爱香　桂芳昕　钱　蓝　蔡建波
　　副 主 编　唐智芳　张　凤　邱小玲
　　责任编辑　侯潇雨
　　责任印制　王　郁　马振武

◆ 人民邮电出版社出版发行　北京市丰台区成寿寺路 11 号
　　邮编　100164　电子邮件　315@ptpress.com.cn
　　网址　https://www.ptpress.com.cn
　　北京天宇星印刷厂印刷

◆ 开本：787×1092　1/16
　　印张：12.75　　　　　　　　2020 年 6 月第 1 版
　　字数：326 千字　　　　　　 2024 年 7 月北京第 6 次印刷

定价：42.00 元

读者服务热线：**(010)81055256**　印装质量热线：**(010)81055316**
反盗版热线：**(010)81055315**
广告经营许可证：京东市监广登字 20170147 号

一、本书的内容

本书共8章，对网上创业的相关知识进行了全面的介绍，各章的具体内容和学习目标如下。

章序	主要学习内容	学习目标
第1章	1. 网上创业概述 2. 网上创业的主要模式 3. 大学生网上创业	掌握网上创业的基础知识，并着重了解与大学生网上创业相关的扶持政策，以及大学生网上创业的有利和不利因素
第2章	1. 网上创业机会的识别 2. 网上创业风险的评估	掌握创业机会的来源和选择方法，了解创业风险的主要类型，并学会识别与防范创业风险
第3章	1. 网上店铺的电子商务平台 2. 网上店铺的运营流程 3. 淘宝网店铺的开设 4. 淘宝网店铺的设置与装修	熟悉并选择适合自己的网上创业平台，掌握网上店铺的开设、设置和装修方法
第4章	1. 商品的选择 2. 进货渠道的选择 3. 商品的发布	了解如何选择商品和进货渠道，学会商品的发布技巧
第5章	1. 商品运营管理 2. 客户服务管理 3. 物流服务管理	掌握网上创业过程中的商品运营、客户服务和物流服务等的管理
第6章	1. 常用的营销策略 2. 淘宝必备推广工具 3. 淘宝活动推广 4. 移动端营销推广	了解店铺进行营销推广的常用策略，并学会推广工具的使用，掌握淘宝活动推广和移动端营销推广的方法
第7章	1. 新媒体营销的渠道和方式 2. 朋友圈内容营销 3. 社群营销 4. 电商公众号营销 5. 微店营销	了解新媒体营销推广的渠道和方式，掌握通过朋友圈、社群、电商公众号等新媒体渠道进行营销推广的方法，然后尝试开通微店进行营销推广

章序	主要学习内容	学习目标
第8章	1. 创业资金的来源 2. 创业财务的管理 3. 创业企业的管理	了解创业资金的来源，学会对企业的财务进行管理，以明确企业成本和经济效益，掌握企业的日常管理工作，包括基础管理、人力资源管理和营销管理等

二、本书的特点

本书主要有以下特点。

1. 知识系统，结构合理

本书从网上创业的基础知识入手，由浅入深，详细介绍了网上创业的概念、商业模式、机会与风险，网上开店的具体操作与营销推广方法，企业的资金、财务和企业管理等知识。同时，本书按照"案例导入＋知识讲解+思考与练习"的方式进行安排，让读者在学习基础知识的同时能加强练习，以深化对知识的理解。

2. 内容丰富，形式多样

本书以网上创业模式中较容易实现的"网上开店"为主要内容，详细介绍了网上创业过程中涉及的一系列操作，通过网上开店的真实案例来提高读者对网上创业的认识。另外，书中的"经验之谈"小栏目是与内容相关的经验、技巧与提示，能帮助读者更好地梳理知识。

3. 视频同步演示

本书通过二维码的方式为读者提供了配套的视频教学资料，视频内容直观、有针对性，读者只需扫描二维码，即可配合书中的内容同步学习。

三、本书的作者

本书由武汉软件工程职业学院的赵爱香，广东酒店管理职业技术学院的桂芳昕、蔡建波、唐智芳、张凤、邱小玲，苏州工业园区职业技术学院的钱蓝共同编写。

尽管编者在本书的编写与出版过程中精益求精，但由于水平有限，书中难免有疏漏和不足之处，恳请广大读者批评指正。

编者
2019年10月

Contents 目录

01

第1章　网上创业基础

　　网上创业具有门槛低、节约成本等优势，能降低年轻人的就业压力，开辟了一条相对公平、便捷的就业渠道。对于刚刚踏入社会的年轻人来说，网上创业已经成了一种重要的就业方式。但网上创业究竟是什么？有哪些途径和形式？政府支不支持？这些都是网上创业者首先需要了解的问题。本章将对网上创业的概念、现状、发展趋势和主要模式，以及大学生创业的扶持政策、网上创业的有利和不利因素、基本技能等进行讲解，让学生对网上创业有基本的认识。

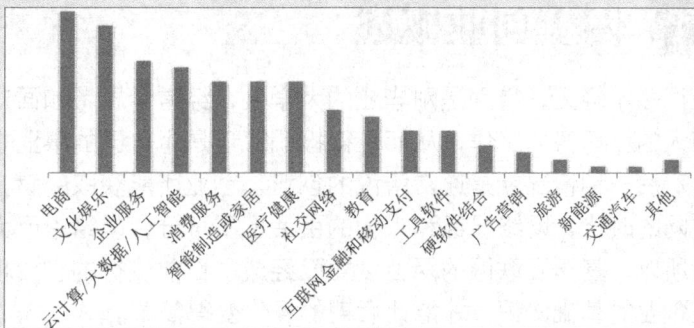

- 网上创业概述
- 网上创业的主要模式
- 大学生网上创业

本章要点

 案例导入

大学生网上创业，销售额过亿元

小刘大学毕业后，一直在找工作和换工作，一次无意中的网上购物改变了他的生活。他从网上购买了一些零食招待朋友，朋友觉得这些零食的味道还比不上小刘家乡的水果干。说者无意，听者有心，小刘开始思索，既然大家喜欢自己家乡的水果干，为什么自己不进货来卖呢？于是他试着在淘宝网上开了家小店，没想到两天时间，水果干就全部卖光了，这次试水让他看到了机遇。于是小刘开始了一个人一台计算机的网上创业之路。半年时间，通过在淘宝网上销售家乡的水果干，他成功地赚了4万元。

在获得短暂的成功后，小刘的网上创业遇到了瓶颈，由于产品单一，消费者复购率并不高，加上竞争者逐渐增多、价格战持续不断，网店的利润逐渐变少。

在困难的时候，小刘想到自己的母校有关于大学生创业的帮扶规定和专业的技术支持，于是他向学校的相关部门请求帮助。学校不仅给他提供了一次性的创业补助，还从技术上给予了支持，并建议小刘在水果干的口味上做文章。为了找到适合市场的口味，学校老师带着小刘辗转全国各地做市场调研。在得到市场反馈后，学校还帮忙联系了一家生产商，推出了不同口味、不同类别的水果干；并提供了担保，帮助小刘取得了银行贷款。在销售水果干的同时，小刘又开发出一系列的休闲食品，使网上店铺的销售额从每月几百元飙升到上万元。随着业务量的增加，小刘成立了公司，还招收了多名员工，当年销售即突破百万元。

后来，小刘又在天猫开设旗舰店，年销售额超过千万元，接着，他在其他网络电商平台相继开设网上店铺，全年销售额突破亿元。

【案例思考】

随着互联网技术的发展，网上创业门槛大大降低，越来越多的人选择了网上开店的方式来创业。前期投入少、创业成本低，这是大部分人选择网上创业的原因。网上创业的方式主要包括网上开店和网上加盟，非常适合技术人员、大学生和上班族。调查显示，超过80%的网上创业者年龄在18～30岁。网上创业者除了要了解网上创业的基础知识和与大学生创业相关的政策外，还应该注意哪些问题呢？

第1章案例解析

1.1 网上创业概述

很多年轻人，特别是刚毕业的大学生，经常会思考和面对这样的问题：该如何获取财富？是去别人的公司努力工作，从而获得报酬？还是为自己的事业奋斗，以自己的脑力和体力付出换来财富？后一种情况就是通常所说的创业，创业所能获取的财富是无法估量的。当今社会已经进入互联网的时代，网络已经和人们的生活密不可分，网络中巨大的用户数量就代表着各种盈利的可能，所以，基于互联网的网上创业已经成了目前流行的创业模式。要了解网上创业，需要先了解网上创业的基础知识，才能让后期的操作变得简单。

↘ 1.1.1 互联网与创业

目前，网上创业是一种非常流行的创业模式。当然，网上创业并不是一件容易的事，创业者不仅需要了解互联网，还需要认真学习创业的相关知识。

1. 了解互联网

互联网在网上创业中具有非常重要的意义，其发展引发了电子商务新形态的产生，依托互联网信息技术，优化生产要素、更新业务体系、重构商业模式。

我国互联网发展的现状如下。

- **网民数量巨大，互联网惠及全民**：截至2018年12月，我国网民数量达8.29亿，网络普及率达59.6%。互联网商业模式创新、线上线下服务融合以及公共服务线上化惠及全民。
- **移动互联网成了最重要的互联网产业**：截至2018年12月，我国移动网民规模达8.17亿，在网民总数中的占比达到98.6%。以手机为中心的移动智能设备成了移动互联网的重要支撑，为移动互联网产业创造了广阔的价值挖掘空间。
- **移动支付成为主流支付方式**：移动支付用户规模持续扩大，网民在线下消费使用移动支付比例提升至65.5%。移动支付加速向农村地区渗透。
- **电子商务持续发展**：2018年电子商务平台收入总额为3667亿元，比上年增长13.1%，电子商务服务模式、技术形态、赋能效力不断创新。
- **与网络安全相关的法规逐步完善**：各种与网络相关的安全法律以及配套法规陆续出台，为网络安全工作提供了切实的法律保障。

2. 了解创业

"创业"通常指的是开创某种事业的活动。创业意味着创业者通过有组织的努力，以创新、独特的方式追求机会、创造价值，是创业者通过创新手段更有效地利用资源，为市场创造出新价值的过程。

大学生等年轻的创业者可以从以下4个方面来理解创业。

- **创业是一种生活方式**：对于没有经历过创业和第一次创业的人来说，创业既充满吸引力，又困难重重。充满吸引力是因为创业成功后可以积累大量的财富、受人尊敬；困难重重则是因为创业过程中可能会遇到资金不足、项目选择不当、管理经验缺乏等各种困难，容易导致创业失败。实际上，褪去其神秘华丽的外衣，创业也只不过是一种生活方式而已，只是相对于一般的工作，创业需要创业者付出更多的时间与精力，具备更多的技能，还要勇于面对困难和挫折。因此，要想创业成功，就需要承担相应的风险、责任和压力。
- **创业是实现梦想的一种途径**：每个人都有属于自己的梦想，而创业是实现梦想的一种途径。创业可以带来优质的人脉关系，增长见识。
- **创业过程充满不确定性**：对于创业者来说，创业的过程是无法完全掌控的，因此充满了不确定性。为了应对各种意外情况，在创业前，创业者需要做好充足的准备工作，如资料收集、市场调查、资金筹备等，也需要进行周全的考虑和战略规划等，需要注意的是充足的准备并不能消除不确定性，创业仍可能会失败。
- **创业需要创业者具备较强的综合能力**：创业者需要选择项目，开发与研制产品，以及与消费者、销售人员、供应商和代理商进行沟通交流，甚至还会涉及资金的管理、员工的

网上创业（微课版）

招聘，以及与工商、卫生和税务部门打交道等各种问题，因此创业者需要有较好的语言表达能力、良好的人脉关系、营销能力及独特的个人魅力。

1.1.2　网上创业的概念

网络的自由性和便利性让21世纪的经济越来越集中在线上，网上创业也渐渐成为广大创业者，特别是年轻创业者喜爱的创业方式。在介绍了互联网和创业的基本知识后，下面进一步介绍网上创业的知识。

1. 网上创业的定义

网上创业，顾名思义，就是在互联网上进行创业，将创业项目转变成生产力的过程。

通俗地讲，网上创业就是利用网络技术或平台，开办企业或开展商业经营活动，并创造价值、谋求利润的过程。网上创业是在购物网站、网店出现后产生的一种新型的创业形式。

2. 网上创业的特点

由于互联网独特的技术特点与互联网企业的特殊经营模式，网上创业与传统创业相比有较大的差异，下面将从宏观和微观两个方面介绍网上创业的特点。

（1）网上创业的宏观特点

网上创业的宏观特点主要表现在以下6个方面。

- **创新性要求高：** 由于网上创业与最新的互联网科技联系紧密，所以，创业时需要树立创新意识并培养创新思维，然后通过创新产品打动消费者，最终获取高收益和高回报，并在竞争激烈的市场中占据一席之地。
- **主体多元化：** 以互联网为基础的社交网络扁平化，导致知识和技术的传播更加迅速，创业者由最初的技术精英逐步拓展到"草根"大众，创业的主体呈现多元化的态势。
- **成本低：** 网上创业可能获得更多的资金和人才方面的帮助，以及政策等方面的支持，从而降低创业成本。
- **产业衍生性强：** 网上创业的产业链长、衍生性强，不仅涉及各种新技术和新领域，还拥有广阔的与传统产业合作的空间。
- **商业模式多样化：** 网上创业可以选择多种商业模式，甚至可以直接与消费者进行接触，让消费者体验各种创意。
- **创业环境透明公平：** 网上创业以能力为导向，更加公平、公开，行业竞争更加良性。

（2）网上创业的微观特点

网上创业的微观特点主要表现在以下4个方面。

- **市场大：** 网上创业通常都需要构建或依靠互联网平台，互联网的特性决定了网上创业需要面对更大的市场和消费群体。
- **产品小：** 网上创业常以较少的投入，把创意或项目中核心、直观、有价值的部分做成"小"产品，其原因在于产品小更容易吸引投资者和消费者的注意和兴趣，便于不断改进和创新，甚至在创业遇到挫折时，能以更小的代价来调整经营方向。
- **消费者定位精准：** 网上创业需要不断地试错，因此可能消耗大量的创业成本。创业者应该将这种试错成本降到最低，最好的方法就是在小范围内选择精准消费者群进行试错。所以，这里的"精"是指对产品消费者进行精准定位。通过反复验证消费者体验，不断调整产品和模式，并改进项目内容，以满足消费者的需求。

4

- **迭代快**：网上创业的发展过程是产品快速迭代的过程，网上创业的产品制作出来后，一旦面对市场和消费者，就需要不断接受消费者有价值的信息反馈，并不断地开发新版本或新功能，在性能和外观上不断变化，这样既是为了适应市场，也能降低开发成本。

3. 网上创业的优势

相对于传统创业，网上创业具有以下4点优势。

- **风险系数低**：虽然创业都有风险，但和传统创业相比，网上创业的风险小，即便创业失败，由于初期投入较低，从而损失较少。
- **不受区域限制**：对于网上创业来说，只要有宽带，就解决了营业场地的问题，不需要去租门面，也不需要在不同城市开连锁店，通过互联网就可以在全世界进行采购和销售。
- **营业时间不受限制**：网上创业店铺可以24小时营业，随时接收商业信息并实时处理，采购和销售也可以同时进行，只需每天查看客服聊天软件，认真处理商业信件和咨询，及时更新信息，就可以正常营业。
- **人员组成和人际关系简单**：网上创业初期通常只需一个创业团队甚至创业者一个人就能完成所有工作，只有在项目成熟后才需要扩招成员。而且在网络中创业者通常是借助计算机和智能手机与消费者沟通，没有太多的交际应酬。

1.1.3 网上创业的现状及其成功之道

近年来，随着"互联网+计算机+智能手机"的飞速发展和普及，人们可以通过计算机或智能手机在互联网中创业和工作。根据一份2017年的网上创业数据调查报告，创业者可以从方向、地点和风险投资3个方面来了解网上创业的现状。

- **创业方向分布**：网上创业方向主要集中在电商、文化娱乐、企业服务、云计算/大数据/人工智能等热门领域，其具体分布如图1-1所示。

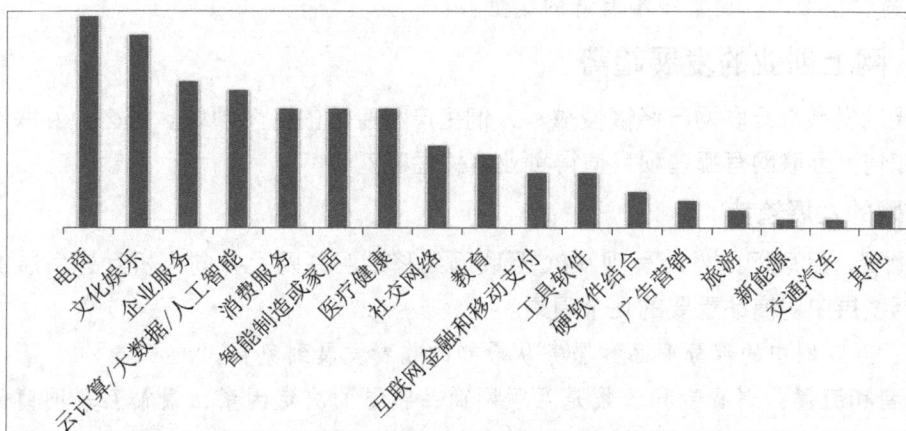

图1-1 网上创业方向分布示意图

- **创业地点分布**：网上创业公司主要分布在北京、上海和广东地区，并渐渐开始向浙江、四川和江苏等地区扩展。
- **创业风险投资分布**：网上创业投资的数量和金额在不断增长，如图1-2所示。

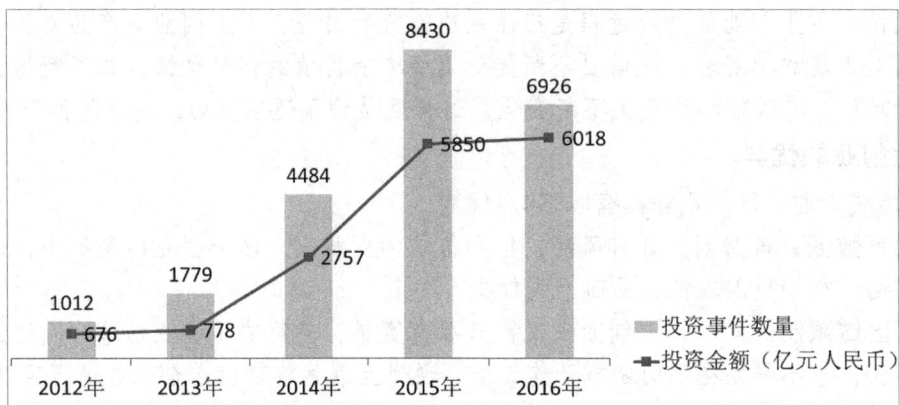

图1-2　网上创业风险投资分布示意图

成功的网上创业案例大部分都是有迹可循的，其成功之道主要包含以下3个方面。

- **坚持产品为本**：网上创业是以消费者为中心的创业形式，消费者的去留会影响创业的成败，而产品则是影响消费者去留的主要因素。很多创业者之所以失败，是因为没有从消费者的角度来选择产品，如产品的功能不符合目标消费者的需求，外观不符合目标消费者的审美，从而导致消费者体验非常差。
- **找到适合自己的商业模式**：很多成功的企业都有自己的商业模式，但并不是所有好的商业模式都适合网上创业，因此网上创业必须找到适合企业自身的商业模式，而且通常简单、直接、有效的商业模式更容易得到市场和投资人的认可。
- **确实有效的营销策略**：一个好的产品，如果缺乏一个行之有效的营销策略作为支撑，很难最终走向市场。例如，在淘宝网上开设网上店铺，除了产品质量要过硬外，如果没有积极的营销推广，通常很难有好的销量。

1.1.4　网上创业的发展趋势

随着时代的发展，互联网已经慢慢融入人们生产和生活的各个领域。那么，互联网行业未来的发展趋势如何？互联网有哪些项目值得创业者关注呢？

1. 互联网的发展趋势

从整体上看，互联网的发展呈现从PC互联网到移动互联网，并向人机互连发展的趋势。下面介绍互联网发展中对商品重要的几个因素。

- **商品**：互联网中的部分商品和服务从最初的收费发展到免费。
- **消费者和流量**：消费者和流量是互联网商品销量的决定因素，最初互联网商品获取消费者和流量的成本很低，但随着互联网交易规模的增大，现在的成本是最初的几十倍；而在未来，获取消费者和流量的成本会越来越高。
- **信息传播**：互联网中的信息传播经历了从论坛到门户网站，从人工分发到机器分发再到信息流，从主流媒体到自媒体的发展历程。而在未来，人们可能需要通过付费获取高质量的真实信息。
- **网络速度**：互联网的网络速度从最初拨号上网的几Kbit/s到高速宽带上网的几百Mbit/s，再到现在的光纤传输的几Gbit/s，移动互联网技术也从2G、3G到目前的4G、5G，而在未来，网络速度会越来越快。

经验之谈

　　根据互联网信息传播的发展趋势，因互联网而衰落的传统媒体，如果仍然能够提供高质量且专业的信息，可能会再次崛起。

● **支付方式**：互联网的支付方式也是从最初的邮政汇款和银行转账，用手机话费抵扣，再到支付宝在线支付，发展到如今，移动支付已成为主流的支付方式。

2. 网上创业项目

根据2018年统计的互联网趋势数据，有以下几个未来一段时间内热门的网上创业项目。

● **云计算**：现在的云计算主要被应用于"数据采集+优化"和企业软件等领域，已成了互联网科技巨头激烈争夺的市场项目。很多的企业通过云计算优化投资，在相同的条件下，云计算能帮助企业扩展更多的创新能力，带来更多的商业机会。

● **人工智能**：随着亚马逊等互联网领先企业通过人工智能使数据的处理和收集变得更加容易，人工智能服务平台在企业运营过程中变得越来越重要，很多企业已经将人工智能当作重要的项目来运作。

● **智能手机**：根据数据统计，智能手机的全球平均售价在逐渐下降，这样的趋势有助于智能手机在欠发达市场的普及，而且有利于包括手机App在内的智能手机周边行业的发展。

● **电子商务**：目前，我国的互联网零售额占总零售额的比例为20%。以淘宝和京东为代表的电子商务企业也在不断提出新的零售概念。也就是说，电子商务领域还有巨大的潜力和商机存在。

● **移动支付**：在移动支付领域，以支付宝和微信为代表的移动支付规模呈倍数增长，增幅在不断提高。在2018年第二季度，银行业金融机构共处理电子支付业务437.68亿笔，金额达584.99万亿元，移动支付正逐渐成为主流，成为风口。

1.2 网上创业的主要模式

　　网上创业的创业者需要借鉴优秀的、创新的和成功的创业模式，将其用于规避大多数无谓的损失，提高创业成功的概率。甚至可以说，找对了合适的互联网创业模式，就成功了一半。下面介绍网上创业的先行者在实践中总结和探索出来的主要创业模式。

1.2.1 商品和服务销售模式

　　商品和服务销售模式是一种创业者利用网络销售商品和服务的网上创业模式。这种模式类似于普通的商品和服务营销；区别在于营销的路径从实体店转移到了网络。这种网上创业模式包含开设网上店铺和自建网上商城两种类型。

1. 开设网上店铺

开设网上店铺是通过互联网建立虚拟商店，并利用该商店出售商品或服务的一种网上销售方式。在网上店铺中，消费者无法直接接触商品，只能通过商家的图片、商品描述、买家评论等对商品进行了解。消费者确认购买后，商家再通过邮寄等方式将商品寄给消费者。

开设网上店铺又分为3种类型：第一种是借助电商平台，依附于平台开设店铺，即自助式开店；第二种是自己申请域名，设计自己的店铺网站，即创建独立网站；第三种是创建独立网站和自助式开店相结合。

（1）自助式开店

自助式开店是指通过提供开设网上店铺服务的电商平台进行自助开店，这样的平台包括淘宝网、天猫商城、京东商城和当当网等网站。自助式开店类似于在商城中租用一个柜台出售商品，其方式比较简单，只需支付给平台相应的费用，即可简单快捷地建立自己的店铺。自助式开店的优势是可以借助这些电商平台的人气来带动自己店铺的销售，是一种非常主流的开店方式，图1-3所示为入驻天猫商城的页面。

经验之谈

现在的电商平台很多，不同平台对入驻商家的要求不同。如淘宝网对商家入驻的要求较低，个人或企业都可入驻；而天猫商城和京东商城等网站对商家的入驻要求则较高，一般要具备一定资质的商家或企业才可入驻，且入驻时需提供企业基本信息，并缴纳一定的保证金。

图1-3　入驻天猫商城的页面

自助式开店是初入社会的年轻人和大学毕业生常选择的网上创业形式，通常具备以下3个主要特点。

- **创业成本较低，多为自有资金**：根据数据统计，超过70%的自助式开店的创业者的启动资金少于千元，最少的甚至只花费了一笔电商平台会员注册费用。
- **商品营销注重促销**：自助式开店的小微企业采用的营销方式通常都是降价促销，而大型商家或企业的营销方式则是广告营销。
- **技术要求较低，盈利模式简单易操作**：自助式开店的操作简便，电商平台会帮助创业者创建店铺，并提供足够的技术支持；而且自助式开店的盈利模式与普通实体店的盈利模式几乎完全相同，创业者上手更加容易。

（2）创建独立网站

创建独立网站是指网店经营者根据自己商品的经营情况，自行设计或委托专人制作网站。独立网站一般都有独立域名，不依附其他的大型网络购物平台，而由经营者自主经营。建立独立网站需要完成域名注册、空间租用、网页设计、程序开发、网站推广、服务器维护等工作。由于是自主设计，所以可以体现出独特的设计风格，这一点与受限于平台模板的自助式开店不同。麦当劳、小米、华为和五粮液的官方网站都属于这种类型。

独立网站的经营推广比自助式开店更加困难，最好有运作团队来维护网站的运作。同时，由于这类网站不挂靠其他平台，虽然不需要缴纳保证金，但网站推广维护的费用成本高，并较难取得消费者的信任。

（3）创建独立网站和自助式开店结合

创建独立网站和自助式开店结合就是将两种方式结合起来，既在大型平台中开设店铺，又建立自己独立的网站进行运营。这种方式的投入较高，但集合了两种开店方式的优势，新的品牌也可以依靠大型平台的人气慢慢积累品牌知名度，再发展自己的独立网站。现在很多知名品牌也都采用了这种模式，比如小米和华为除创建了官方网站商城外，还在天猫商城和京东商城等电商平台建立了自己的官方旗舰店。

2. 自建网上商城

自建网上商城是指创业人员以自建网上商城的方式引导和吸收商家进驻，通过有机整合物流、信息流和资金流，向进驻商家收取相关平台使用费、广告费和佣金等以取得收益，但这种模式对资金要求较高。

1.2.2 流量模式

网上创业的流量模式是指创业者利用营销与策划宣传等方式来提升自身站点的知名度，提高点击率和访问量，由此向其他商家收取广告服务费等各项费用的创业模式其表现为以下两个主要特征。

- **创业本金需求量巨大，但获取途径多元化**：流量模式所在领域的竞争比较激烈，需要快速占领较大份额的市场才能产生经济效益，这就需要在创业初期不断地扩大规模，加快信息更新。因此，创业的启动资金必须雄厚，为了分担创业的风险，减小创业的压力，可以通过多元化的途径获取启动资金，比如向亲朋借款、银行贷款和融资合作等。
- **营销推广方式多元化**：为提升网站知名度和点击率，创业者通常需要选择线上与线下融合的多元化营销方式，以解决拓客难、回头客少、复购率低、营销成本高、门店和员工管理效率低、收费混乱等问题。

经验之谈

自媒体是移动互联网的产物，由于初期投入低、互动性强、用户黏性高等特点，自媒体创业已经成了网上创业的新模式。自媒体创业就是在打造自媒体过程中进行内容创业，其本质是流量变现，可以说是流量创业模式的低投入版本。未来自媒体创业可能会成为主流的网上创业模式之一。

1.2.3 交易创意模式

交易创意模式是指创业者按委托人的要求，运用网络知识对产品进行创意设计，并以此获取经济收益的创业类型。交易创意模式的网上创业者需要具备相关的技能和知识，并拥有良好的创新能力，而且需要在诸如日常生活、学习、技术、文学等领域拥有某些特殊专长。

1. 交易创意模式的主要形式

交易创意模式具体来说有以下3种主要形式。

- **淘客**：这种创业形式具体是指创业者通过微博和微信等网络平台，对其中的各种商品和信息按一定标准进行归类和推广，并将结果交易给需要的个人或企业，从而实现营销商品的目的，并获取报酬。
- **文字创作**：这是一种风险较低、知名度提升较快的交易创意模式，需要创业者有足够的文字创作能力，具体创业方式是将自己撰写的小说或创作的文案等发布到网络平台中，供人阅读或下载，并依据阅读点击量或下载量来赚取收益。
- **威客**：威客就是指那些通过互联网把自己的知识、能力、经验转换成实际收益的人。威客创业是指创业者在互联网上通过解决他人工作、生活、学习中的问题，或者按消费者要求完成指定任务或项目，并在线上完成交易，从而获得收益。这种创业模式的创业者群体以年轻人为主，主要是在校的大学生。

2. 交易创意模式的主要特征

交易创意模式创业的基础是创业者自身的知识能力，因此比较适合个人或小团体创业，其主要特征包括以下3点。

- **启动资金要求低，多为个人创业**：这种模式的主要交易对象是创业者本身具备的知识能力，几乎不需要启动资金的支持，所以初期投入较低，非常适合个人创业者。
- **创业者必须具备较高的专业知识水平**：这种模式的创业需要及时解决消费者的个性化需求，需要创业者在融合创意、经验、技术等无形知识的情况下，将其转化成产品并实现收益，所以，实现利润的前提是创业者具备解决消费者问题的知识、经验、能力。
- **营销方式以口碑营销为主**：这种模式的最佳推广方式是口碑营销，让消费者通过口碑了解创业者和品牌，最终达到销售创意和提供服务的目的。

1.2.4　网络技术创业模式

网络技术创业模式是指创业者运用互联网技术方面的专业知识，以编写程序和制作网站、网页等形式向消费者收取服务费用的创业方式。这种网上创业方式需要创业者具备一定的专业素养和较强的网络技术应用能力，并积累一定数量的创业资金。

1. 网络技术创业模式的主要形式

网络技术创业模式主要包括以下3种形式。

- **开发或销售专用软件**：创业者为满足市场需求而开发和编辑某种专用软件，比如手机应用软件、游戏等，以各种营销手段进行推广，并通过销售该软件及其插件，或利用软件附带广告、软件内容商品收费等方式获取收益。
- **设计制作网页网站**：网页网站的设计制作通常需要编程、美工等专业技术知识，因此很多企业会委托其他专业人员来完成设计制作。这种方式的创业就是通过制作网页、大型网站等方式来满足委托方的制作需求，从而获取经济收益。
- **优化网站**：优化网站的目的是提升流量并转化为收益，其基本工作是依据几种主流搜索引擎的搜索排序标准对网站拟营销或推广的关键词进行整合优化，使网站尽可能在搜索结果中排序靠前。

2. 网络技术创业模式的主要特征

网络技术创业模式有以下两个显著特征。

- **启动资金的需求量较大**：互联网技术日新月异，以技术作为创业基础需要投入大量的资金，因此，这种创业模式在初期就需要强有力的资金支持。

● **较强的互联网技术运用能力与营销管理能力**：网络技术创业模式需要具备专业的互联网技术，并将技术转化为经济效益，这就要求创业者必须具备较高的技术运用能力、较强的营销策划与项目管理能力等。

1.2.5 网上创业的商业模式

在介绍了网上创业的模式后，下面讲解一些常见的商业模式。读者通过学习就可以基本掌握网上创业的交易和盈利方式，再根据这些商业模式进行创新和发展，才能获得经济效益，成功创业。

1. 实物商品模式

实物商品模式是指用户可以直接拥有和使用创业者提供的的商品。这种模式包括以下4种形式。

● **自产自销**：创业者直接生产商品，并将其销售给消费者。
● **自产不销**：创业者直接生产商品，将商品交给分销商销售。
● **不产自销**：创业者把生产环节外包出去，自己负责直接销售给消费者。
● **不产只销**：创业者不生产商品，自己作为分销商或提供销售商品的交易市场，比如淘宝网和京东商城等电子商务平台。

2. 广告模式

广告模式是网上创业模式中常见的盈利和变现方式，网上创业过程中利用广告获得经济效益的方式有以下4种。

● **展示广告**：展示广告是广告模式中最常见的方式，主要样式包括文字、横幅图片、通栏横幅、文本链接和弹窗（见图1-4）等，创业者会根据广告展示位置和时间的不同进行付费。

图1-4　网页中的弹窗广告

● **电商广告**：这种类型的广告通常按销售额提成收费。很多导购网站依靠电商广告赚取收益，比如海淘导购网站会接入各个海外购物网站的广告。
● **软文**：软文指把广告内容融入文章内容中，让消费者在阅读文章的同时了解广告的内容。广告主会根据软文的阅读量付给软文作者一定的报酬。
● **广告联盟**：广告联盟其实就是互联网中的广告代理商，广告主在广告联盟中发布广告，广告联盟再把广告推送到各个网站或手机App。这种商业模式的盈利方式通常是按广告的点击次数收费，比较著名的广告联盟包括百度联盟、搜狗联盟等。

3. 交易平台模式

交易平台也是一种比较常见的网上创业方式，其商业模式有以下3种。

- **实物交易平台**：这种模式是指消费者和商家通过交易平台进行商品交易，交易平台从交易中收取一定的佣金，如天猫商城，其主要的收入来源就是佣金。
- **服务交易平台**：这种模式的盈利方式与实物交易平台模式相同，都是从交易中收取佣金；不同的是这种平台交易的是服务，比如很多提供专车服务的移动出行平台。
- **留存资金**：这种模式是指交易平台利用消费者留存于其中的资金进行投资，赚取收益。这种模式风险很高，且需要获得消费者的授权。

4. 付费模式

付费模式和广告模式并称为网上创业的两大支柱盈利模式，其收费方式有以下3种。

- **定期付费**：定期付费是付费模式中主要的方式之一。创业者通过定期付费可以获得一定期限内的服务。该模式由于付费金额比较小，所以门槛相对较低。例如，QQ会员、各种视频网站的会员等。
- **按需付费**：按需付费是指消费者在实际购买服务时才需要支付相应的费用。例如，在百度文库中付费下载某个文档，在网上付费下载某个App等。
- **打印机模式**：这种模式首先将基础产品以很低的价格销售给消费者，比如打印机，消费者要想使用这个设备，就必须以相对较高的价格继续购买其他配件，比如耗材。因这种模式最初来源于打印机，所以被称为打印机模式。

5. 免费增值模式

免费增值模式将商品划分为两类：一类是消费者可以免费使用的，另一类则需消费者另外购买。免费增值模式的主要收益来自后一类商品。现在很多网络视频App都采用这种商业模式，消费者可以免费下载，但若要观看很多热门的视频，则需要付费购买，去除多余的广告也需要付费。免费增值模式有以下6种类型。

- **限制免费使用的次数**：这种模式会直接限定免费使用的次数，超过限定次数则会收取费用。比如某些应用软件，超过免费使用次数后会要求消费者注册并购买，付费后才能正常使用。
- **限制免费使用的人数**：这种模式会直接限定免费使用的人数，超过限定人数就会收取费用。比如很多企业邮箱服务，如果注册邮箱个数超过限定数量，超出部分就需要付费。
- **限制免费使用的时间**：这种模式会直接限定免费使用的时间，超过限定日期就会收取费用。比如常见的Office办公软件，消费者通常只有1个月的免费试用期，到期后需要购买激活码。
- **限制免费使用的功能**：这种模式会直接限定免费使用的功能，超出限定功能则会收取费用。消费者通常可以免费使用核心功能，但使用其他功能时则需要付费。比如很多计算机安全防护软件通常有免费的计算机故障处理功能，用户一旦遇到免费功能无法处理的故障，还可以向专家求助，此时就需要收取费用了。还有一些软件利用免费的核心功能将消费者导流到其他付费功能，这类软件的典型是微信。微信的核心功能——通信服务是免费的，但是微信内置了很多其他扩展功能，比如支付、购物和出行等，这些功能通常需要付费。

- **应用内购买**：这种模式是指在使用各种应用软件或App的过程中，需要为特定的功能付费。比如在各种网络游戏中购买虚拟装备或者道具就属于这种类型。
- **线下活动**：这种模式首先需要通过免费服务吸引流量，提升知名度，并为商品或品牌聚集一定的人气，然后组织各种线下活动，由此获得广告或赞助，并在线下活动中销售商品或服务来实现经济收益。比如网络媒体通过组织线下各种会议来获得广告或赞助，并通过组织各种线下展销会、推荐会来销售商品或服务等。

1.3 大学生网上创业

研究报告指出，网上创业的主力军是年轻人。国家出台了很多鼓励与扶持大学生创新创业的政策，各省市有关单位和高校也积极开展了创业活动，这大大激发了大学生创新创业的热情。但只有热情是不够的，大学生由于缺乏创业经验，很容易盲目跟风而导致创业失败。因此，有志于创业的大学生有必要更加系统地了解大学生创业的意义、扶持政策、网上创业的有利和不利因素、创业的要点等知识，为创业做好全方位准备。

1.3.1 大学生创业的意义

大学生创业也许还存在诸多问题，如创业实践少，自主创业科技含量和成功率较低，抗挫折能力不足以及创业所需的综合知识和能力素质欠缺等，但是不可否认的是，自主创业不仅对大学生自身的发展和成长有重大影响，而且对社会发展和国家繁荣也具有重大的现实意义和深远的历史意义。

1. 自主创业有助于社会生产力的发展

创业者是现代生产力的催生者，创业活动是技术创新并实现产业化的主要形式。目前，我国的科技创新成果虽然很多，但产业转化率和科技成果转化率均偏低，与发达国家超过50%的科技成果转化率相差甚远。美国硅谷的发展证明，鼓励和支持高级专业技术人才投身于自主创业的大潮中，有利于实现科技成果转化、促进社会生产力发展。因此，鼓励支持创业活动能有效地推动社会生产力的发展。

2. 自主创业有助于实现经济高速增长

创业活动与社会经济是相辅相成的，一般而言，经济发达的地区，其创业活动也十分活跃，推动创业活动的发展，也就推动了经济的发展。虽然目前我国大学生的创业项目大多数规模都较小，但也是一股不可低估的新兴力量。随着更多的大学生加入自主创业的行列，这个群体所创办的企业不管是数量还是质量都将会有一个质的飞跃。

3. 自主创业有助于创造新的就业机会

大学生自主创业有利于缓解国家的就业压力，并为更多的毕业生提供新的就业岗位，从而从根本上解决毕业生就业难的问题。一人创业成功，可以带动多人就业。同时，自主创业还增加了小微企业的数量，开创了新的产业领域，为经济发展注入了动力。我国中小企业占我国企业总数的99%，已超过4 000万家，提供了大约80%的城镇就业岗位，是解决就业问题的主力军。

4. 自主创业有助于实现自我价值

创业是青年就业的有效方式，也是实现自我价值的有效途径。大学生通过自主创业，可以把兴趣与职业紧密结合，实现人生价值。创业者在创业中往往会面临许多困难与挫折，历经千辛万苦才能取得成功。因此，创业是一个锤炼意志的过程，是学习、锻炼和发展自身的过程。创业成功，创业者不仅可以获得利益回报，实现自我价值，还可以回报社会、为国家的繁荣做出贡献。

5. 自主创业有助于促进我国高等教育理念与人才培养模式改革

传统办学的指导思想、培养目标与社会对人才的需求不匹配。因此，推进大学生创业是对我国传统教育方式的一种挑战。

要全面推进大学生创业，就要从创业对人才素质的要求和建设创新型国家的需求出发，转变育人观念，对高等教育进行系统改革和创新，转变人才培养模式，改革教学内容、教育方法、课程设置及考试制度等。

6. 自主创业是时代赋予大学生的历史使命

大学生自主创业有助于为国家造就一批年轻的企业管理人才，创业者将是我国未来经济发展的主力军，而大学生则是我国现在和未来创业的主体力量之一。

1.3.2 大学生创业的扶持政策

为支持大学生创业，国家每年都会出台许多相关的政策方针，涉及税收、创业培训和创业指导等诸多方面，力图大力推进创新创业，以创业带动就业。打算创业的大学生只有了解了最新的创业政策和方针，才能更好地走好创业的第一步。

1. 国家创业帮扶政策与措施

为促进大学生以创业带动就业，更大限度地实现知识的产业化，2018年，教育部出台了有关大学生创业的3点措施。

● **深化高校创新创业教育改革：** 国家要求各地各高校要把创新创业教育改革作为高等教育综合改革的重要突破口，在培养方案、课程体系、教学方法和管理制度等方面将改革持续向纵深推进，促进专业教育与创新创业教育有机融合，将创新创业教育贯穿人才培养全过程。强化创新创业实践，办好各级各类创新创业竞赛，着力培养学生的创新精神和创造能力。

● **落实创新创业优惠政策：** 省级教育部门要配合有关部门进一步完善落实工商登记、税费减免、创业贷款等优惠政策，为毕业生创新创业开辟"绿色通道"。高校要细化完善教学和学籍管理制度，进一步落实创新创业学分积累与转换、弹性学制管理、保留学籍休学创业、支持创新创业学生复学后转入相关专业学习等政策。

● **提升创新创业服务保障能力：** 各地各高校要加快发展众创空间，依托创业园、创业孵化基地等为毕业生创新创业提供场地支持。多渠道筹措资金，综合运用政府支持、学校自筹以及信贷、创投、社会公益、无偿许可专利等方式扶持大学生自主创业。建立健全国家、省级、高校大学生创业服务平台，聘请行业专家、创业校友等担任导师，通过举办讲座、论坛、沙龙等活动，为大学生创业提供信息咨询、管理运营、项目对接、知识产权保护等方面的指导服务。

2. 地方创业帮扶政策与措施

按照相关文件指示，各地方根据实际情况制定了具体的大学生创新创业优惠政策。下面列举北京市、上海市和广东省政府的大学生创新创业优惠举措，帮助大学生了解地方政府对大学生创业的扶持政策，以及具体的扶持范围和力度。

（1）北京市

2015年，北京市教育委员会联合北京市财政局公布《北京高校大学生就业创业项目管理办法》，该办法自当年9月1日起正式实施。该办法规定，对于"支持北京高校大学生创新、创意、创业实践项目"，按照每个创新创意实践团队支持额度不超过5万元、每个创业企业或团队支持额度不超过20万元的标准进行补助。

另外，自2018年起，北京市继续扩大求职创业补贴发放范围。补贴的发放对象范围为北京地区各普通高等学校、各研究生培养单位的毕业年度内（即取得毕业证书年度的1月1日至12月31日）有求职或创业意愿的高校毕业生，补贴标准为1 000元/人。更多关于北京市高校大学生创业园、创业扶持政策及政策解读、就业创业指导等信息，可在北京高校毕业生就业信息网中查看，如图1-5所示。

图1-5 北京高校毕业生就业信息网

（2）上海市

上海市为大学生创业出台了注册公司零首付政策、自主创业税收政策、大学生创业3年行动计划、创业财税补贴、创业天使基金、创业免费培训、创业房租补贴、创业小额贷款融资、创业信用担保和网上创业等一系列的大学生创业扶持政策和法规。

上海市政策的扶持内容涵盖了多种网上创业形式，可以是网上开店，即提供开店的网站，按规定注册一个商店，自己在网上门店组织经营；还可以是网上结盟，即创业者自己注册一个商店，然后加盟到提供加盟的电子商务网站，利用加盟母体的资源组织销售。另外，上海市高等院校毕业的学生、在职职工参加中高层次的技能培训，鉴定合格后培训费用补贴50%，但原则上一年只可享受一次补贴。更多关于上海市高校大学生创业的政策和信息，可在上海学生就业创业服务网中查看。

（3）广东省

广东省已制定了简化审批手续、免征所得税等措施，鼓励大学毕业生自主创业。此外，广东省2015年发布的《广东省人民政府关于进一步促进创业带动就业的意见》中关于大学生创业的部分优惠政策还包括一次性创业资助、创业补贴、租金补贴、小额担保贷款贴息和优秀项目资助等。以优秀项目资助为例，其具体内容为各地可结合当地产业发展规划，每年在新能源、新材料、生物医药、电子信息、节能环保等战略性新兴产业，以及文化产业、现代服务业、电子商务、互联网、物联网、现代农业、家庭服务业等领域中，遴选一批优秀创业项目并给予重点扶持。从各地推荐的优秀创业项目中评选一批省级优秀项目，每个项目给予5万~20万元资助。更多关于广东省高校大学生创业的政策和信息，可在广东省高等学校毕业生就业指导中心网站中查看。

📢 经验之谈

随着大学生就业压力加剧，国家在"大力推进创新创业，以创业带动就业"的总体方针下不断改进和完善、鼓励和支持大学生创业的相关政策。各地方根据国家的相关指示，结合当地的具体情况，制定出了各具特色的大学生创业帮扶优惠政策。这些具体的优惠政策会不断调整、更新和完善，大学生可咨询当地政府或查询政府网站以获取当地最新的帮扶信息。

↘ 1.3.3 大学生网上创业的有利和不利因素

大学生网上创业具有很多有利因素，比如以较低的门槛、较少的成本开网店，电子商务平台会提供现成的进货渠道、技术维护、物流管理服务等。当然，大学生网上创业也具有一些不利因素，比如对创业和互联网缺乏足够的认识、技术转化能力弱等。

1. 大学生网上创业的有利因素

大学生网上创业的有利因素主要集中在以下几个方面。

（1）良好的创业氛围

一方面，在国家政策的指导下，教育部在着力加强创新创业教育和自主创业工作，加大创新创业场地建设和资金投入；全国很多地区的高校相应建立创业孵化基地，开展互联网创业培训，鼓励、支持和组织大学生及大学毕业生进行网上创业活动。另一方面，社会对大学生创业的认可度高，在政策和舆论的宣传下，大学生创业已被大众接受和认可，很多企业、公司或个人都有对大学生创业群体的资助项目和方案，这就为大学生创业创造了一个良好的社会氛围。

（2）创业成本低、风险小

网上创业受到时间、空间和地点等的影响较小，所以起点相对较低。很多大学生在创业初期只需要一台计算机，也不需要大量的启动资金，这在一定程度上降低了创业的风险。根据近几年大学生网上创业的数据分析，很多大学生网上创业选择的都是投入低但回报高的电子商务类项目，比如做微商和开淘宝店铺等。

（3）大学生的学习和创新能力强，更能适应互联网经济

大学生在学校不仅学习了各种专业技能，还培养了一定的个人实践创新能力。在良好的创业氛围中，大学生利用自己的学习能力，不仅能快速学习创业的各种知识和技能，还可以通过与互联网的深入接触，形成自己对于互联网发展潮流的认识和对互联网企业发展与变革的看法，并在一定程度上掌握了互联网技术。大学生通常思维活跃，能够快速接受新鲜事物，对已有的事物也可以从不同的角度进行思考，善于创新，这些都符合对网上创业者的基本要求。

（4）互联网具有广阔的市场和发展潜力

通常情况下，网上创业被看成知识改变命运的直接体现。国家的大力扶持和倡导，以及消费者消费习惯由线下消费逐渐转变为线上消费，使得网上创业有非常广阔的市场空间和发展潜力。同时，互联网经济已经成了全球经济发展的"发动机"，在互联网经济的带动下，全球经济呈现出发展上扬的态势。

（5）逐步积累社会经验，进一步促进创业项目的发展

网上创业要比实体创业方便很多，只需投入较小的成本、承担较低的风险就可以增加创业和实践的经验，并锻炼经营的能力和人与人之间沟通协调的能力，进一步促进创业项目的发展。

2. 大学生网上创业的不利因素

大学生网上创业主要存在以下两个不利因素。

（1）缺乏经验

根据最近几年大学生网上创业案例的统计数据分析，超过80%的大学生的网上创业项目集中在开设网上店铺和开发类似美团外卖的项目。在失败的案例中，近50%的大学生创业者表示，不熟悉市场情况、盲目随大流是项目流产的主要原因之一。由于缺乏对互联网市场的分析，以及对相关项目的经验总结，创业者忽视了市场份额已相对饱和的事实，最终导致创业失败。

（2）缺乏资金

网上创业初期对于资金的需求可能并不大，但发展到中后期，需要扩大企业规模、增强技术的创新和扩大宣传来提升项目或产品价值，此时需要大量资金的支持。根据统计，大约有70%的网上创业项目因为资金不足以致中途流产。在对大学生创业者进行的调查统计中，几乎所有的受访者都认为缺乏资金是网上创业的主要障碍之一。

1.3.4 大学生创业的要点

如今大学毕业生越来越多，就业压力也越来越大，网上创业既能解决就业问题，也能帮助大学生积累创业经验。但面对资金、经验不足等劣势，大学生应该怎样进行网上创业呢？下面就列出了几个要点，供大家参考。

1. 组建优秀的团队

在创业过程中，个人的价值在于成就一个项目并引领其发展方向，但要维持项目的运营发展，就需要一支优秀的团队。团队会随着创业项目的发展而不断壮大，因此团队核心的建设和团队凝聚力的形成是保证创业成功的基础。这就要求创业者（团队负责人）对于团队的发展有长远的规划，保证团队工作围绕项目发展进行，形成如同一股绳般的团队力量和一致的团队目标。

2. 不断地实现技术创新

随着互联网的不断发展，越来越多的人和企业参与到网上创业中来，创业项目几乎涵盖了日常生活的各个领域，市场逐渐饱和。因此，大学生网上创业需要在技术上创新，要有鲜明的个性或特色。比如开设网上店铺销售商品，同类商品的卖点涵盖了外观、材质、工艺、功能和人群等，我们就可以通过创新，将卖点定位为商品的生产地域、时间，并推出新的概念等来展示商品的与众不同，从而提高销量，获得成功。

3. 提高自身的知识储备量和技能

为了更加深入地了解市场的发展，积累知识经验，不断给项目注入活力剂，大学生在创业过程中需要不断地学习。对于大学生而言，专业知识是最大的创业财富，所以大学生要通过不断学习提高自身的专业知识，以应对纷繁复杂的网络创业环境；同时还应多学习管理、财务等方面的相关知识。

4. 培养应对挫折的能力

大学生网上创业不可能一帆风顺，若是遇到困难就垂头丧气、萎靡不振，那么前期的辛苦努力就会白费。有志于创业的大学生应该培养不气馁、不焦躁的精神，多参加创业讲座，听取创业者的经验，或者多向其他的创业者学习，总结经验。只有持之以恒、艰苦奋斗，创业的大学生才能看到更远的价值与利益，才会创业成功。

5. 接受创业指导

在当前如此严峻的就业形势下，社会、政府和高校都在鼓励和大力支持大学生创业，特别是高校，还将创业教育贯彻大学教育的全过程。作为创业者，应积极、主动地接受各方面的创业指导，培养自身的创业精神。

1.4 思考与练习

（1）结合实际，如何理解互联网和创业之间的关系？

（2）简述网上创业的特点。

（3）通过举例说明网上开设店铺有哪些具体的方式。

（4）列举除网上开设店铺外的其他网上创业模式。

（5）简述网上创业有哪些获取经济收益的方式。

（6）简述大学生创业的意义。

（7）简述大学生创业的有利和不利因素。

（8）如果要在网上开设店铺，需要做好哪些准备工作？

CHAPTER

02

第2章　网上创业的机会与风险

　　创业是在市场需求中发现机会，再通过经营投资来满足这种需求的一种经营活动。机会是创业的前提，创业者要善于发现机会、识别机会，才能顺利开展创业活动，从而获得创业回报。但创业回报的高低与风险是并存的，创业者应该熟悉创业各阶段的风险，并采取一定的措施来防范，以提高创业的成功率，并获得丰厚的回报。本章将主要对网上创业的机会与风险的相关知识进行介绍，以帮助网上创业者应对机会与风险。

- 网上创业机会的识别
- 网上创业风险的评估

本章要点

案例导入

大学生网上创业，从成功到失败的转变

几年前，小王大学毕业。与大部分同学一样，他选择了一份专业对口的工作——到电力公司的下属企业担任项目经理，常年在外从事工程基础建设。工作很辛苦，但是很稳定。

然而一次公司聚餐，彻底改变了小王的生活。

公司准备自购食材组织全体同事去野外烧烤，让小王负责食材和调料的采购。小王不知道如何采购，就去网上搜索查询，发现一家公司生产的各种口味的调料看起来不错，就试着买了一些，果然同事们对调料的味道赞不绝口。

回家之后，小王又上网了解了一下淘宝开店的知识，发现利用业余时间就可以在淘宝网开店当卖家，抱着赚点"零花钱"的心理，小王开了一家自己的淘宝网店铺，然后电话联系了调料厂家，购买了少量的调料包，在自己的淘宝小店中销售。出乎意料的是，仅仅两天时间，从调料厂家进的货就售罄了。调料包的热卖让小王看到了淘宝开店的商机。

两个月后，小王调料包淘宝店的销量不断增加，让他尝到了甜头，于是产生了辞职自己开店创业的想法。想到就干，小王毅然从公司辞职，一个人一台计算机开始了自己的淘宝创业之旅。在开店初期，小王精力旺盛，全权负责店铺的各项事宜，从店铺装修、商品采购和客户服务等方面都力求做到尽善尽美，于是他的淘宝网店铺规模越来越大，口碑越来越好，消费者类型也越来越丰富，不但有个人买家，一些商家也选择通过小王的店铺购买调料包。

在销售调料包的过程中，小王非常关注消费者的使用体验，及时听取消费者对店铺商品提出的建议和要求，如调料包的种类不够多，建议掌柜丰富一下商品类型等。小王将这些建议反馈到生产厂家，跟厂家商量后，决定扩大商品种类。随着新商品的推出，越来越多的消费者在店铺中买到了想要的商品，店铺的生意也越来越红火。

但是，随着店铺客户的增加与商品经营种类的增多，小王渐渐力不从心，开始着手扩大团队，力邀好友加入并花重金聘请了店铺运营管理的高手。然而，由于小王并不具备管理方面的才能，不能很好地指导团队工作，导致团队人员之间产生了矛盾。比如，由于没有事先与好友谈好薪资、分成等问题，导致好友心生埋怨，与小王分道扬镳。并且由于很多同类型的店铺后来居上，市场竞争压力加大，再加上小王不舍得投入资金进行宣传推广，逐渐失去了先入市场的优势，最终导致店铺关闭。

【案例思考】

创业的机遇无处不在，能不能创业成功，就看创业者是否能够正确地识别并抓住创业的机会。当然，创业后，创业者还要具有一定的创业风险防范意识，加强自身抗风险的能力，否则就会像小王一样陷入创业失败的窘境。

扫一扫
第2章案例解析

2.1 网上创业机会的识别

创业机会是指具有较强吸引力的、较为持久的有利于创业的商业机会。创业者据此可以为消费者提供有价值的商品或服务，同时给自己带来利益。美国著名社会预测学家、《大趋势》的作者——约翰·奈斯比特在其著作《定见》中说："成功靠的不是解决问题，而是利用机会"。可

见，创业机会是创业成功最关键也是最基础的要素。不管是线下创业还是网上创业，创业者都需要了解创业机会的特征和类型、创业机会的来源、创业时机的把握、创业机会的选择以及影响创业机会识别的因素，以占据市场的有利位置。

2.1.1 创业机会的特征和类型

在创业的过程中，创业者要先明确创业机会的特征和类型，才能更好地识别创业机会。

1. 创业机会的特征

创业过程是由创业机会驱动的。创业机会的特征主要有以下3个方面。

- **普遍性**：凡是有市场、经营活动的地方，客观上就存在创业机会。但市场的规模、潜力和竞争形势越有利于创业者，创业成功的机会就越大。
- **偶然性**：创业机会的发现和捕捉具有很大的偶然性，任何创业机会的产生都有意外因素。
- **消逝性**：由于市场、商品或其他客观条件的变化，创业机会的存在时间是不稳定的，而是根据外界条件的变化而消逝或流失。

2. 创业机会的类型

获取一个好的创业机会是非常不容易的。当很多人都能看到机会的时候，它已经不再是机会了。根据机会的性质，我们可以将创业机会的类型分为以下4种。

- **问题型机会**：现实中存在的未被解决的问题所产生的创业机会，如新能源、现代环保产业等项目。
- **趋势型机会**：在变化中看到未来的发展方向，预测到将来的潜力和机会，如互联网个性化、高端化和差异化的发展趋势。
- **创新型机会**：技术的创新带来创业机会，如苹果、微软依靠短时间内独有的技术而获得的机会。
- **组合型机会**：将现有的多项技术、商品、服务等组合起来，以实现新的用途和价值而获得的机会。

2.1.2 创业机会的来源

创业机会无处不在、无时不在，关键在于创业者是否能够准确地识别并抓住机会。熟悉创业机会的来源是抓住创业机会的前提。创业机会的来源主要包括以下5个方面。

1. 从"问题"中挖掘机会

创业的根本目的是满足市场和消费者的需求。假如市场和消费者有尚未被满足的需求，那么这些待满足的需求就成了"问题"。优秀的创业者能及时地发现这些问题，并从中获取自己的创业灵感。例如，四川绵阳的一位大学毕业生发现，远在郊区的本校师生需要每天往返于市区和郊区，交通十分不便。于是他就创建了一家专门运送这部分师生的客运公司，解决了他们"交通不便利"的问题。这就是把问题转化为创业机会的成功案例。

2. 从"变化"中把握机会

当市场结构和需求发生重大变化时，必然会产生一些市场空白，这些市场空白就是可利用的最佳创业机会。世界著名的管理大师彼得·德鲁克曾经说过："成功的创业者，就是那些善于在市场上寻找变化，并能随着这种变化做出及时积极反应的投资人。"这种变化或许来自国家政策的调整，也或许来自某行业的结构调整、市场重新整合、人口结构的变化以及人们的需求变化等。例如，随着私人轿车拥有量的增加，衍生出汽车代驾、汽车销售和保养维修、二手车买卖等诸多创业机会。又如，随着网络的快速发展，网络在线打车服务、共享单车、共享汽车等诸多网上创业机会也纷纷涌现，并被创业者付诸实践。

3. 从竞争中自主发现机会

同一行业的参与者，其在业务水平和经验方面的能力参差不齐。一个有实力的创业者面对行业竞争者时，能取长补短，从而逐渐扩大自己对于竞争者的优势。从业者在工作时不应只埋头苦干，还要善于发现自己的同行给消费者提供的更优质、更便捷的服务，想想这些自己是否也能做到，如果能做到，可能就已经发现了一个相当不错的创业机会。

4. 在创新行业中发现机会

当今是一个高速发展的时代，各个行业的创新商品都在源源不断地涌入市场。这些新商品、新服务更好地满足了消费者需求，同时也带来了创业机会。创业者可关注一下创新行业，在创新商品上多下一些功夫，也不失为一种不错的创业选择。

5. 从新知识、新技术中发现机会

当今社会是一个知识经济社会，技术的不断进步和知识的普及蕴含了大量的商机，创业者应学会从新知识、新技术中发现创业机会。

↘ 2.1.3 创业时机的把握

正确把握创业机会，并且通过自身能力将其转化为商机，是创业者应当具备的基本能力之一。创业者可以通过以下4种方法来进行创业时机的把握。

1. 发现与创造需求

需求并不是一成不变的，会随着技术、经济的发展或国家政策等外界因素的变化而发生改变。没有敏锐的市场洞察力和创造力的企业，其生命周期也不会长久。在没有发现市场需求的情况下，创业者很难发现创业机会，这时创业者应考虑的是，是需求本身就不存在还是自己没有发现？若确实不存在，自己应该主动去创造需求。

一个能够创造出需求的企业，往往是那些能够发现并解决问题的企业，这样的企业往往能在充满竞争的市场环境中屹立不倒。这也要求创业者具备各种创造需求的能力，如市场前景预测能力、市场调研能力等，从中挖掘和发现隐藏的创业机会，进而有针对性地开展需求攻势，引导消费者把潜在的需求转变为现实的需要。具体而言，创业者可以从以下几方面发现或创造需求。

（1）重新定位

定位是指分析潜在消费者对于特定的商品、服务的需求情况，以确定这些商品或服务在消费者心中的位置。重新定位就是对其进行再次定位，以摆脱目前的劣势，发现新的机会。

（2）改变用途

改变用途可以从以下两个方面入手。

- 在没有进行任何商品技术修改的前提下，通过增加商品的文化内涵而使之具备更多的象征价值，使消费者的购买理由改变。例如，有名的"ZIPPO"打火机，对于很多人来说，它并不仅是打火机，而是一种文化符号。
- 放弃商品原有的功能，开发其另外的属性作为新功能来推广，以此发现或创造机会。

（3）创新品类

创新品类是指通过分析人们的需求并将需求进行细分，以在原有的市场中开辟新市场，创造出新类型的商品。常见的创新品类如下。

● **红牛**：功能型饮料——"困了累了喝红牛"。
● **士力架**：横扫饥饿。
● **王老吉**：专治各种上火——"怕上火就喝王老吉"。
● **营养快线**：能当早饭用——"早上喝一瓶，精神一上午"。

（4）技术创新

技术创新是指通过新技术来创造新需求，吸引消费者进入新市场，这是最直接也是最有难度的一种方式。

2. 从意外中捕捉创新商机

有时一次机缘巧合的意外也能造就创业的机会，但这仍旧依赖于创业者平日的积累。我们熟知的"李维斯"牛仔裤，其诞生就是这样的一个成功的案例。

在淘金热时期，李维斯跟着一大批穷人奔赴旧金山，打算去碰碰运气。途中遇到了一条阻断去路的河流，在其他人都感到无奈的时候，李维斯却租了一条船开始做起了摆渡生意。不久后，一些别有用心的人抢走了他的生意。

一天，李维斯正在金矿附近溜达的时候，突然看到有人晕倒了。他发现当地气候干旱，高温少雨，淘金工人们全都被太阳烤得汗流浃背，而这里又缺少足够的水源，不少人因为没有水喝而造成身体虚弱，晕倒在地。这时他利用前段时间淘金赚到的钱又开始做起了饮水生意，既解决了工人的饮水问题，又赚了不少钱。

然而不久，卖水的生意也被人抢走了，但乐观的李维斯相信天无绝人之路。他发现，采矿工人因为要长时间跪在地上，裤子很容易磨破，长时间穿着破烂的衣服在烈日下暴晒让工人们痛苦不堪。李维斯马上想到矿区里有很多被人遗弃的帐篷、睡袋，便把这些东西收集起来洗干净，可以做成耐磨的裤子。牛仔裤就这样诞生了。

从这个案例中我们不难发现，任何一件意外的事件都可能蕴藏商机，关键在于创业者是否具备发现商机并付诸实践的能力。

3. 不断调整计划以达到预期效果

创业是一项具有风险的活动，创业者在准备创业时，需要制订一份详细、缜密的计划。但计划往往赶不上变化，市场、政策或环境的改变，都可能引起创业计划的偏差。当实际结果与预期结果不一致甚至出现冲突时，不要轻易否定自己的计划，而应从实际问题出发，修正自己的目标，改进前进的方向。要知道，大部分创业者的创业计划都不是一蹴而就的，不断调整并改进自我，才是发现商机并取得成功的关键。

4. 从新知识中捕捉机会

21世纪是知识经济时代。知识经济也称智能经济，是指建立在知识和信息的生产、分配和使用基础上的经济。知识经济是继自然经济、工业经济后，人类新的创造财富的形式。与依靠物资和资本等生产要素投入的工业社会相比，信息社会经济的增长则越来越依赖知识和技术。在这种经济模式下，越来越多以知识为创新机遇的创业者出现了，他们大多是拥有傲人的行业知识的高学历人才。

↘ 2.1.4　创业机会的选择

创业者要知道，选择创业项目时应重点关注的不是你想做什么，而是消费者需要什么。只有满足了消费者的需求，才能激发消费者的消费动机，企业才可以发展壮大。创业者在选择创业机会时，应考虑以下问题。

1. 选择成熟的创业时机

创业者对于时机的把握具有很大的主观性，因此，创业者首先要对自己有全面、客观的认识。在选择创业之前，不妨先问自己以下问题。

- 你了解将要进入的行业吗？
- 你有区别于竞争对手的特点吗？
- 你所能协调的各种资源能满足这个项目的需求吗？
- 你是否做好了充分的吃苦耐劳的心理准备？
- 你是否能接受创业带给你的各种失败的打击？
- 对市场信息和变化规律的掌握是否充分？

假如上述问题的答案都是肯定的，就意味着你已具备了把握创业时机的主观条件。

2. 开发创业机会的原则

创业机会的开发应秉承以下两个原则。

（1）正确认识资源平台

创业者在决定开发一个创业机会后，一般会努力收集相关的可利用资源（人脉关系、资金、技术等），然后将所有可利用资源重新整合，以作为自己创业的基础。可实际情况却是，他们很难获得足够的资源，比如可靠的项目、充足的资金、发达的人脉网。因此，创业者应转变创业开发的思路。创业并非只有在各种资源齐备的情况下才能进行，即便资源缺乏也可能找到机会。从创业的本质来说，市场状况无论是好是坏，始终都有机会，创业者所要做的就是去发现并利用这些机会。

（2）尊重兴趣、运用创新理念

对于创业者而言，创业本身就是对生活方式的一种创新。创新是创业者创业的动力和源泉，而创新来源于兴趣。根据相关机构的统计，近年来，全世界平均每年约有100万家新公司诞生，只有具备创新精神的创业者，才能在如此激烈的市场竞争中获得创业机会，创办的企业才会更具生命力和竞争力。

3. 选择创业项目的方法

创业者在创业项目的选择上需要从自身的优势出发，主要可考虑以下4个方面。

（1）就地取材

创业者本身也是消费群体中的一员，了解消费者的特点和消费习惯，可以在结合自身消费习惯的基础上，从身边的现象入手，扩大对消费群体的详细的分析与研究，从中寻找创业的商机。例如，大学生创业者就可以多观察大学校园里的各种现象，从中寻找创业的商机。很多成功的年轻创业者都是在大学校园里就开始着手对创业项目进行调查与研究的。

（2）做自己最擅长的

比尔·盖茨在回忆自己的创业经历时曾说："做你自己最擅长的事。"因为在创业者擅长的领域内，创业者能够最大限度地发挥出自己的能力或挖掘出自己更深层次的潜力，增强自信心和勇气，增加创业成功的概率。

（3）做自己最喜欢的

兴趣是最好的老师，要想做好一件事首先要对它感兴趣。任何一个人在做自己喜欢的事情时，都能获得愉悦、满足的感觉，因而乐此不疲。创业者做自己最喜欢的事情，才有可能在遇到困难时仍然保持坚持不懈的热情，不至于半途而废。比如比尔·盖茨，他可以为了自己喜欢的计算机而通宵达旦；爱迪生平均每天有18个小时待在实验室，他们如此执着于工作，都是因为他们热爱自己正在从事的事业。

（4）建立良好的人际关系网络

个人的能力始终是有限的，多向他人寻求帮助可以增加创业成功的概率。著名成功学大师卡耐基说过："成功依靠的是15%的专业知识和85%的人际关系。"人际关系越好，创业者所能获得的帮助也就越多，也越容易获得各个行业的相关信息，从而建立起对创业有利的信息网络和人脉关系。

同时，合作伙伴可能具有创业者自身所没有的专长或能力，能弥补自身能力的不足。特别是当你想做一件自己并不擅长的事时，就可以选择一个你熟悉的并具有这方面能力的伙伴一起合作，这样可以达到合理利用资源、发挥最大能力的效果。

2.1.5　影响创业机会识别的因素

能否正确识别创业机会是创业的基础，其受到创业者的创业愿望、认知能力和创业技能、创业者的经验和创造性、创业者所处的社会关系网络以及外界环境等因素的影响。

1. 创业愿望

创业愿望是创业者的创业动力。只有具有强烈的创业愿望，创业者才有可能更有效地发现和识别市场机会。否则，再好的创业机会都会与创业者失之交臂。

2. 认知能力与创业技能

国内外研究和调查显示，一个人是否具有远见与洞察能力、信息获取能力、技术发展趋势预测能力、模仿与创新能力以及建立各种关系的能力，是一个创业者能否有效识别创业机会的关键。这些能力可能是创业者天生具有的，也可能是通过后天培养来获得的。因此创业者要不断学习和提高自身的专业技能，争取成为某个领域内的佼佼者，这样才会拥有超常的警觉性，把握好创业的机会。

3. 经验

创业机会识别作为创业的首要阶段，对创业者创立新企业有至关重要的作用。创业者自身的经验影响创业者对机会的识别。经验是创业者基于经历积累起来的，可以分为行业经验、创业经验和职能经验，其含义分别如下。

- **行业经验**：创业者曾从事过相同或相近的行业所积累的经验。
- **创业经验**：创业者曾创立并管理过新企业所积累的经验。
- **职能经验**：创业者曾从事过研究开发、行政管理等职能工作所积累的经验。

图2-1所示为创业者创业机会调查结果。通过该调查我们可了解到，经验对创业者识别创业机会有十分重要的影响。它会帮助创业者积累丰富的信息和知识资源，提高创业者的机会辨别能力。当创业机会出现时，创业者能够更加快速、清楚地认识并把握创业机会。

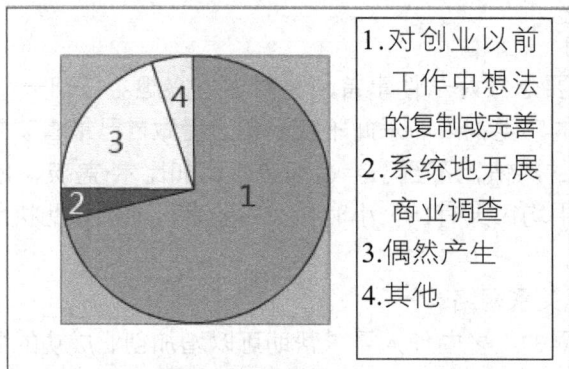

图2-1　创业者创业机会调查结果

经验之谈

经验能帮助创业者选择更合适、更有创业价值的创业机会，能使创业者更快速地识别市场机会，从而优先进入市场，占取更多的市场份额。

4. 社会关系网络

创业作为一种特定的经济组织活动，不可避免地同社会网络中的其他节点发生各种联系。创业者只有将自己置身于社会网络环境中才能完成价值链活动。据研究表明，创业者的社会关系网络越深、越广，越能为创业者带来有效的创业机会信息。

5. 创造性

从一定程度上讲，创业机会识别是一个创造的过程，是创业者不断进行创造性思维的过程。思维创造性高的创业者相对而言更能发现创业的机会。

每个创业者将创造性思维转变为创业机会的过程都要经过准备、孵化、洞察、评价和阐述5个阶段。

6. 创业环境

国家宏观经济政策是影响创业机会的重要因素。近年来，国家出台了很多影响创业机会的政策，如新企业所得税的减号、对外商投资的产业限制等。这些政策使得市场竞争得到了改善，为创业者提供了创业空间。

目前，国家正在大力推进"大众创业，万众创新"。国家鼓励创业、创新，并出台了一系列相关政策，这些政策为创业者提供了创业机会。

经验之谈

微观市场环境也是制约和影响创业机会的因素之一，创业者可以从供应商、企业内部、中间商、消费者和其他社会公众群体出发，对市场环境的变化进行分析，以更好地协调和发现商机。

2.2 网上创业风险的评估

创业者发现了创业的机会并借此创业后，还要注意规避创业的风险，才能使创业之路走得更长更远。创业成功需要全面把握多方面因素，规避风险便是其中最重要的一环。创业者只有稳扎稳打，尽可能地为所有风险都准备好相应的应对措施，才可能兵来将挡、胜券在握。

2.2.1 风险与创业风险

创业风险是风险的一种，是创业过程中创业者无法回避的因素。

1. 风险

一般认为，只要一件事情的发生存在着两种或两种以上的可能性，那么该事件就存在风险。风险的核心含义是"未来结果具有不确定性或可能产生损失"，因此，也有人进一步地将风险定义为"个人和群体在未来遇到伤害的可能性以及对这种可能性的判断与认知"。如果采取适当的措施使破坏或损失的概率趋近于零，或者采取及时而有效的应对措施，风险也可能带来机会。

2. 创业风险

创业风险通常指创业者在创业中面临的风险，即由于创业环境的不确定性、创业机会的复杂性、创业者能力与实力的有限性等原因，而导致创业活动偏离预期目标的可能性及其后果。创业风险一般与创业过程中的缺口有关。创业过程中，常见的缺口有以下几个。

- **融资缺口**：这是最常见的一种缺口。创业者通常可以通过可行性论证来证明其创业方向可行，但往往没有足够的资金来实现创业项目的落地，因而融资缺口会给创业带来一定的风险。现在，社会上有部分基金可以支持创业者跨越这个缺口，如早期项目的风险投资、政府资助计划等。
- **研究缺口**：在将预想的商品转化为商业化商品的过程中，需要大量复杂而且可能耗资巨大的研究工作，这种研究工作的缺口也可能形成创业风险。
- **资源缺口**：创业过程中必需的外在或内在资源的缺乏，会使创业者在创业过程中可能受制于人，甚至可能使创业者无法起步。
- **管理缺口**：管理缺口形成的原因有两种。一是创业者是技术方面的专业人才，他利用某一新技术进行创业，但他不一定具备专业的管理才能，从而形成管理缺口；二是创业者可能有很多"奇思妙想"的商业点子，但却不擅长管理具体的事务，从而形成管理缺口。
- **信息和信任缺口**：该类缺口一般存在于技术人才和管理者（或者是投资者）之间，本质上是两种观念的冲突。技术人才从技术层面对商品进行把握；而管理者则比较了解将新商品引进市场的程序，二者各有专攻，需要相互配合、补充。但如果技术人才和管理者不能充分信任对方，不能形成有效交流，将带来大的风险。

2.2.2 创业风险的特征

创业风险种类繁多，贯穿并交织于整个创业活动，但其都具有以下一些共同的特征。

- **客观性**：创业本身就是一个识别风险和应对风险的过程，风险的出现是不以人的意志为转移的，因此创业风险的存在是客观的。
- **不确定性**：由于创业所依赖的条件及其影响的因素具有不确定性，这些因素是不断变化、不断发展乃至难以预测的，因此造成了创业风险的不确定性。例如，某类商品在创业初期十分"热门"，但等到研发生产出来后，由于市面上大量同类商品的出现而失去市场竞争力。

- **双重性：** 创业具有成功或失败两种可能性，而创业风险具有赢利或亏损的双重性。在创业活动中，往往风险越大的创业项目，回报越高、潜力也越大。所以，回避风险同样意味着回避收益。

- **可变性：** 随着影响创业的因素的变化，创业风险的大小、性质也会发生改变。如在一定时期，资金可能是最大的风险，而隔一段时间后由于环境因素的变化，技术又成了最主要的风险。

- **可识别性：** 根据创业风险的特征和性质，创业风险是可以被识别和划分的。可识别性这一特征可以帮助创业者更好地规避风险。

- **相关性：** 创业风险与创业者的行为紧密相连。同一风险对于不同的创业者可能会出现不同的结果。如对于技术型的创业者进行技术改良属于低风险事件，而对于管理型的创业者则可能表现为高风险事件。

↘ 2.2.3 创业风险的类型

创业风险根据不同的标准有不同的分类方式。

1. 按风险的性质划分

创业风险按照其性质不同，可分为纯粹风险和投机风险两类。

- **纯粹风险：** 风险的一般状态，即只有损失的可能性而没有获利可能性的风险。该风险可能造成两种结果，即有损失和无损失。

- **投机风险：** 也称为机会风险，该风险既存在损失的可能性，也有获利的可能性。它可能造成3种结果，即有损失、无损失和获利。

2. 按风险的来源划分

创业风险按其来源不同，可分为主观风险和客观风险两类。

- **主观创业风险：** 指创业者的身体、心理素质、个人喜好等主观方面的因素导致的创业失败的可能。

- **客观创业风险：** 指在创业阶段，由于如市场的变化、政策的变化、竞争对手的出现、创业资金短缺等客观因素导致失败的可能。

3. 按风险的状态划分

按状态不同，创业风险可分为静态风险和动态风险两种类型。

- **静态风险：** 指在社会政治、经济环境正常的情况下，由于自然的不规律变动和人们的错误行为导致的风险。这类风险主要会造成经济上的损失，属于不可避免的风险。

- **动态风险：** 指由于社会经济、政治和技术、组织机构等发生变动而产生的风险。这类风险造成的后果一般来说比较严重，但通常可以避免。

4. 按风险的内容划分

创业风险按其内容不同可分为以下6种类型。

- **技术风险：** 指由于技术方面的因素及其变化的不确定性而导致创业者或创业企业蒙受损失的可能性。

- **市场风险：** 指由于市场情况的不确定性导致创业者或创业企业蒙受损失的可能性。

- **政治风险**：指由于战争、国际关系变化或有关国家政权更迭、政策改变而导致创业者或创业企业蒙受损失的可能性。
- **管理风险**：指因创业企业管理不善而导致创业者或创业企业蒙受损失的可能性。
- **生产风险**：指创业企业提供的商品或服务在从小批试制到大批生产的过程中产生的可能性。
- **经济风险**：指由于宏观经济环境发生大幅度波动或调整而使创业者或创业投资者蒙受损失的可能性。

5. 按风险对创业投资的影响程度划分

创业风险按其对创业投资的影响程度不同，可分为以下3种类型。

- **安全性风险**：从创业投资的安全性角度来看，不仅创业者获取的实际收益有损失的可能，而且投资者自身投入的资本也可能蒙受损失，即投资方投资的安全存在危险。
- **收益性风险**：投资方投入的资本不会蒙受损失，但实际收益有损失的可能性。
- **流动性风险**：投资方的资本和实际收益不会蒙受损失，但资金有可能不能按期转移或支付，而造成资金运营的停滞，使投资方蒙受损失。

6. 按创业过程划分

在不同的创业阶段，可能产生的风险类型也不相同，主要分为以下5类。

- **机会的识别与评估风险**：这是指在机会的识别与评估过程中，由于各种客观因素，如信息获取量不足，对信息把握不准确或推断失误等使创业一开始就面临方向错误的风险。另外，机会风险，即由于创业而放弃了原有的职业所面临的机会成本风险，也是该阶段存在的风险之一。
- **团队风险**：创业团队的组建基本可以分成关系驱动、要素驱动和价值驱动3种模式。不同的组建模式适用的条件不尽相同。如果盲目照搬照套某种组建模式，会给企业带来巨大的风险。此外，在团队成员的选择上带有随意性和偶然性，缺乏明确和一致的团队目标，激励机制尤其是利润分配方式不完善等，都会给创业企业带来风险。
- **准备与撰写风险**：这是指在创业计划的准备与撰写过程中存在的风险。创业计划往往是创业投资者决定是否投资的依据，因此创业计划的合理性将对实际的创业产生影响。创业计划制订过程中各种不确定性因素与制订者自身能力的限制，也会给创业活动带来风险。
- **确定并获取创业资源风险**：这是指由于存在资源缺口，无法及时获得所需的关键资源，或虽然可及时获得，但获得资源的成本较高，都会给创业活动带来一定的风险。
- **管理风险**：这主要包括管理方式、企业文化的选择与创建、发展战略的制定，以及组织、技术、营销等各方面的管理中存在的风险。

2.2.4 创业风险识别

创业风险识别是创业者依据创业活动，对创业企业面临的现实以及潜在的风险运用各种方法加以判断、归类并鉴别风险性质的过程。创业者必须具备风险识别的能力，并在实践中不断提高。

1. 创业风险识别的基本理念

创业者应该树立识别创业风险的几个基本理念。

- **有备无患、未雨绸缪**：风险与创业相伴，如果能预测风险，就可以减少损失、化解不利，甚至将风险转化为赢利的机会。创业者不仅要通过信息整合来分析产生风险的原因和条件、风险的性质和后果，更重要的是要能够识别创业过程中的各种风险，并提前做好预防措施。

● **实事求是、持之以恒：** 风险识别是一项复杂而细致的工作，要按照特定的步骤、程序，选用适当的方法逐层分析各种现象。由于创业的风险伴随着整个创业过程，同时又具有可变性和相关性的特点，因此风险的识别应该是连续、系统地进行，并成为企业一项持续性、制度化的工作。

2. 创业风险的识别方法

创业者应该使用科学的方法识别风险，具体来说有以下4种。

● **业务流程法：** 以业务流程图的方式，将从"入"到"出"的全部业务经营过程划分为若干环节，每一环节再配以更为详尽的作业流程图，从而根据环节流程图来确定每一环节的风险可能性。

● **咨询法：** 委托咨询公司或保险代理人进行风险调查和识别，并提出风险管理方案，以供经营决策参考。

● **现场视察法：** 请风险咨询方面的专家直接视察企业的各种生产经营设施和具体业务活动并进行风险分析，具体了解和掌握企业面临的各种风险。

● **财务报表法：** 通过分析资产负债表、利润表和现金流量表等报表中的数据，来确定企业在各种具体情况下的潜在风险及其成因。

2.2.5 创业各阶段的风险

创业风险无处不在，贯穿于整个创业过程中。在不同的创业阶段，风险的表现形式及状态也有所不同。

1. 创业前期的风险

创业前期指打算创业到创业初期这一阶段。俗话说："万事开头难"，做好这一阶段的工作对创业者格外重要。同时，在这一阶段，创业者可能刚接触创业，对于创业风险没有太多的认识，所以很容易埋下风险的"隐患"。创业心态、创业方向、创业方法的偏差都可能导致风险的出现。

（1）执行力不足

古人云："临渊羡鱼，不如退而结网"。意思是站在水边想得到鱼，不如回家去结网，比喻只有愿望而没有相应措施，愿望无法实现。

汉朝史学家司马迁忍辱负重，历时13载，才完成了不朽巨著《史记》。古往今来，一切成功都是从"苦"中得来的。在创业的初期，创业者应做好吃苦的准备，不要一味羡慕创业成功的人，而应该"收心"，脚踏实地走好每一步。

（2）心态悲观

曾经有科学家专门对一些成功人士的心理做过研究。他们发现，成功者都具有以下特点：有积极的人生态度，有赚钱动机，内部冲突很少，勇于为结果承担责任，同时还具备风险控制和耐心这两个关键的素质。而失败的人则普遍具有悲观主义倾向。当事情转坏时，失败者总爱责怪别人，遇挫折容易灰心丧气。

创业者在创业的过程中难免遇到挫折和困难，如果碰到暂时难以解决的问题就灰心丧气，再无当初的激情和雄心壮志，失去了面对现实的勇气，那么失败可能是难以避免的。过分的乐观可能会使我们有失冷静，但一个过分悲观的人同样难成大事。

（3）方向不明

方向即创业的道路、思路，这是创业活动总体的走向与原则。在创业之前，创业者需要想清楚，自己的创业方向是否清晰？调查发现，创业失败的原因按比例排名分别是：经营方向或投入产业错误、财务周转不灵、找不到消费者、与合伙人意见不合、无创新商品和企业无知名度等。

由此可见，创业方向是创业者首先应考虑的要素。如果创业方向错误，则可能导致整个创业活动失败。

经验之谈

有了创业的方向，创业者应该朝着这个方向计划实现的方法、措施等。计划不明意味着盲目，管理学中有一个公式：成绩 = 目标 + 效率。这里，明确的目标代表明确的计划，通过创业实践我们可以发现，"做正确的事情"比"正确地做事情"更重要。

（4）融资困难

资本是创业必须面对的问题。如果创业初期没有争取到合适的融资，创业可能就寸步难行。为了完成创业初期的融资，创业者必须提升自己的实力，才能吸引投资者，融资也才有可能进驻创业公司。所以，创业者首先应做好商品，增强商品和企业的竞争力，让资本市场看到企业的未来，才能获得比较好的估值。

同时，创业者在融资时，不能为了融资而融资，因为资本最终要与企业分离，所以，从长远来看，选择投资者应当谨慎。如创业者的确有很好的项目，有多项融资可供选择时，可有条件地选择投资者。除了投资的金额外，创业者还应考虑对方的经验、资源、对企业后期的帮助等。

（5）合伙人选择不慎

在创业过程中，创业者除了需要不断地学习外，还需要心胸、魄力，同时要找到真正能屈能伸的高手合伙。与合伙人建立信任不是一件容易的事，不仅需要充分的交流与时间的累积，更需要的是志同道合，拥有共同的目标和一致的方向。

（6）管理规章制度不健全

健全的公司管理规章制度是一个企业良性运作的基础，它像一套运行中的系统在操控企业这台大型机器的运转。正所谓"没有规矩，不成方圆"，管理规章制度，即"规矩"。公司创业前期制度可以从网上、同类公司借鉴，然后在实际运行的过程中进行改良，最后成型为适合公司长期发展的规章管理制度。

2. 创业中期的风险

创业中失败的原因很多，但很大程度上还是创业者自身的原因，可能是选择失误，也可能是管理不善，或者是缺乏市场意识等。每年有数以万计的企业倒闭，但又有更多的企业成立。调查显示：目前我国注册成立的企业，3年后依然能够生存下来的只有32.4%。由此可见，处在创业过程中的人很容易在不知不觉中走入一些误区。下面将分析创业中期的一些风险。

（1）战略性风险

战略性风险指创业者在创业中期的目标、战略、决策过程中存在的风险。

①目标游离。俗话说："有志之人立长志，无志之人常立志"。人的精力有限，频繁更换目标会使得我们无法投入任何一个目标。事实上，无论是领域选择、管理风格还是商品设计，都没有绝对正确的选择，只有适合自己的选择。创业者应该坐下来，调整思绪，清理目标，想清楚自

己该干什么，该放弃什么。

②业务领域不明。每个企业创业之初都有自己的主业，在创业过程中由于创业者接触的人、事、物增多，诱惑也越来越多，创业者可能会不断扩充业务领域，导致业务领域不明。如果将业务领域不明形容为一种病，总结起来大概有如下常见的3种。

- **花心病**：这通常是企业有了一定实力后开始"对外搞活"，不再专注于主业，想再找点能挣钱的项目来做。这种愿望很好，但发展思路可能超越了企业经营能力和企业实力，结果往往以失败告终。

- **多动症**：企业盲目跟随潮流，经常变换经营目标。比如一家生产白酒的企业，觉得碳酸饮料能挣钱，就生产碳酸饮料，后来发现果汁饮料是未来发展趋势，就改生产柠檬茶，或生产其他饮料。这并不是商品系列化，反而破坏了企业形象和品牌形象，从而使企业失去核心竞争力，丢掉了企业辛苦铸就的品牌和形象。

- **虚胖症**：和花心病相似，企业创业成功后易形成多业并举的态势，但主辅业不分，大都是亏本的多、挣钱的少，拆了东墙补西墙，产业众多，其实都是"夹生饭"，亏本买卖。

③急功近利。创业之路更像一场马拉松赛跑而不是百米冲刺，前100米领先者不一定就能成为全程的优秀者，甚至可能根本跑不完全程。在遥远的征途上，基础的积累将会起到决定性的作用。如果自觉先天不足而又已然踏上征程，那就更要格外注意随时给自己补充营养。

事实上，成功的企业家都是从短期利润做起的。有了获取短期利润的经验，才有可能去涉足长期获利的项目。

④孤军奋战。现代社会，人与人之间的联系越来越紧密，社会专业化程度越来越高，人与人之间、公司与公司之间的相互依存度也越来越高，现代社会不会有鲁滨孙式的人物，谁也不可能不同任何人发生联系就取得成功。创业者需要同消费者打交道，需要同政府部门打交道，需要同合作伙伴打交道，这许多事情，不是凭一个人的努力就可以完成的。因此我们需要有一个良好的社会关系网络。来自于同事、团队、合作伙伴等各方面的支持与互动，对创业者的成功起着非常关键的作用。孤军奋战不但会令创业者疲于奔命，也难以使创业者取得成功。

创业者在产生创业构想的最初阶段，就要逐渐开始建立这些支持。一开始可能难以建立完整的团队和社会网络，但可以一点点做起，慢慢地扩大自己的联系范围，当强有力的团队和网络建立起来之后，创业者再做起事情来，才会如鱼得水、游刃有余。

📢 经验之谈

形成孤军奋战局面的原因可能是多方面的，一种是没有找到"同盟军"，另一种是即使有"同盟军"，却因为彼此缺乏信任，不能够向其合理授权，将所有的事情全部放在自己身上，而自己精力有限、鞭长莫及，导致创业失败。

⑤遇难即退。任何成功的创业者都必须具备坚韧不拔的创业精神，这是成功的必要条件。反观一些失败的创业者，其之所以失败，正是因为缺乏创业精神。不怕苦，不怕累，不怕失败，勇往直前，不达目的决不罢休，这就是创业精神。任何人做任何事，都不可能一蹴而就，创业尤其如此。

在创业期间，困难和挫折往往是无法预料的，诸如销路问题、质量问题、管理问题、资金问题和人员问题等。没有创业精神的创业者，在这些困难和挫折面前会心灰意冷、停滞不前。

（2）管理风险

如果说企业最初的经营主要靠商品的新颖度和领导人的个人魅力，那么随着企业的进一步发展，管理之于企业的重要性将越来越明显。管理风险也将成为创业路上遇到的重大风险之一，总结起来，管理风险大概有以下两种。

- **管理人员的选择**：管理人员对于一个企业来说，就像一个机器的核心部件，只有核心部件起到作用了，整台机器才可能良好地运行。管理人员是公司整体管理制度、管理方案的制订者及执行者，创业者选择与自己观念匹配的核心管理人员，其重要程度不亚于生产一种畅销商品。

- **管理制度的完善**：管理制度是公司正常运行的核心，建立一套符合公司企业文化、适合公司长远发展的管理制度对于公司来说是非常重要的。管理制度一方面重在制订，另一方面重在执行，仅有制度而不执行，等于空设。在创业初期，创业者可能已制订了制度，在不断发展的创业中期，一是要完善制度，二是要将制度很好地落地执行。

（3）财务风险

财务是企业管理的核心。在企业发展的过程中，创业者应越来越重视财务问题，通过财务数据分析，认识自己业务、管理上的不足，从而修正自己的创业、经营方向。创业者在财务上面临的风险大概有以下两种。

- **无财务记账意识**：一些由个人组建的创业公司，公司领导人并不具备财务记账意识，以为自己的公司、自己的钱，无论是赚还是赔都是自己的。其实这是一种错误的观念，不严格记账，公司领导人就无法了解自己公司的经营状况，就无法直观地把握核心关键点，对公司症结的诊断也找不到数据支撑。

- **无成本观念**：成本是生产和销售一定种类与数量的商品所耗费资源的经济价值。这些消耗用货币计量，就表现为材料费用、折旧费用、工资费用、销售活动费用等。为了管理生产所发生的费用，应将其纳入成本管理。成本管理是充分动员和组织企业全体人员，在保证商品质量的前提下，对企业生产经营过程的各个环节进行科学合理的管理，力求以最少生产耗费取得最大的生产成果。树立成本观念，对于控制公司的费用、提高产能、提高公司的核心竞争力有举足轻重的作用。

3. 创业后期的风险

在创业取得阶段性成功以后，创业者仍然面临各种各样的风险。如果创业者不能正确认识这些风险，不仅会影响企业的未来发展，也会影响企业价值的变现。

（1）盲目冒进

当企业初具规模、小有成就时，许多创业者容易被自己营造的区域性知名度冲昏头脑，趁着手里有一定储蓄，不顾发展实际，盲目开拓市场。此时，如稍有意外，就可能产生巨大的损失，最终导致前期所有的努力功亏一篑。

（2）好大喜功

大多数创业者思想解放、个性执着、敢作敢为，这种个性使他们很容易在创业初期获得成功。但随着企业规模的扩大和实力的增强，个人追求财富欲望的膨胀，再加上市场环境的规范化和竞争的激烈化，部分人的追求可能会脱离实际。有一些企业的创业者把追求规模、知名度、市场占有率作为首要目标，好大喜功，过分追求表象。这种局面最终不仅会让创业者吃亏，甚至可能使他们一手创建的企业遭受灭顶之灾。一家倒闭的企业的老板说过两句令人深思的话：

"你不该挣的钱别挣，天底下黄金铺地，你不能通吃。这个世界诱惑太多，但能克制欲望的人却不多。"

（3）挥霍浪费

在创业初期，大多数创业者都能做到开源节流、艰苦勤俭，因为当时根本就没有资金供其浪费。可是当创业有了一定的成绩，企业有了资源和资金，有些创业者就产生了"苦尽甘来"的感觉，认为已经创业成功并过上好日子了。如果此时管理上没有很好地控制成本和费用，即使企业的业务在不断增长，也可能导致最终利润的下降。

（4）小富即安

有些创业者在事业小有成就之时就失去了进取心，有了"小富即安"的想法，不再想办法将企业做大做强，不再积极拓展新的业务。

小富即安的思维在一定程度上限制了很多企业的发展，它的表现与"盲目冒进"是截然相反的。总体来讲，小富即安思维在创业者身上主要有以下两种体现。

- **目光短浅**：企业经营中追求小目标，排斥新的融资方式与能人的参与，排斥现代营销观念，看不到更为广阔的市场，甚至产生自卑心理，否定发展壮大的可能，不敢与高手竞争，目光狭隘，使企业形成"弱不禁风"的体质。
- **放不开本业**：放不开本业就是人们常说的离不开老本行，以前干的事，以后还想一直干。例如一个做食品的企业家，在食品行业混迹几年后，想自己投资做点事情，可他只知道食品能赚钱，仍想投资食品，可以说就是被老本行束缚了思想和手脚。有很多创业者正是因为走不出自己熟悉的"圈子"，总按固有的模式和套路操作，最终导致失败。

（5）缺乏创新

创业的过程就是不断创造与创新的过程。创新是企业的唯一生命主线，失去创新，企业将停滞不前，甚至衰亡。

当前是科学技术日新月异的新时代，在某种意义上，资本力量在创业经营中的重要性已经让位于知识和技术，走在时代前列的创新将引导企业走向繁荣。没有创新，即便企业拥有数量庞大的资金，也赶不上时代的潮流，终将成为失败者。

有些公司没有雄厚的资本，但仍可以依靠创新获得发展。相反，不少企业尽管资本雄厚，工厂设备齐全，人员也不少，却因为经营不善和缺乏创新而出现亏损。时代的迅猛发展把企业经营中资本和创新的重要性地位颠倒过来了。

（6）管理危机

管理并不等于亲自解决所有的问题。管理人员应该把注意力集中到企业当前阶段所存在的主要问题上，集中精力排除障碍，使企业成长、成熟并壮大起来。创业后期，企业面临的主要管理问题是管理危机问题，具体表现为低效管理、用人失误、财务混乱、管理失控和创业缺乏动力等。

↘ 2.2.6　创业风险的防范措施

虽然创业过程各阶段的各种风险是客观存在且不可避免的，但创业者可以通过科学的方法，针对不同的风险制定不同的防范措施，降低风险的发生概率，甚至化风险为机遇。创业者要学会识别风险，并掌握外部和内部两个方面的风险防范措施。

1. 如何识别风险

识别风险需要一定的专业知识，创业者必须根据不同条件，运用一定的方法或者借助一定的工具来识别。

（1）识别风险的步骤

识别与防范风险要经过以下步骤。

- **信息收集：** 通过调查、问讯、现场考察等途径获得基本信息或数据，然后通过敏锐的观察和科学的分析对各类数据及现象做出处理。
- **识别风险：** 根据分析结果，确定风险或潜在风险的范围。
- **重点评估：** 根据量化结果，进行风险影响评估，预计可能发生的后果，提出方案选择。
- **拟定计划：** 提出处理风险的方法和行动方案。

（2）识别风险过程中的注意事项

为了根据现有情况更好地识别现有或潜在的风险，创业者在实际操作过程中应注意以下问题。

- **信息收集：** 信息是了解风险、识别风险的基础，信息收集的全面与否直接影响最终的判断。信息收集一般可以通过两个途径，一是内部积累或者专人负责；二是借助外部专业机构的力量。后者通常可获得更丰富的信息资料，有助于全面、清晰地识别面临的潜在风险。
- **因素罗列：** 根据企业在运营过程中可能遇到的问题，逐步找出一级风险因素，然后再进行细化，延伸到二级风险因素，再延伸到三级风险因素。因素罗列得越全面，越利于风险的防范。
- **分析方式：** 在风险防范与分析过程中，一定要在信息和影响因素的基础上进行综合分析，而且分析的方式要多样，既要进行定性分析，也要进行定量分析，以避免因考虑不周导致风险识别错误。

2. 创业风险的外部防范措施

外部风险指的是非企业自身因素造成的风险。外部风险很多是由客观因素造成的，每个创业者都无法避免。下面讲解常见外部风险的应对措施。

（1）应对竞争对手的跟进

所有的行业都不可能是独家经营，都不可避免地要面对竞争对手。那么，创业者该如何保证自己始终处于优势地位呢？下面给出一些应对竞争对手的策略。

- **研发技术，限制竞争：** 如果创业依托的技术有专利权，那么将在很大程度上排除同类竞争项目出现的可能性，降低投资成本和投资的商业风险。
- **紧密关注同领域的动向：** 在研发阶段，应密切关注其他公司类似工作的进行情况，如同类商品的功能设计、后期研发进度等，从而找出自己商品的优势，为商品推出市场以及后期跟进提供可执行的方案。
- **选择高技术项目：** 如果项目的技术含金量足够高，那么其他企业要想通过完全破解技术配方来仿制新商品是不可能的，而其他企业自行研制开发也需要很长的时间。因而高技术项目能够有效地拖延其他企业跟进的脚步，在此期间，创业企业可以收回投资、并且占据较大的市场份额。
- **制订迭代商品开发规划：** 在商品开发阶段，即第一代商品还在时，就要制订后继系列商品的开发计划，并在生产规划中详细论证以确保开发计划的实施。真正有生命力的企业不会停滞不前，新商品的成功并不代表整个市场的认可。所以，企业一方面要抓紧时间生产出升级换代的商品，以改善原有商品的缺点，更好地满足消费者的需求；另一方面还要优化生产工艺和销售渠道，在成本和价格方面适应市场竞争的需要，使自己一直保持领先状态。

● **注重商品多样性**：在当今市场竞争日益激烈的情况下，创业企业推出主打商品的同时一定要采取商品多样化的策略，以扩大市场占有率，同时以多样化的商品满足消费者不断变化的和个性化、复杂化的需求。多样化的商品也能有效地防止竞争者的模仿。

（2）应对市场变化

不管是企业还是企业的商品，都需要面对多变的市场，因此创业者的应变能力十分重要。下面将介绍一些常用的应对措施。

● **有效的市场调查**：创业者只有进行有效的市场调查和分析，才能了解消费者的需求。这是唯一保证商品或服务有市场的可行办法。市场调查不仅包括项目创意调查，而且还要贯穿于商品研发和试制过程的始终，切实指导商品的开发和改进。只有这样，新技术、新商品才能有消费者、有市场、有存在的价值。

● **新领域的先锋**：新技术、新商品不仅要能适应、满足消费者的需求，还应能够发掘并创造新的市场需求，动态地改变消费者的偏好，成为新领域的先锋，由被动适应变为主动引领。

● **扎实高效的组织**：仅有好的创意、好的机会还不足以真正成就一个企业，新商品、新技术的实现和推广需要扎实高效的团队协作才能完成。因此，只有建立高素质、善于学习和能够主动适应市场的团队，才能将新商品的营销推广策略真正落到实处，将企业的意图贯彻到底。

（3）应对宏观经济环境及政策法规的变化

为应对整个宏观经济环境及政策法规的变化，创业者可先做好以下准备。

● **选准恰当的时机**：任何一个国家或地区都存在经济周期。创业企业要把握市场动向，在经济下降阶段或萧条阶段进行创意和研发，等到宏观经济繁荣时期和经济上升期进行市场运作。在周期的上升阶段，投资形势和市场需求都将被看好，商业风险相对较小，可以降低成本、提高收益。

● **重视环境和市场的选择**：创业者应谨慎对待选址和市场开拓。创业者不仅要注重行业发展特点，还应对企业预选地区的政策、文化以及自然环境进行综合考虑。另外，市场开拓从哪里开始，其整体发展规划如何，这些问题都应结合其所在国家或地区的宏观环境和相应的政策法规来考虑。

● **了解政策法规**：创业者在选择项目时就应充分了解国家及地方对相关产业的政策规定及该行业的发展动向。选择政策法规给予扶持的产业、行业对于企业今后的发展是有一定帮助的。同时，关于公司的组建、运营以及市场方面的各类法律和规范，创业者应透彻了解，掌握最新动态，善于利用发展机会，这样才有利于企业的短期和长期发展。

● **冷静对待法规的变化**：如果政策法规有所改变，创业者应冷静分析，如何利用新出现的商业发展机会，或者如何采取措施规避有可能出现的损失。不要拒绝变化，甚至做出违反国家或地方法规的事情。

（4）应对资金风险

资金是每个企业运营的关键因素。创业者面对资金风险时，应多留意整个价格波动趋势，当发现有价格变化苗头时，应主动地采取措施，同时动态地配置生产资源，根据市场变化调整进货量、存货量和出货量。创业者要通过观察、内部调控来应对资金风险，同时还要争取将风险变为机遇，占领市场先机。

📢 经验之谈

如果企业是出口型企业，创业者除了要了解国内市场价格外，还应关注国际市场，在国际贸易中采用套期保值等方法保护自身权益；同时还应研究利率及其相关因素的变化，如通货膨胀、金融政策、财经政策和税收政策等。

（5）应对信用危机

由于我国的信用机制还不够健全，因此创业者要提高警惕，对投资方、技术持有者、管理和技术开发人员、供应方等各方人员或组织的资本信用状况、技术和资金能力等都要了解清楚；同时必须签订细致有效的合同，利用法律工具保护自己和他人的合法权益。

3. 创业风险的内部防范措施

与外部风险相对的是内部风险，即由企业自身管理不善或决策失误等造成的风险。每个企业内部都存在不同程度的风险。下面介绍企业内部常见的风险形式及其应对方法。

（1）应对投资分析的风险

传统行业的投资分析都是在所在产业的历史发展经验数据和可靠材料的基础上进行的，而很多创业企业是高新技术企业，投资分析往往缺乏历史数据的支撑，单靠创业者的直观感觉或一些不太成熟的调查数据，因此其分析的精确度常常很低。

此时，创业者可考虑结合参考相关行业的发展情况，通过横向比较得出差异与共性，为自己的决策提供可参考的依据。但无论如何，这些都是理论上的估计与统计，在实施时特别要注意动态地分析和适时地调整，不仅要参考计算得出的数据，还要考虑环境的变化和企业的真正需要。

（2）应对技术风险

商品的核心是技术，在企业内部如何避免因技术产生的风险呢？总结起来其应对措施有以下两点。

- **专利/知识产权的保护：** 新技术属于创业企业的无形资产，其价值不容忽略。因而，寻求专利或知识产权的保护就成了十分重要的环节。
- **技术保护：** 除了专利的保护外，在新技术或新商品推向市场之前，创业企业还应考虑加入技术成分的保护。例如，设法使他人无法通过成分检测破解化学配方，在机器的核心电路部分设置加密芯片或进行封装，为软件内核添加监控毁灭程序等。

（3）应对管理危机

由于创业企业的管理团队一般都比较年轻，又刚刚组建，彼此缺乏默契，再加上管理经验不足，又要在短时间内完成新技术、新商品的生产和推广，因而会出现很多管理问题，必须积极采取措施予以应对。

①借用外脑。对于创业公司管理队伍年轻化的问题，在公司起步这个比较关键的发展阶段，可以考虑与风险投资公司或孵化公司合作，邀请有经验的人士参与经营管理，也可以聘用各方面的专业人才加盟。这样可以利用有经验的专业人才带动整个组织及其管理团队的成长和进步。

②培养团队精神。一个企业的成功并不能只靠某个人单打独斗，而要靠各个部门的协作。可以说，企业内部的团队精神是影响企业最终成功的重要因素。面对竞争日益激烈的市场，企业更应该注重自己团队的培养，塑造符合自身发展目标的企业文化。

③控制人员的流失。由于创业企业很容易遇到各方面的风险和阻力，因此常常要面对技术、管理和销售服务人员的流失问题。要留住人才，创业企业就要根据不同类型人才的特点采取不同的措施。

- **管理、技术人才**：明确利益关系，对于重要人员可考虑分配一定数额的公司股份；同时制定有效的激励机制，管理人员和技术人员应该适用不同的绩效考评机制；此外还要用企业文化所形成的强大凝聚力来留住人才。

- **销售服务人才**：根据业绩评估，及时提高销售服务人才的工资与福利待遇；建立完善的晋升制度，做到奖罚分明；服务人员本土化，加强其从业素质的培训，使其感受到在公司中的价值。

（4）应对财务危机

初创企业在最初一两年很可能会遇到财务危机。如果能渡过这个危机，企业就可能迎来春天。在面对财务危机时，创业者应采取以下措施。

- **放弃追求高利润**：在发展初期不过多地追求利润指标。有些创业者在企业略有起色时急于向外界表现自己的经营能力，而利润恰好是最有说服力的证据。但是，这对新企业来讲弊大于利，其原因有两方面：一是账面上的利润将会增加企业的税负，而此时过多的税务支出对于企业来说是不利的；二是企业业务的快速膨胀，存货、应收账款等占用了大量资金，而此时企业的经验和应变能力都相对不足，企业任何一个环节出了问题都会引发综合性的财务危机。

经验之谈

在企业创业的最初几年，至少是前5年，创业者应该始终把用户的需求作为第一目标，并在资金允许的情况下加大投资力度，提高产品的技术含量。

- **利用现代财务分析工具**：良好的财务管理是达到创业目标的必要条件，如情况允许，企业可用先进的财务分析工具对公司财务状况进行控制。一般企业需要进行现金流量分析、现金流量预测并制订完善的现金管理机制。成长中的新企业必须预测企业现金的需求量和需要的时间，并保证有一段较长的缓冲时间，这有助于企业筹措到所需的资金。

- **适时调整财务结构**：企业在发展过程中应适时改变财务结构。事实证明，如果销售额增长，新企业的成长速度就会大于其资本结构的成长速度。因此，新企业的每一次成长，都需要不同的新财务结构。当新企业成长时，来源于私人的资金往往无法满足企业成长需求。企业在运营一定年限后，会力求寻找更大的资金来源，主要途径有筹措权益资本（发行股票），寻找合伙人，或与其他公司合伙，或向保险公司求援等。在选择资金来源时，创业者必须充分了解合伙人或合伙公司的信誉和营业互补性及其发展前景，确保该公司不会成为自己的竞争对手。

- **进行资金规划**：企业在每个年度都要进行资金规划。资金规划对大多数新企业来说是求生存的必要工具。如果成长中的新企业能事先合理地为资金需求及资金结构做好一定周期的计划，那在需要资金时，不论资金的种类、时间及需求的方式如何，通常都不会发生太大的困难。如果等到新企业的成长超过资金基础及资金结构的成长时再进行财务规划，此时往往已经出现问题，从而使企业的发展受阻。

- **制定财务制度：**企业应制定一套完善的财务制度，对应收款项、存货、制造费用、管理费用、服务和销售等进行有效的控制。同时，企业应随时根据实际情况制定并调整自己的财务制度，并保证它的严格执行。

2.3 思考与练习

（1）简述你对创业机会特征的认识。

（2）简述你对创业机会来源的认识。

（3）创业者可以通过哪些途径进行创业机会的选择？

（4）怎样识别创业风险？

（5）创业中期应该怎样进行风险防范？

CHAPTER

03

第3章　网上店铺的开设与装修

网上店铺是一种互联网时代的新开店方式。与实体店铺相比，网上店铺不仅节约了成本，而且在商品进货、出售和管理等诸多方面也有很多优势。与大规模的网上商城相比，网上店铺以投资少、见效速度快、限制少、经营方式灵活和利润空间不错等优势，成为网上创业众多模式中最常见的一种。本章主要介绍网上店铺的电子商务平台、网上店铺的基本运营流程以及开设、淘宝网店铺的设置与装修等知识。通过对本章内容的学习，读者可以对开设网上店铺的基本流程和操作有大致的了解和认识。

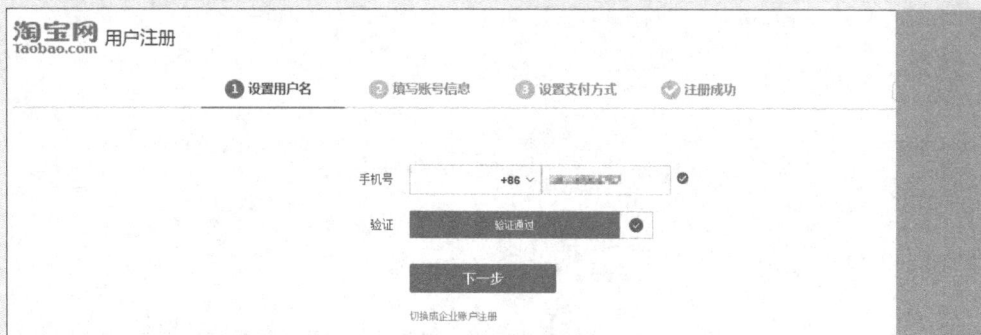

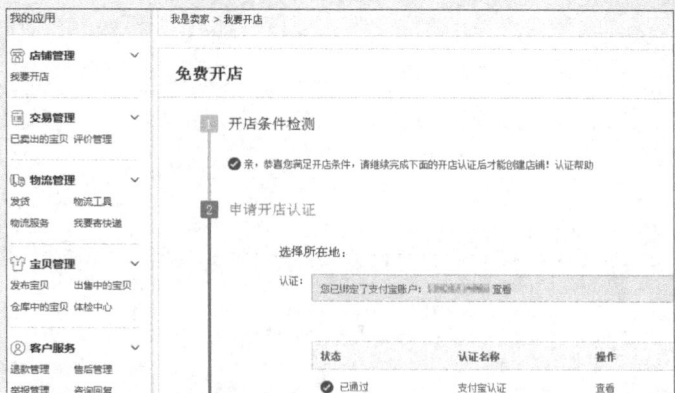

- 网上店铺的电子商务平台
- 网上店铺的运营流程
- 开设网上店铺
- 装修网上店铺

本章要点

 案例导入

大学生网上开花店，轻松创业当老板

林琳是一个十分热爱生活的女孩，虽然高考的成绩并不理想，但她仍然进入了一所大学学习园艺。在校期间，林琳为了更好地体验生活，经常推着小车去卖花，但有时鲜花因没有及时卖完而变得不那么新鲜，造成了鲜花的浪费和成本的增加。为了更好地保证鲜花的新鲜程度，林琳在淘宝上开了一家网店，等买家在淘宝上下单后，再统一发货，既保证了鲜花的品质，又能满足消费者的需求。

林琳的淘宝店装修得很有特色，因为店铺主卖鲜花，所以她选择了淡淡的粉色作为店铺的整体色调，然后将各种拍摄好的鲜花发布到淘宝店中，通过淘宝系统的各种模块来进行展示，每张鲜花图片之间留有空白，方便消费者观看。当消费者浏览进入林琳的花店后，第一眼看到的是大大的鲜花飞舞的动画，以及亲切的问候语，亲切、温暖。很多到林琳店铺中购买鲜花的消费者后来都对她说，很喜欢她店铺的装修风格，感觉很温馨、简洁，来了一次之后，总是忍不住再来看看。

林琳很高兴自己的店铺受到了众多好评，不过她知道，只靠美观的店铺装修并不能留下挑剔的消费者。因此，林琳在商品的信息展示上下足了功夫，在发布商品时，仔细地填写鲜花的名称、种植季节、搭配方式、保养技巧，并拍摄了鲜花的种植基地、包装效果、室内效果等图片，这些信息与图片搭配在一起，组成了详细而清晰的宝贝详情页面。并且，林琳还把送货时间以醒目、幽默的方式置顶，一下子就把消费者最关心的问题和最想要咨询的内容呈现了出来。

因为对店铺装修和商品发布很用心，林琳店铺的生意蒸蒸日上，经过大学几年的经营，不仅在学校周边小有名气，还吸引了很多其他地方的网友。林琳从小喜欢花花草草，自己又是学的园艺专业，因此花在花店上的精力也越来越多，到了毕业的时候，她干脆一心扑在了花店的扩建上，在学校周边租了一个小门店，摆上店铺里的花花草草，将店面装修得清新怡人，又雇了两个送货的员工负责配送当地的鲜花订单。就这样，林琳的鲜花网店有了自己的实体店面。现在，林琳的小门面已经扩大到了100多平方米，店面装修得像一个花园，而她自己已经当上了老板，主要负责管理，其他事情则聘请专业的花卉护理人员来处理。

【案例思考】

有创业想法的大学生很多，然而有耐心、有精力并且始终如一、不断投入精力与时间来开拓的人还是少数。林琳自己开了网店，花了大量的精力来进行店面的装修和商品信息的发布，这是她的网店能够成功经营的基础。大学生创业开网店的方式多种多样，但都需要做好开店的准备，包括店铺的开设与装修等基础工作。那么，在淘宝平台中应该怎样来进行这些操作呢？

扫一扫

第3章案例解析

3.1 网上店铺的电子商务平台

电子商务平台是一个为企业或个人提供网上交易的平台，网上创业者需要利用电子商务平台提供的网络基础设施、支付平台、安全平台和管理平台等共享资源有效地、低成本地开展自己的

商业活动。下面详细介绍目前主流的网上创业的电子商务平台。

3.1.1 电子商务的类型

通常按交易双方的不同，我们可以将电子商务划分为B2B、B2C、C2C、O2O、B2G、C2G 6种类型，其中前4种类型是现在主流的电子商务交易方式。

1. B2B

企业与企业之间（Business to Business，B2B）的电子商务是指以企业为主体，在企业之间进行的电子商务活动。该模式具体指进行电子商务交易的供需双方都是商家（或企业、公司），通过互联网技术或各种商务网络平台，完成商务交易。B2B借助企业内部网（Intranet）建构资讯流通的基础，借助外部网络（Extranet）结合产业的上中下游厂商，达到供应链的整合。B2B电子商务将会为企业带来更低的价格和劳动成本、更高的生产率，以及更多的商业机会。图3-1所示为B2B电子商务模式中的典型代表——阿里巴巴平台。

图3-1　阿里巴巴平台

2. B2C

企业与消费者之间（Business to Consumer，B2C）的电子商务就是企业通过网络销售商品或服务给个人消费者的电子商务。这是消费者利用互联网直接参与经济活动的形式，等同于商业电子化的零售商务。也就是说，企业通过互联网为消费者提供一个新型的购物环境——网上商店，消费者通过网络在网上购物、支付，节省了消费者和企业的时间和空间，大大提高了交易效率。如今的B2C电子商务网站非常多，比较大型的有天猫商城、京东商城、一号店、亚马逊、苏宁易购和唯品会等。

3. C2C

消费者与消费者之间（Consumer to Consumer，C2C）的电子商务是指消费者与消费者之间的活动，这种活动是多变的。C2C电子商务平台通过为买卖双方提供一个在线交易平台，使卖可以主动提供商品在网上拍卖，而买方可以自行选择商品进行竞价。此外，网上的二手商品交易以及以物易物等都可以归入C2C模式。常见的C2C平台有淘宝网、易趣网、一拍网和雅宝网等。

4. O2O

线上对线下（Online to Offline，O2O）的电子商务是一种新兴的电子商务模式，它将线下商务的机会与互联网结合在一起，让互联网成为线下交易的前台。如饿了么、美团外卖等通过搜索引擎和社交平台建立海量网站入口，将网络上的美食消费者吸引到自己的网站，进而引流到当地的实体店中，而线下的实体店则承担商品展示与服务提供的功能。图3-2所示为饿了么网上平台界面。

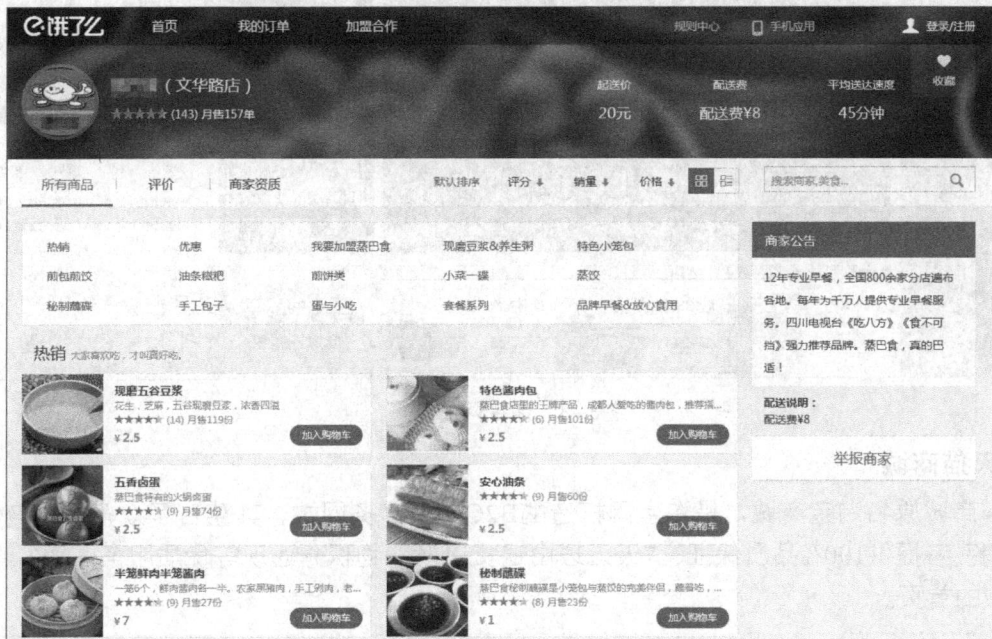

图3-2 饿了么网上平台界面

经验之谈

企业对政府（Business to Government，B2G）的电子商务、企业网购引入质量控制（Business to Business and ensure the quality，B2Q）的电子商务也是常见的电子商务模式。其中，B2G是指企业与政府管理部门之间的电子商务，如政府采购平台、海关报税的平台、税务局报税的平台等。B2Q是指将质量控制引入企业网购，交易双方网上先签意向交易合同，签单后根据买方需要可引进第三方（验货、验厂、设备调试工程师）进行商品品质检验。这种模式将质量问题截留在了发货之前，免去了收货后因质量问题产生的退换货烦恼。

3.1.2 常见的电商平台

经营者需根据实际需要来选择网上开店平台，如个人用户适合在淘宝网、易趣网等C2C平台开设店铺，商家、企业等既可以选择C2C平台，也可选京东商城、天猫商城等B2C平台。

1. 淘宝网

淘宝网由阿里巴巴集团在2003年5月创立，是中国受众非常广的一个网购零售平台。自创建后，随着规模的不断扩大和用户数量的快速增加，淘宝网逐渐由原本的C2C网络集市变成了集C2C、团购、分销和拍卖等多种电子商务模式于一身的综合性零售商圈。

淘宝网为淘宝会员打造了非常全面和完善的网上交易平台，操作比较简单，非常适合想要开设网络店铺的个人卖家。图3-3所示为淘宝网的首页。

图3-3　淘宝网的首页

2. 天猫商城

天猫商城原名淘宝商城，是淘宝网打造的B2C电子商务网站，其整合了众多品牌商和生产商，为消费者提供100%品质保证、7天无理由退货以及购物积分返现等优质服务。图3-4所示为天猫商城的首页。

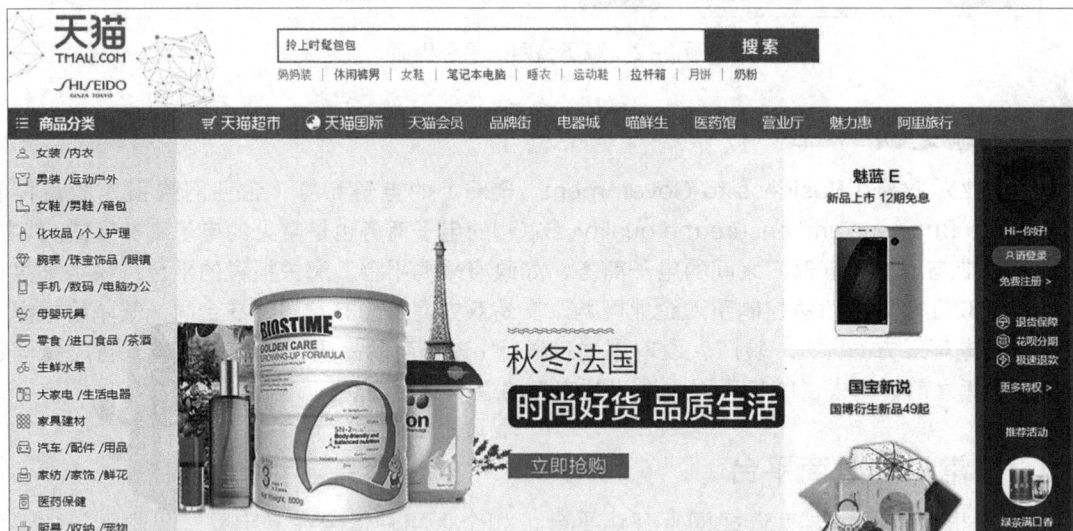

图3-4　天猫商城的首页

3. 京东商城

京东是中国较大的自营式电商企业，京东集团旗下设有京东商城、京东金融、京东智能、O2O及海外事业部，其售后服务、物流配送等方面的软件、硬件设施和服务条件都比较完善。图3-5所示为京东商城的首页。

图3-5 京东商城的首页

4. 其他开店平台

与淘宝网、天猫商城、京东商城等电子商务网站类似的平台还有很多，如易趣网、苏宁易购和国美在线等。下面分别进行简单介绍。

- **易趣网**：易趣网于1999年8月在上海创立，2002年与eBay结盟，更名为eBay易趣，发展成了国内在线交易社区。易趣网不仅为卖家提供了网上创业的平台，也为买家提供了物美价廉、品类众多的商品。
- **苏宁易购**：苏宁易购是苏宁云商集团股份有限公司旗下的B2C网上购物平台，覆盖了传统家电、3C电器和日用百货等众多品类。
- **国美在线**：国美在线原为国美电器网上商城。2012年12月初，国美电器整合旗下"国美电器网上商城"和"库巴网"两大电商平台，实现后台统一管理和资源共享，并更名为"国美在线"，发展成了一个面向B2C业务的跨品类综合性电子商务购物网站。

3.1.3 淘宝网店铺的类型

淘宝网和天猫商城都是阿里巴巴旗下的网站，但是二者的店铺经营方式差异很大。按照商家经营性质、收费标准和入驻标准的不同，我们可将其分为集市店铺和天猫商城。

1. 集市店铺

集市店铺一般也被称为C店，淘宝网中的店铺均为集市店铺。集市店铺是淘宝网中的主体经营模式，所收取费用较少、门槛较低，无论是公司还是个人，只需要进行相关的身份认证就可以创建自己的店铺。由于集市店铺经营和销售的成本控制具有较大的自由性，因此前往集市店铺开设店铺的个人或公司非常多，竞争十分激烈。

集市店铺的信用级别可以划分为红心、钻石、蓝皇冠和金皇冠4个等级。淘宝会员在淘宝网中每成功交易一次，就可以对交易对象做一次信用评价。评价分为"好评""中评""差评"3类，每种评价对应一个信用积分，"好评"加1分，"中评"不加分，"差评"扣1分。其信用度分为20个级别，卖家信用越高，越容易在店铺运营中占据有利条件。

2. 天猫商城

天猫商城是由淘宝网打造的在线B2C购物平台。相对于集市店铺而言，天猫商城中的商品质量更有保证，但开店投入也相对较高。天猫商城的入驻流程大致分为提交申请、审核、完善店铺信息和开店4个阶段。天猫商城只接受合法登记的企业用户入驻。在入驻之前，申请者需提供一系列相关文件。

天猫商城的店铺类型主要分为旗舰店、专卖店和专营店3类。

- **旗舰店：**商家以自有品牌，或由权利人独占性授权，入驻天猫商城开设的店铺。
- **专卖店：**商家持他人品牌授权文件在天猫商城开设的店铺。
- **专营店：**经营天猫商城同一经营大类下两个及以上他人或自有品牌商品的店铺。一个招商大类下专营店只能申请一家。

在天猫商城中，不同类目的商品，其入驻要求也不一样，想要入驻天猫商城的商家应仔细阅读相关规定和资费说明。

3.1.4 移动互联网中的淘宝网店铺

淘宝网的移动运营是指利用手机、平板电脑等移动终端进行营销的电子商务模式。为了满足不同消费者的消费需求，淘宝网提供了两种主要的端口服务：当消费者通过计算机访问淘宝网进行消费时，就使用的是淘宝网PC端服务；而当消费者通过安装在手机、平板电脑等移动设备上的淘宝网应用访问淘宝网并进行消费时，则使用的是淘宝网移动端服务。淘宝网创建之初，主要以PC端服务为重心，但随着近几年用户、市场、网络环境的不断变化，不管是淘宝网的消费者还是运营者，都逐渐将阵地转移到淘宝网移动端上。

1. 移动电商的发展趋势

电子商务从诞生到成熟，其商业模式一直在不断发生变化，移动化就是最显著的变化之一。不仅淘宝网、天猫商城和京东商城等电子商务网站纷纷开发了自己的移动端服务，很多直接立足于移动端的电子商务应用也陆续出现。

电子商务商业模式的移动化并不是毫无根据的，智能手机、平板电脑等移动终端的普及和发展，不仅方便了人们的生活，也为电子商务的营销模式拓展了更广阔的空间。移动互联网技术的发展和移动设备的普及，让移动终端成了用户连接互联网的主要工具。数据显示，截至2018年6月，我国网民数量达到8.02亿，其中手机网民数量达7.88亿，占比为98.3%，成了网络用户的主力军。此外，移动支付的发展使移动购物更加安全便捷，而移动设备便携的特点，也方便了用户随时随地连接网络进行消费。在众多因素的综合影响下，传统电商行业的主要载体PC端逐渐被移动端所超越。移动电商的便利性更能满足消费者的需求，为消费者提供更优质的服务。

2. 淘宝网移动运营的重要性

淘宝网移动端构建于移动设备之上，在移动设备上安装淘宝网应用即可使用淘宝网移动端提供的服务，比如手机用户安装的手机淘宝。手机淘宝是淘宝网官方出品的手机应用软件，将旗下的天猫商城、聚划算等整合为一体，具有购物比价、便民充值、淘宝团购、折扣优惠、类目浏览、宝贝筛选、宝贝浏览、宝贝详情和分享惊喜等功能。

淘宝网移动端是淘宝网用户流量非常大的一个端口。2018年"11.11"的购物狂欢节，在阿里巴巴的总销售额中，移动端支付占比超过90%，也就是说，至少90%的淘宝网用户是通过淘宝网移动端进行支付消费的。所以，对于淘宝网商家而言，淘宝网移动端是不可放弃的主要营销阵地。

3.2 网上店铺的运营流程

　　卖家在开设网上店铺进行创业之前，应该首先了解网上店铺从店铺装修到售后服务的整个运营流程。由于集市类的网上店铺的开设门槛较低，其运营流程比较典型。下面就以淘宝网的集市店铺为例，介绍网上店铺的运营流程。

3.2.1 前期准备工作

　　开店的前期准备工作主要是指卖家根据自己对市场的分析，选择和确定适合用于网上销售的商品，并找好合适的供应商和物流公司。其中选择适合网上销售且具有特色的物美价廉的商品是网上开店的基本前提。与此同时，卖家还需提前准备好在网上购物平台开店需要的相应资料。

3.2.2 选择电子商务平台

　　选择电子商务平台时，卖家需根据自己的实际情况选择合适的开店模式和电子商务平台，不同类型的电子商务平台对入驻卖家的要求不同。一般来说，淘宝网、易趣网等网络交易服务平台对成本、资质等要求较低，基本属于全民可选模式，卖家只需使用有效证件进行注册和申请即可拥有自己的店铺。图3-6所示为某淘宝网店铺的首页。而天猫商城、京东商城等B2C网站对商家入驻的要求比较高，普通个体户不能申请。

图3-6　某淘宝网店铺的首页

3.2.3 开设网上店铺并进行装修

　　申请网上店铺成功后，卖家即可开始店铺的装修和管理。装修和管理店铺的过程比较烦琐，包含的内容非常多，如店铺名称设置、店铺招牌设置、图片管理、商品分类、商品导航、岗位管理及物流管理等，其中店铺名称的确定和商品类目的选择是该阶段比较重要的工作。好的名字可以给消费者留下好印象，方便消费者记忆，而商品类目的选择则与店铺日后的经营成效息息相关。

3.2.4 进货

低价进货、控制成本非常重要，而要做好这一点，卖家就要选择好的进货渠道，并与供应商建立良好的合作关系。

网上商品的进货渠道很多，如阿里巴巴等批发网站。此外，卖家也可选择线下实体批发市场进货，或从厂家直接进货等。

3.2.5 获取商品图片

由于消费者无法直接接触并感受网上店铺中的商品，因此通常顾虑较多。为了在一定程度上打消消费者这种顾虑，卖家需要向其展示商品的全景和细节图片。这些图片的获取方式主要有两种：一种是进行实物拍摄，另一种则是向供货商索取。由于供货商提供的图片通常比较单一，无法展示商品的细节全貌，也无法满足店铺对于商品图片的要求，所以网上店铺的卖家通常要对商品进行实物拍摄。图3-7所示为拍摄商品图片所用的道具。

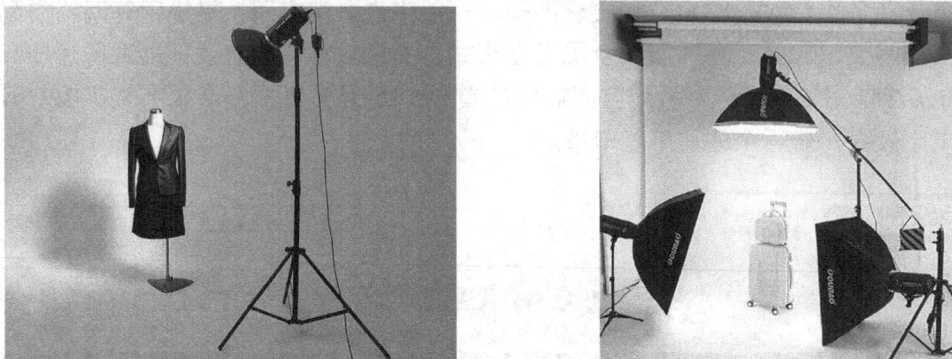

图3-7 拍摄商品图片所用的道具

经验之谈

网上店铺中商品图片要清晰美观，能全方位展示商品。另外，为了使拍摄的照片对消费者产生吸引力，卖家通常都要使用图像处理软件进行美化。美化处理需要在保证图片真实度的前提下，突出商品特点。一旦图片失真，极易产生售后问题。

3.2.6 上传商品

上传商品是指把商品的名称、产地、所在地、性质、外观、数量、交易方式和交易时限等信息填写到网站中。上传商品的过程比较烦琐，涉及上传主图、选择二级类目、设置商品名称、设置商品属性、上传商品详情页和设置价格等操作。该阶段中商品名称设置非常重要，直接关乎店铺和商品的自然流量，卖家要提前进行分析和确定。商品的主图和详情页也要提前在Photoshop中进行制作。此外，商品价格的设置也是商品销售成功的重要因素之一。

3.2.7 店铺营销和推广

网上店铺开设初期，人气往往会比较低，此时卖家需要进行适当的营销推广。网上店铺营销和推广的方式与实体店不一样，其主要是通过网络渠道进行，如通过淘宝网自身的推广平台进行推广，或通过其他自媒体平台推广。图3-8所示为淘宝网提供的推广工具。

图3-8　淘宝网提供的推广工具

3.2.8　商品售中服务

消费者在网上消费过程中会与卖家进行一些必要的沟通，比如提出某些问题或要求，此时需要卖家能快速、妥善、及时地回复消费者并处理相关问题。需要注意的是，很多平台对消费者信息的保密要求非常严格，卖家严禁向第三方透露消费者的相关信息，否则将给予处罚。

3.2.9　发货

消费者确认购买商品后，卖家要在规定的期限内寄出货物，包括通过快递公司揽件、填写订单号以及更新订单信息等。发货快慢也是消费者在网上购物时非常关心的问题，因此卖家应尽量早发货，选择正规的快递公司，保证商品寄送的速度和质量。

3.2.10　售后服务

售后服务也是商品价值的一种体现。好的售后服务不仅可以为商品增值，还能扩大商品影响力。售后服务包括技术支持、退换货服务、处理评价和投诉等。好的售后服务可以留住更多的消费者，直接影响商品销量。

处理评价和投诉是售后服务中最重要的环节。因为在完成交易后，淘宝网买卖双方都需对对方做出评价，而这个评价会直接决定买卖双方在网上交易中的信用额度。对于网上店铺来说，信用额度是非常重要且直观的一个评价因素，店铺信用额度的高低可以直接展示其商品与描述的相符度、卖家的服务态度和发货速度等销售指标。消费者可以参考这些指标来决定是否购买店铺的商品。

> **经验之谈**
>
> 淘宝网中消费者对卖家的评价是可以更改的。如果遇到消费者差评或投诉，需尽快联系消费者解决问题。如果遇到恶意投诉，卖家也须向网站投诉，以减少损失。

3.3　淘宝网店铺的开设

淘宝网已经成为全球最大的电商平台之一，也是网上创业和开店的首选。在淘宝网开设店铺的基本操作是先注册成为淘宝网会员，然后通过注册的淘宝网账户登录，并在该账户中开通支付宝账户，最后申请一个淘宝网店铺并对该店铺进行基本设置。下面就介绍具体的相关操作。

3.3.1 注册淘宝网会员

淘宝网会员的注册主要以手机号码注册为主，其也是淘宝网的默认注册方式。注册淘宝网会员比较简单，卖家只需根据注册系统的提示进行相关操作即可。下面介绍在淘宝网中注册会员的具体操作。

步骤 01 在浏览器的地址栏中输入淘宝网的网址，按"Enter"键进入淘宝网首页，单击"免费注册"超链接，如图3-9所示。

步骤 02 打开"淘宝网用户注册"页面，此时该页面中将弹出"注册协议"对话框，卖家必须同意该协议才可进行注册，单击 同意协议 按钮，如图3-10所示。

图3-9 单击"免费注册"超链接

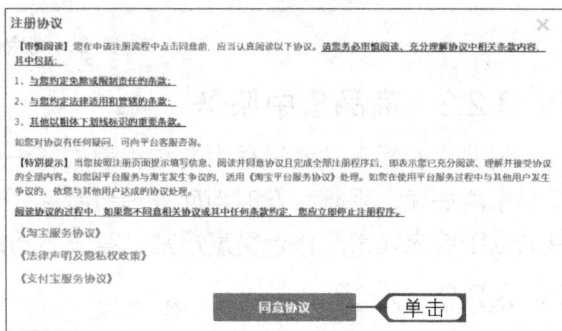

图3-10 注册协议

步骤 03 淘宝网注册分为个人账户注册和企业账户注册两种，个人账户一般使用手机号码进行注册，企业账户可通过邮箱进行注册。这里默认为个人账户注册，在该注册页面的"手机号"文本框中填写注册手机号码，如图3-11所示。

图3-11 输入注册手机号码

经验之谈

淘宝账户不仅可登录淘宝网，还可登录淘宝网旗下的其他服务网站或软件，如阿里旺旺、支付宝、天猫商城等。此外，淘宝网会员名称一经注册不能更改，卖家可选择与店铺相关且易记的名称。

步骤 04 按住鼠标左键将"验证"栏中的滑块拖动至最右边完成验证，然后单击 下一步 按钮，如图3-12所示。

步骤 05 此时，淘宝注册系统将向所填写的手机号码发送验证码，在打开的"验证手机"页面的"验证码"文本框中输入收到的验证码，单击 确认 按钮，如图3-13所示。

步骤 06 打开"填写账号信息"页面，分别在"登录密码""密码确认"文本框中输入账号密码，在"登录名"文本框中输入账户名称，然后单击 提交 按钮，如图3-14所示。

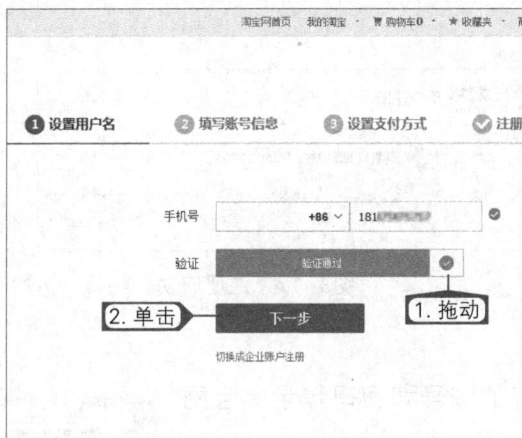

图3-12 完成验证　　　　　　　　　图3-13 输入验证码

步骤 07 打开登录验证界面，单击 手机短信验证 按钮，在打开的页面中单击 免费获取验证码 按钮获取验证码，然后输入验证码再次进行验证，验证完成后单击 确定 按钮，如图3-15所示。

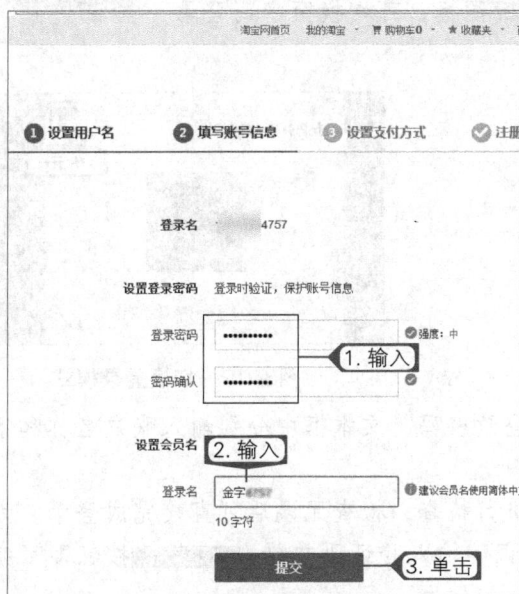

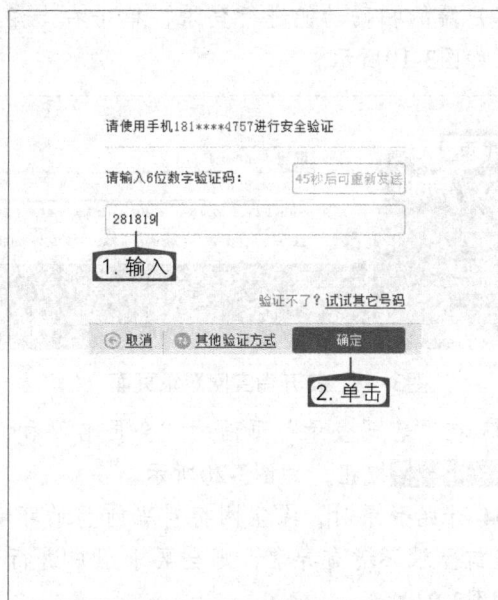

图3-14 输入注册信息　　　　　　　　图3-15 登录验证

步骤 08 打开"设置支付方式"页面，在"银行卡号""持卡人姓名""证件"和"手机号码"文本框中输入相应信息，然后单击 同意协议并确定 按钮，如图3-16所示。

步骤 09 上述操作完成后，即可完成淘宝账户的注册，此时打开的页面中会显示注册成功的信息，如图3-17所示。

图3-16　设置支付方式

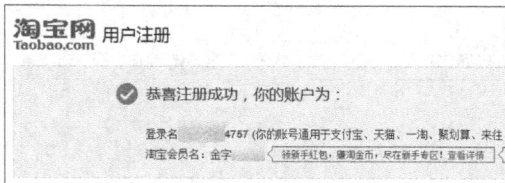

图3-17　注册成功

3.3.2　登录淘宝网账户

完成淘宝网账户的注册后，即可使用注册好的账号和密码登录淘宝网站，下面介绍登录淘宝网账户的具体操作。

步骤 01 打开淘宝网首页，在页面上方单击"亲，请登录"超链接，打开淘宝网登录页面，如图3-18所示。

步骤 02 淘宝网登录方式默认为扫描二维码登录，该方式主要是指通过手机淘宝客户端的扫码功能进行登录，单击右上角的 🖥 图标，可切换至密码登录模式，如图3-19所示。

扫一扫

登录淘宝网账户

图3-18　打开淘宝网登录页面

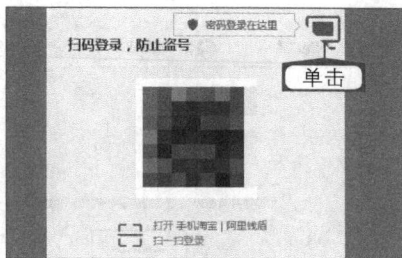

图3-19　切换登录模式

步骤 03 在"密码登录"页面的"会员名"和"登录密码"文本框中分别输入账户名称和密码，单击 登录 按钮，如图3-20所示。

步骤 04 开始登录时，淘宝网将对当前登录环境进行检查，检查无误后可直接完成登录。如果检查出当前登录环境有异常，则会要求用户进行验证，输入验证码并单击 确定 按钮即可完成登录，如图3-21所示。

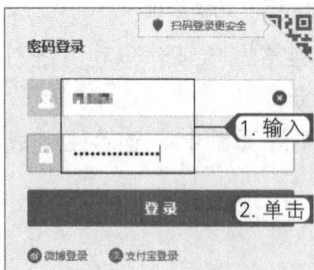

图3-20　密码登录

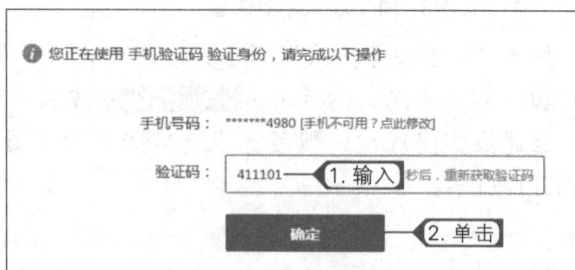

图3-21　输入验证码

3.3.3　开通支付宝认证

支付宝支付是淘宝网主流的支付方式。要想成为淘宝网卖家，必须开通支付宝认证。注册淘宝网账号后直接使用该账号即可登录支付宝。下面介绍在支付宝中开通认证的具体操作。

步骤 01 在浏览器的地址栏中输入支付宝网址，按"Enter"键，打开支付宝页面，单击 我是个人用户 按钮，在打开的页面中单击 登录 按钮，打开"登录支付宝"对话框，在其中输入淘宝网账号和密码，单击 登录 按钮即可登录，如图3-22所示。

步骤 02 登录成功后进入支付宝个人页面，在其中可查看支付宝账户的相关信息，将鼠标指针移动到"未认证"超链接上，在出现的提示框中单击"立即认证"超链接，如图3-23所示。

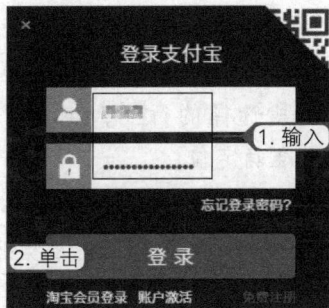

图3-22　登录支付宝　　　　　图3-23　立即认证

步骤 03 在打开的"支付宝注册"页面中，在"设置支付密码"和"设置身份信息"栏中输入支付密码和身份信息，如图3-24所示。输入完成后单击 确定 按钮。

步骤 04 打开"设置支付方式"页面，在该页面中输入银行卡号、持卡人姓名、证件、手机号码等信息，然后单击 获取校验码 按钮获取验证码，输入验证码后单击 同意协议并确定 按钮即可完成支付宝认证，如图3-25所示。

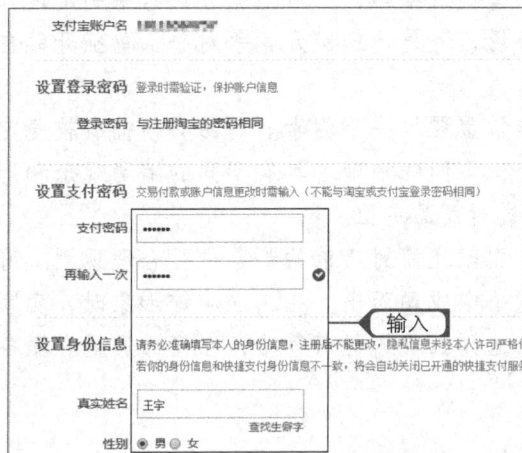

图3-24　设置支付密码和身份信息　　　　　图3-25　设置支付方式

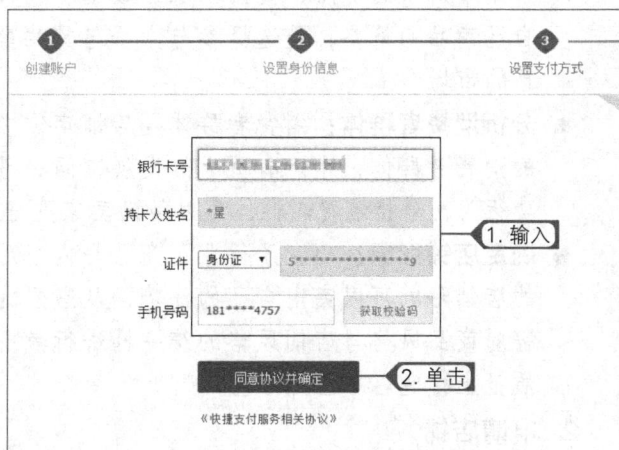

📢 **经验之谈**

支付宝认证需要输入登录密码和支付密码，支付密码不能与登录密码相同，且支付密码不能为纯数字。填写的身份证和银行卡信息都必须是真实的信息，且该银行卡需开通网上银行功能。

↘ 3.3.4 申请淘宝网店铺

为了能够更好地经营店铺，淘宝网店铺经营者应该在开店前做好开店准备，包括分析店铺定位、准备开店资料等。完成前期的准备工作之后，即可申请成为淘宝网卖家。申请淘宝网店铺一般需要对支付宝和淘宝网进行实名认证，然后等待淘宝网官方进行审核，审核通过即可创建自己的店铺。

1. 分析店铺定位

分析店铺定位是指对店铺所要经营的商品类型、商品消费者群体和商品市场环境等因素进行分析，让淘宝卖家尽可能地熟悉当前行业的行情，从而制订出更有效的店铺发展策略。

- **选择商品类型**：网上店铺选择商品类型主要有两种方式，一是选择自己熟悉的行业商品，二是选择不熟悉的行业从头做起。如果选择前者，显而易见，其在店铺发展上将更加有利。如果选择后者，那么卖家在开店时需要提前了解所选择的行业，包括行业环境、市场需求、消费者特征和竞争对手等，然后为店铺做出准确定位。
- **预测市场前景**：预测市场前景通常是指通过各种手段获取该行业的大量信息，包括当前的社会热点、人们的生活方式以及卖家的商业行为等。通过数据分析，卖家可以对该行业在未来一段时间内的发展趋势、供求变化进行预测，了解未来市场环境的变化情况，理性分析"朝阳"行业和"夕阳"行业，提前做出考量，抓住商机，更好地组织货源、扩展业务，顺应市场需求，从而提高经济效益。
- **进行市场定位**：市场定位是分析店铺定位中比较重要的一个步骤。进行市场定位不仅需要卖家对行业市场进行分析，还需对自己的商品进行分析。一般来说，分析商品主要包括分析商品或店铺的优点和特色，了解自己的优势，选择最利于自己发展的商品，然后将优势作为推广重点，为店铺发展打好基础。同时，卖家还需对竞争对手进行分析，了解竞争对手的优点、商品信息、数量、分布和营销策略等，然后根据分析结果制定适合自己商品的策略，是选择参与竞争与其共享市场，还是选择避开竞争对手、单独开辟自己的市场。
- **分析消费者群体**：消费者群体是店铺定位中非常重要的一个因素。商品必须拥有较稳定的消费者群体，才能有更大的发展空间。另外，不同的消费者具有不同的消费观念和消费行为，分析消费者群体可以帮助卖家更好地进行商品定位。
- **确定店铺形象**：确定了行业、商品等内容后，卖家还需对店铺的形象进行合理规划。好的店铺形象可以突出自己的优势，从激烈的竞争中脱颖而出。在树立店铺形象时，卖家需对商品风格与店铺风格的统一性进行考虑，选择正确的经营策略，在商品质量和服务质量上打造出自己的特色。

2. 申请店铺

申请淘宝网店铺的操作比较简单，卖家登录淘宝网后根据提示即可完成申请操作。下面介绍申请店铺的具体操作。

步骤 01 登录淘宝网首页，将鼠标指针移动到网页上方的"千牛卖家中心"超链接上，在打开的下拉列表中单击"免费开店"超链接，如图3-26所示。

步骤 02 进入淘宝网千牛卖家中心的"免费开店"页面，在该页面中选择店铺类型，这里单击 个人开店 按钮，如图3-27所示。

步骤 03 进入"开店条件检测"页面，在该页面中可查看未通过认证的选项，单击"支付宝认证"后的"立即认证"超链接，如图3-28所示。

图3-26 单击"免费开店"超链接

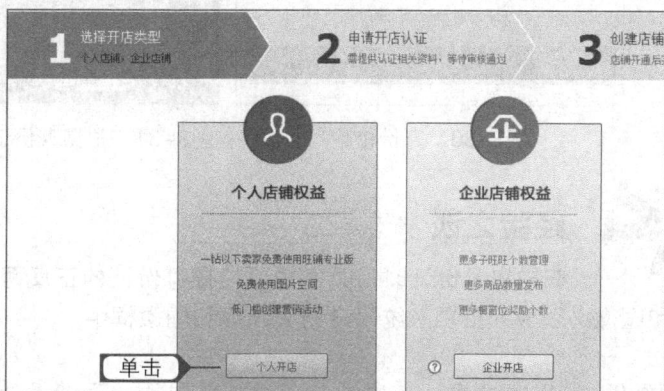

图3-27 单击"个人开店"按钮

步骤 04 进入"支付宝身份校验"页面，在该页面中可上传身份证照片，也可使用手机扫描右侧二维码，通过手机进行验证，如图3-29所示。

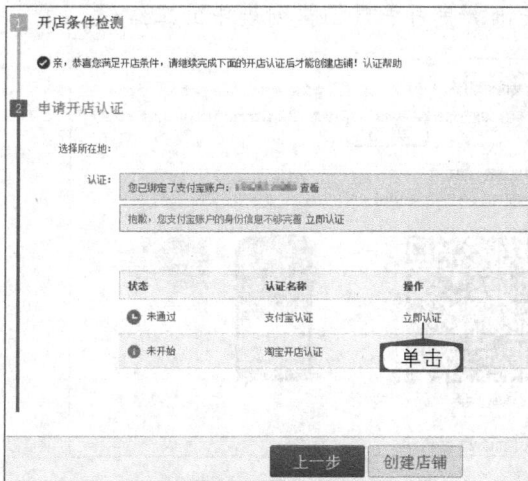

图3-28 支付宝实名认证1

图3-29 支付宝实名认证2

步骤 05 使用手机支付宝App扫描二维码进行验证，在手机上打开"身份校验"页面，点击 拍二代身份证 按钮，如图3-30所示。

步骤 06 在打开的页面中直接进行身份证的拍摄，将身份证放置到手机镜头下方，点击屏幕即可拍摄，如图3-31所示。

步骤 07 拍摄完成后点击 下一步 按钮，在打开的页面中可以查看拍摄后的证件图片，单击 确认并提交 按钮提交验证，如图3-32所示。

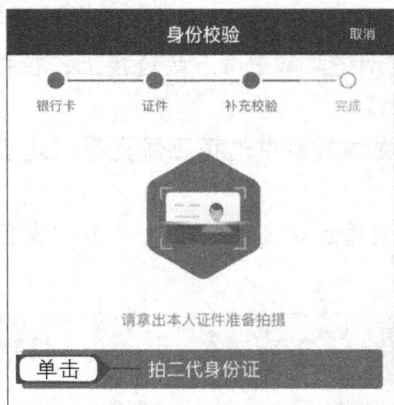

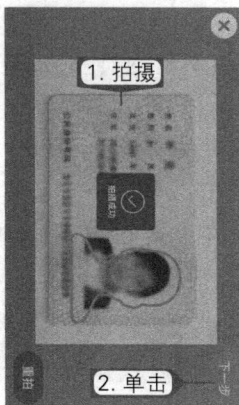

图3-30　身份校验　　　　图3-31　拍摄身份证　　　　图3-32　提交验证

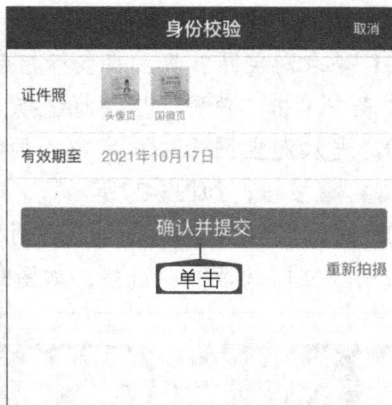

📢 **经验之谈**

　　在拍摄身份证时，卖家需要拍摄身份证的正反两面，同时必须跟随提示进行拍摄，头像和国徽必须放入拍摄系统预设的头像框和国徽框中。

步骤 08 提交完成后，再次进入申请店铺页面，可查看支付宝实名认证是否通过。若已通过，就可以在"开店条件检测"页面单击"淘宝开店认证"后的"立即验证"超链接，在打开的页面中单击 立即认证 按钮，进行淘宝开店的身份验证，如图3-33所示。

步骤 09 进入"淘宝身份认证资料"页面，在该页面中介绍了身份验证的相关步骤，如图3-34所示。淘宝身份认证需要使用阿里钱盾，单击 扫码安装 按钮，使用手机扫描列表中的二维码。

图3-33　淘宝开店身份验证　　　　图3-34　安装阿里钱盾

步骤 10 在手机中打开阿里钱盾的下载安装页面，安装完成后打开阿里钱盾，使用阿里钱盾扫描图3-34中的二维码，在打开的页面中点击 开始验证 按钮验证，如图3-35所示，并根据系统提示做出相应动作。

步骤 11 人脸验证完成后，进入"拍摄照片"页面，按照系统提示和要求对身份证进行拍摄，拍摄完成后系统将显示所拍摄照片，点击 提交 按钮提交申请，如图3-36所示。

步骤 12 提交完成后，在打开的"提交审核"页面中将提示开店申请已提交，等待审核，如图3-37所示。淘宝开店审核的时间一般为48个小时，审核通过后即可进入店铺。

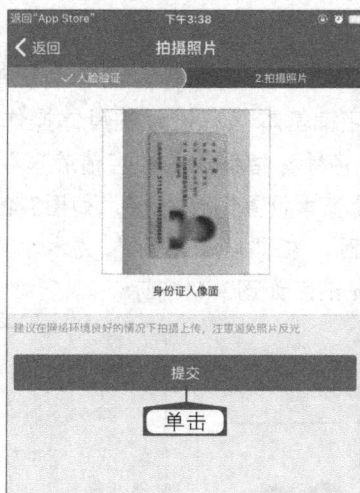

图3-35 人脸验证　　　　　图3-36 提交申请　　　　　图3-37 等待审核

步骤 13 审核通过后，进入淘宝网千牛卖家中心即可查看认证结果。然后单击 创建店铺 按钮，如图3-38所示。

步骤 14 第一次进入千牛卖家中心后台，淘宝网将打开"签署开店协议"对话框，单击 同意 按钮同意开店协议后即可在后台进行开店操作，如图3-39所示。

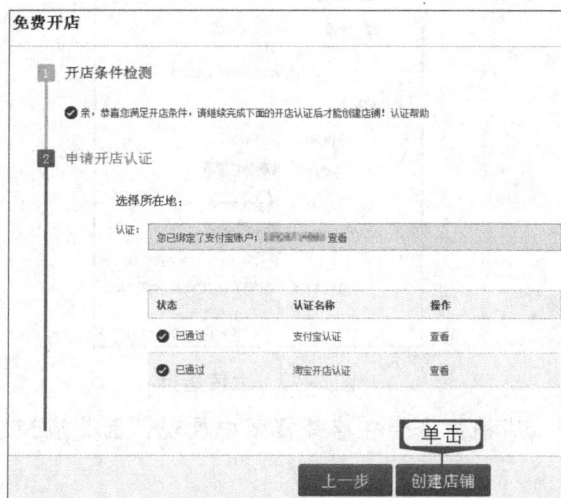

图3-38 单击"创建店铺"按钮　　　　　图3-39 同意开店协议

3.4 淘宝网店铺的设置与装修

完成淘宝网店铺的申请后，卖家即可得到一个网上店铺。此时，这个店铺是空白的，卖家需要自行进行设置与装修，以进行店铺信息的展示，告知消费者店铺所出售的商品类型及店铺的装修定位等。

3.4.1 设置店铺基本信息

成功申请淘宝网店铺后，店铺的名字、店标和介绍等信息都处于默认状态，卖家需要自行设置。下面介绍店铺基本信息设置的具体操作。

步骤 01 进入淘宝网千牛卖家中心，将鼠标指针放在"店铺管理"栏中的 > 按钮上，在打开的下拉列表中单击"店铺基本设置"超链接，如图3-40所示。

步骤 02 进入"店铺基本设置"页面，在"店铺名称"文本框中输入店铺名称，单击"店铺标志"栏的 上传图标 按钮，如图3-41所示。

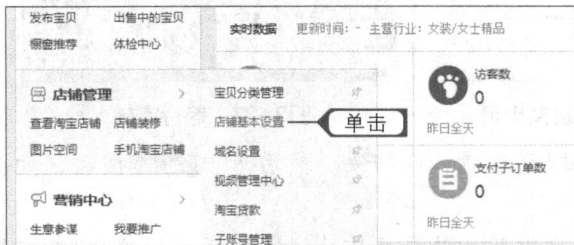

图3-40 单击"店铺基本设置"超链接

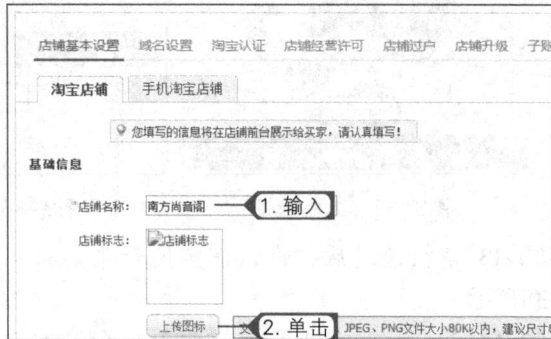

图3-41 设置店铺名称

步骤 03 打开"打开"对话框，在其中选择店标图片，然后单击 打开(O) 按钮，如图3-42所示。

步骤 04 返回"店铺基本设置"页面，即可看到店标已成功上传到页面中，如图3-43所示。

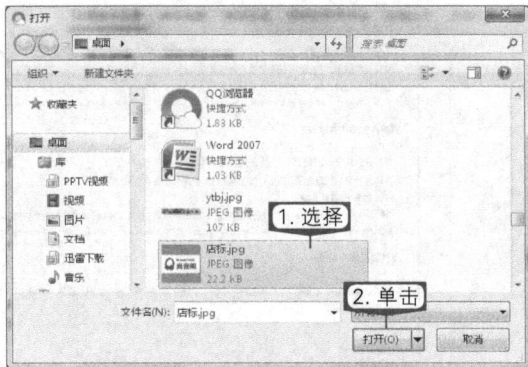

图3-42 选择店标

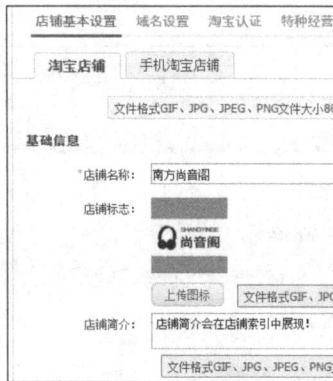

图3-43 上传店标

步骤 05 在"店铺简介"文本框中输入店铺简介。店铺简介会在店铺搜索中展现，因此应该填写具有实际意义的内容，如图3-44所示。

步骤 06 在"经营地址"栏中单击右侧的下拉按钮▼，设置店铺经营地址，在"主要货源"栏中设置货源，在"店铺介绍"栏中填写店铺信息，然后单击 保存 按钮，如图3-45所示。

经验之谈

单击"店铺简介"栏后的"详细说明"超链接，可查看店铺简介的填写方法。

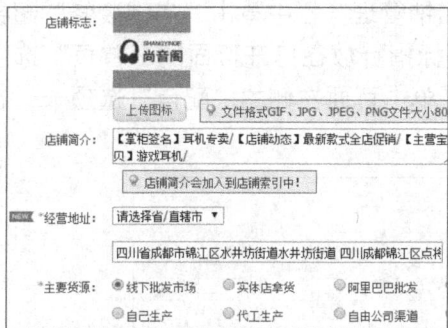

图3-44 设置店铺简介

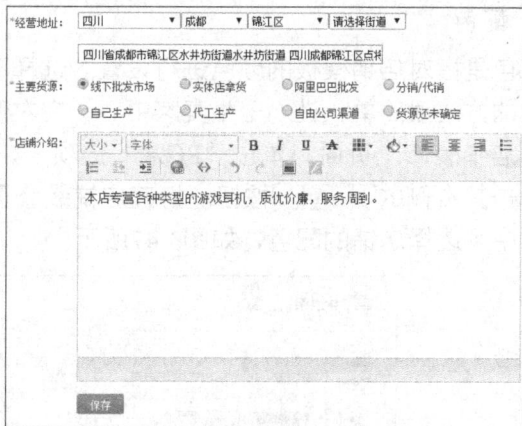

图3-45 设置其他信息

3.4.2 应用店铺模板

淘宝网为卖家提供了多种店铺模板，卖家可直接使用这些已经设置好的模板，模板中包括已经设置好的配色方案、店面布局方案等内容。应用店铺模板的方法是：进入淘宝网千牛卖家中心，在左侧的"店铺管理"栏中单击"店铺装修"超链接，打开"店铺装修"页面，单击页面左侧的"模板"选项卡，打开"模板管理"页面，在"可用的模板"选项卡中选择需使用的模板，单击 马上使用 按钮应用模板即可，如图3-46所示。此时，该模板将自动应用到店铺中，并显示"新手引导"界面，单击 铺神，请引导我！ 按钮跟随淘宝的引导认识模板的组成部分和操作方法，完成后单击 完成 按钮即可。

经验之谈

单击应用后的淘宝模板右侧的 备份和还原 按钮，可以对模板进行备份和还原，方便以后进行操作。

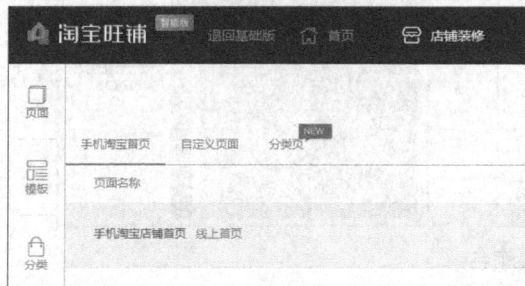

图3-46 应用店铺模板

3.4.3 设置店铺风格

店铺的风格是店铺的主要基调，一般需与店铺所经营商品的属性相适应。在淘宝网中，卖家主要可通过配色、页头、页面等对店铺风格进行设置。

1. 配色

配色是指对店铺模板的颜色进行设置。选择不同的模板类型，其配色方案也不一样。设置配色方案的方法很简单，进入千牛卖家中心，在左侧"店铺管理"栏中单击"店铺装修"超链接，打开"店铺装修"页面，单击"PC端"选项卡，将鼠标指针放在打开页面的"首页"选项上，然后单击其右侧的 装修页面 按钮。打开店铺装修页面，单击页面左侧的"配色"选项卡，在打开的面板中可选择店铺的配色，如图3-47所示。

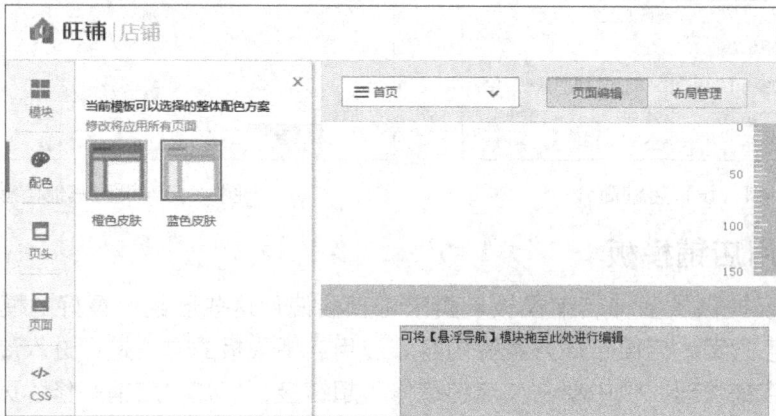

图3-47 选择店铺的配色

2. 页头

页头是指店铺最上方的区域，卖家既可以将其设置为纯色，也可以将其设置为图案。

● **设置页头为纯色**：单击店铺装修页面左侧的"页头"选项卡，在打开的面板中单击"页头背景色"色块□，打开"调色器"对话框，在其中选择所需的颜色或直接输入颜色的RGB值，单击 确定 按钮即可，如图3-48所示。

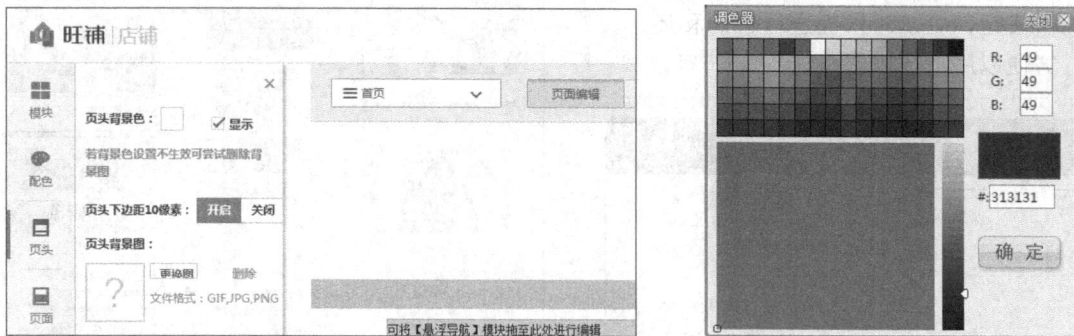

图3-48 设置页头颜色

> **经验之谈**
>
> 为了保证店铺的美观，页头颜色的设置建议与模板风格统一，如果不需要显示页头效果，可撤销选中"显示"复选框。

● **设置页头为图案**：单击店铺装修页面左侧的"页头"选项卡，在打开的面板中单击 更换图片 按钮，打开"打开"对话框，选择需要设置为页头背景的图片，单击 打开(O) 按钮将图片添加到页头背景中。此时"页头"面板中将打开"背景显示"栏和"背景对齐"栏，在其中可对页头背景的显示和对齐效果进行设置，如图3-49所示。

图3-49　设置页头图案效果

3. 页面

页面指页头正下方的页面背景区域。页面的设置方法与页头一样，可设置为颜色，也可设置为图案。一般来说，页面与页头效果应该保持一致，即页头设置为颜色，页面最好也是相同或相似的颜色；页头为图案效果，则页面最好也是相同或相似的图案效果。

↘ 3.4.4　设置PC端店铺首页布局

布局是指对店铺模块的组合和排列。合理的首页布局不仅能提升店铺首页的整体视觉效果，还能对消费者起到良好的引导作用，影响消费者的浏览和点击行为。

淘宝网PC端店铺首页主要的装修模块包括以下几种。

● **店招：** 店招即店铺招牌，位于首页最顶端，常用于展示店铺名称、最新活动、优惠促销等信息。店招的视觉效果一般与店铺整体风格保持统一，即在色彩、字体、修饰元素和风格等方面与首页其他模块保持和谐。此外，店招中应该体现店铺品牌标识、店铺名称和品牌口号等重要信息。设计时，注意保持店招的简单美观，不要放置太多的信息。

● **页头导航：** 导航不仅可以为消费者提供浏览跳转服务，还可以展示店铺最新的活动信息，让消费者快速了解店铺活动。其视觉设计通常与店招保持一致，也可体现反差和对比，图3-50所示为某店铺的店招和页头导航。

图3-50　某店铺的店招和页头导航

● **全屏海报/轮播海报：** 精致美观的海报可以带给消费者强烈的视觉刺激，吸引消费者进一步浏览店铺首页，还能展示店铺的最新活动、最新商品等重要信息。海报的设计需要从色彩、构图和文字等多方面进行考虑，色彩的运用可以选择黑白对比、原色对比、互补色对比、相邻色对比、色彩明度对比和色彩纯度对比等多种方式；文字的运用可以选择与品牌风格相匹配的字体，同时还应该在字体颜色和大小上进行对比；构图的运用可以采用中心构图、九宫格构图、对角线构图和三角形构图等构图和裁剪方法。

- **优惠券：**发放优惠券是店铺常用的推销手段，也是店铺首页中常见的模块。优惠券的设计十分简单，其颜色和字体的选择通常以首页为基准。
- **商品（热卖）推荐：**主要用于展示店铺主推商品，同时引导消费者进行查看和点击，是店铺营销的重要模块。设计该模块可以参考海报、主图和详情页的设计要求。
- **网页导航和搜索：**网页导航主要用于展示店铺活动、店铺规则等信息，搜索功能可以为消费者提供搜索服务，方便消费者搜索店铺商品。
- **客服中心：**主要用于展示客服信息，方便消费者随时联系。此外，当首页内容较多、篇幅较长时，也可以在页头、页中和页尾添加客服信息。
- **收藏：**主要方便消费者对店铺进行收藏，增加消费者的黏性，提高复购率。

店铺首页的布局设计通常将店铺活动、促销信息等放在比较醒目的位置；而导航、海报、轮播图片、首页视频和优惠券等则放在靠前的位置；推荐、热卖和新品等推销商品的模块紧随其后；客服、收藏和关注等模块一般不直接放置在中心页面中。在布局的过程中，模块排列要错落有致，结构要清晰明了，卖家可以将列表式和图文式合理搭配，降低消费者的视觉疲劳。

↘ 3.4.5 设置移动端店铺首页布局

淘宝网移动端作为淘宝网店铺最大的流量入口和成交入口，其装修设计效果在很大程度上会直接影响整个店铺的销售额。因此，在进行淘宝网移动端店铺首页的视觉设计时，卖家一定要抓住移动端的特点，设计出真正符合移动端消费者需求的效果。

1. 移动端店铺的设计原则

从消费者的角度分析，移动端店铺最大的特点就是可以随时随地访问，购物操作简单快捷，因此移动端店铺的视觉设计也应该遵循这一点。

- **信息简洁：**移动端店铺受页面大小限制，能展示的内容十分有限，为了达到快速传播有效信息的目的，卖家在设计移动端店铺时，应该尽量保持内容上的精简。
- **多用图片：**手机屏幕不方便展示太多文字信息，因此必须先用图片吸引消费者的注意，用图片展示商品和店铺信息，再通过少量文字辅助说明重点内容。
- **结构清晰：**移动端店铺的模块必须分类清晰，少而精，方便消费者快速选择、查看。
- **色彩搭配：**移动端店铺的色彩搭配和装饰风格可以与PC端保持一致。但由于手机屏幕较小，建议卖家尽量采用鲜亮的颜色，有利于提升画面的清晰度和美观度，方便消费者阅读。

2. 移动端店铺首页设计

移动端店铺首页的模块包括店招、焦点图、优惠券、活动区、分类区、商品区和推荐区等，通常以大模块的形式从上而下排列，比如按店招、焦点图、优惠券、商品区的顺序依次进行排列。

- **店招：**移动端店铺的店招设计与PC端类似，色彩、文字、构图和装饰等皆以首页的整体风格为基准，但移动端店铺的店招在信息和版面上应更简洁。
- **焦点图：**焦点图通常是单张海报或轮播海报，在配色、构图和字体的选择上与PC端类似，多采用鲜亮的颜色，同时文字信息应简洁明了，以突出主题为主要目的。
- **优惠券：**优惠券应设计简单、信息简明，颜色与首页整体色调保持一致，通常多在文字和排版上下功夫，同时优惠信息的说明要清晰、准确，方便消费者领取和使用。

● **商品区**：移动端店铺的商品区与PC端类似，需要通过简洁的文字体现商品的外观、卖点和价格等信息。此外，可以在模板样式中添加一些变化，体现趣味性和美观性。

3.5 思考与练习

（1）准备好开店需要的身份证、手机以及其他资料，进入淘宝网"千牛卖家中心"申请开设淘宝网店铺。

（2）申请开通店铺，并对店铺基本信息进行设置，应用一个与店铺所售商品风格相符的模板，并对店铺风格进行设置。

（3）对店铺的PC端和移动端首页进行布局设计，使其符合当前电子商务环境下消费者的视觉需求。

CHAPTER

04

第4章　商品的选择与发布

与经营实体店一样，在经营网上店铺之前，卖家也需要先选择和确定商品，并对店铺的消费者群体进行定位。清晰合理的定位可以提高网上店铺的竞争力。本章主要介绍商品的选择，进货渠道的选择，以及商品的发布等知识。通过对本章内容的学习，读者可以熟悉网上店铺商品的选择与发布。

- 商品的选择
- 进货渠道的选择
- 商品的发布

本章要点

■ 品　　名：　时尚潮流休闲鞋
■ 合并方式：　系带
■ 可选颜色：　黑色，白色，红色，兰色
■ 鞋面材质：　精选优质帆布
■ 鞋内材质：　舒适吸汗棉布
■ 鞋底材质：　天然橡胶大底
■ 穿着风格：　韩版

备注：测量为36码，每加(减)一码，鞋长加(减)0.5CM。
测量方式可能存在误差，具体尺寸请以实物为准。

选码须知：

案例导入

找准市场定位，网店轻松发展

张晓在淘宝网上销售女装已经有半年了，但销量一直平平，店铺发展非常缓慢。

张晓大学学的是兽医专业，毕业时看到电子商务发展势头很好，于是果断投身电子商务大军，选择了非常热门的服装类目，紧锣密鼓地开设了自己的店铺。然而不充足的前期市场调查和不充分的准备，为店铺之后的发展埋下了隐患。

店铺不仅点击率低于同行业平均水平，转化率不高，并且由于同类型店铺较多，竞争非常激烈，商品的复购率也比较低。

"成本投入有限，不了解淘宝服装行业，各种问题都让我步履维艰。在服装类目中，我一直没有发挥出我的优势。"张晓在仔细思考店铺的发展情况后，终于决定放弃服装类目。

张晓重新选择了自己熟悉的宠物用品类目来作为今后的发展方向，首先自己更了解这个行业，可以更好地组织店铺的运作；其次对于熟悉的类目，张晓有信心比其他店铺做得更专业，在销售产品的选择上也有更大的空间和针对性。很快，张晓的淘宝宠物用品店就开张了。

宠物用品店开始运营的前两天，就进来了不少的流量，相对于之前服装店的情况好了不少。由于她对宠物非常了解，清楚宠物需要的营养、宠物生病护理和宠物用品等知识，于是针对宠物主人比较关心的问题，对商品主图和详情页进行了优化，慢慢地店铺的点击率和转化率都有了非常大的提升。消费者非常信任这位身为宠物医生的掌柜，购买商品后感觉不错，纷纷给出了好评，很多消费者甚至收藏了店铺，长期在张晓店里购买。

店铺的综合评价好了，信用等级上去了，淘宝小二主动联系张晓，让她参报宠物类目下的活动。以前做淘宝女装的时候，为了参报活动，张晓挤破头都未必申请得上，现在竟然由淘宝小二直接出面邀请，张晓有点受宠若惊。

借着活动的"东风"，张晓的宠物用品店越办越好，销售额逐步提升。张晓说："现在店铺的规模还比较小，我对淘宝开店的经验积累也还不够多，还需要继续观察和分析市场，销售更多宠物主人需要的宠物商品。"

【案例思考】

随着淘宝网店铺数量的增加，竞争越来越激烈。怎样才能从激烈竞争中脱颖而出？怎样进行行业选择和货品选择才能将店铺做得更好呢？

扫一扫

第4章案例解析

4.1 商品的选择

选择合适的商品是网上开店一个非常重要的步骤。对于卖家而言，选择合适的商品不仅是指选择适合在网上销售的商品，还要兼顾自己的兴趣和专长。网上商品的促销很多时候会采取"价格战"，选择合适的产品可以更好地控制成本，卖家运营起来也更加得心应手。

↘ 4.1.1 市场分析

近几年，中国电子商务市场的发展趋势大好。据《2017年世界电子商务报告》显示，全球网民人数达41.57亿，互联网普及率达54.4%。中国是全球规模最大、最具活力的互联网用户市场，网民规模达7.72亿，互联网普及率达到了55.8%。

根据中国电子商务研究中心发布的《2018年（上）中国网络零售市场数据监测报告》分析，2018年上半年，中国网络零售市场交易的规模达40 810亿元，同比增长30.1%。上半年中国社会消费品零售总额为180 018亿元。也就是说，网络零售市场交易规模占据了社会消费品零售总额的22%。图4-1所示为2013年至2018年上半年的网络购物市场交易规模。

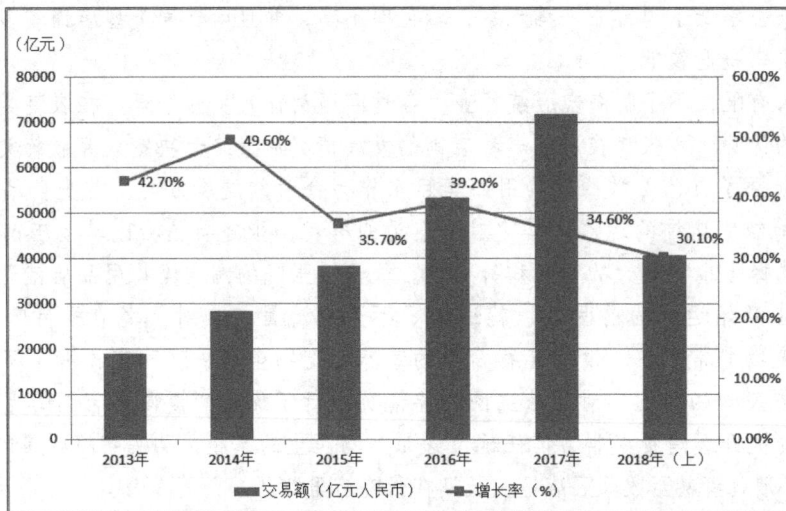

图4-1　2013年至2018年上半年的网络购物市场交易规模

对于淘宝网而言，女装、手机、美容护肤、数码配件、男装、箱包、女鞋、零食、汽车用品、计算机配件、玩具、床上用品和内衣等类目的销量表现都不错。表4-1所示为淘宝天猫商城2018年某月销量前10的类目。

表 4-1 淘宝天猫商城 2018 年某月销量前 10 的类目

1	男装	6	母婴
2	女装	7	3C 数码配件
3	大家电	8	内衣
4	零食	9	医疗器械
5	家装	10	珠宝

网络购物市场的商品销售额和销量排名并不是一成不变的，时间、环境、消费观念、流行趋势和热门话题等都会对网上销售的产品产生影响。因此，选择好商品并不一定就能保证好销量，在选择好商品的基础上提高竞争力才是成功的关键。

↘ 4.1.2 行业分析

选择具有良好市场和竞争力的产品，是网上店铺成功的关键。近几年，随着网上店铺的快速增加，商店类型也越来越多样化，盲目选择商品非常不利于网上店铺的后续发展。一般来说，选择网上店铺商品之前，创业者首先需要对所选择的行业行情进行定位和分析，然后根据分析结果选择合适的商品。

　　分析行业行情就是对某行业的热门程度、发展前景、竞争力和市场等进行分析。正确分析一个行业的前景，可以对店铺的发展方向、发展水平等进行预测和规划。

　　行业的热门程度常常与总销售额有密切关系。以淘宝网商品的销售情况为例，女装作为热门行业，不论是销售额、成交量、关注度还是搜索量都比较大，而五金电子类商品的总销售额、成交量、关注度和搜索量都低于女装。但是女装作为热门类目，由于竞争对手多，同类型产品多，因此竞争激烈程度也会远远高于五金电子类目。图4-2所示的两个商品同属女装连衣裙类目，但二者的月销量却存在很大的差异。

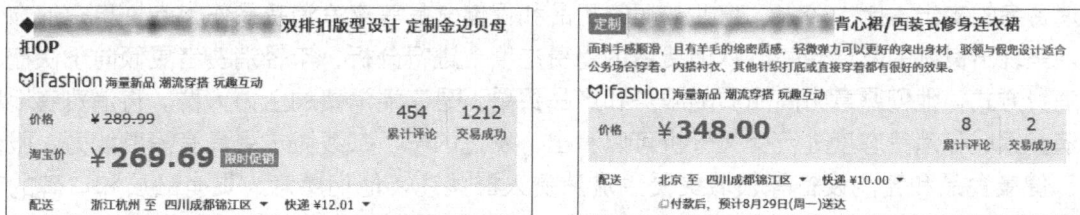

图4-2　相同类目的月销量对比

　　从原则上来说，行业的选择主要有两个方向：一个是自己熟悉的行业，一个是自己喜欢的行业。不管卖家选择哪一个方向，时刻关注行业信息、行业展会，时刻留意行业最新消息、最新热点、最新产品、最新厂家和最新趋势都是非常必要的。此外，分析市场也包括分析竞争对手，关注同行动作有利于及时调整网上店铺的发展方向和战略。

　　需要注意的是，电子商务网站的商品非常丰富，同一种类的商品成千上万，卖家不能以某一类商品的销量来衡量其发展前景。在电子商务环境中，选择热门类目并不代表一定可以成功，选择冷门类目也不代表没有发展前景。与线下市场一样，有计划地规划和实现目标，不断增强自身竞争力才是关键。因此，卖家在做出商品选择的决策时，也需要有一定的市场敏感度，究竟是选择热门行业的商品参与竞争，还是选择非热门行业的商品来打造自己的特色，都需要谨慎决策。

4.1.3　消费者分析

　　网上店铺的开设基于互联网，因此在选择网上商品时，有必要对互联网用户进行分析。在整个电子商务的大背景下，年轻消费者正在逐步成为消费主力军。根据阿里妈妈对网络消费者消费数据的解读可以看出，"90后"正在逐渐成为我国网络消费市场的中坚力量，其消费观念将在很大程度上影响未来网络购物的走向。

　　目前我国网络消费者的男、女性别占比差异不大，根据主流消费人群的年龄统计数据显示，18~35岁的中国网络消费者占比为85%以上，是网络购物的主流群体。其中，占比最高的年龄区间为18~24岁，超过40%。其次是25~30岁年龄区间和31~35岁年龄区间。结合年龄和性别进行交叉分析可知，在36岁以上的年龄段中，男性消费者占比高于女性消费者，60岁以上的网络消费者中，男性占比超过80%。而在18岁以下和25~30岁年龄区间，女性消费者则要多于同年龄段的男性消费者。

　　根据年龄、性别分析结果来看，店铺选品要具有针对性，比如目标消费者人群为中老年人，则商品的推广营销要重点面向男性消费者。

　　根据消费者学历和收入统计的数据显示，拥有大专及以上学历的网络消费者占比超过80%，人均月收入2 000~5 000元的网络消费者最为集中，占比超过50%。其中，人均月收入3 000~5 000元的消费者占比最高，超过27%。此外，在网络消费的主流群体中，无收入的学生群体占比超过16%。根据消费者的消费行为统计的数据显示，超过50%的网络消费者的消费行为是无计划性的，即以消遣为导向。而有计划的消费行为，即目标驱动型消费者的占比为36.8%。女性消费者中有近60%的消遣型消费者，而男性消费者则计划性较强。将收入、消费行为和年龄进行交叉分析可知，在25~35岁年龄区间的消遣型消费者占比达56.7%，比目标驱动型消费者高出24%。人均月收入5 000~8 000元的消费群体中消遣型消费占比超过55%。因此一般认为，25~35岁年龄区间的高收入女性消费者更具有购买力。

从消费者的消费领域进行分析，服装、美妆、健康食品、智能设备等领域在"80后""90后"消费者的支出占比中较大；育儿、居家用品和保健食品等家庭消费品作为女性用户的高偏好品类，呈现出良好的发展趋势。从消费者的消费态度上进行分析，年轻消费者更倾向于快捷、高效的消费方式，他们愿意为高品质的服务和产品买单，是高端消费的主力人群。将消费者地域分布、消费领域和消费态度进行交叉分析可以看出，发达的一、二线城市更具有消费能力，服装、美妆、健康食品和智能设备等领域更受主流消费人群关注，他们愿意为更有品质和口碑的商品买单。

↘ 4.1.4　竞争对手分析

现在的网上店铺各行各业都有，竞争非常激烈。要分析竞争对手，卖家可以从商品、价格和销量等角度快速了解竞争对手，做好商品的定位。

● **竞争对手商品分析**：以商品作为定位竞争对手的条件，需要明确自身商品的特点以及与竞争对手之间的异同，通过差异化来突出自身的优势。即卖家通过商品的具体属性来筛选竞争对手，然后从筛选结果中找到与自身商品差异最小的竞争者。以女装为例，如果在淘宝网中直接搜索"女装"字样，会发现其商品数量非常多，此时，再加入商品属性和特点作为筛选条件，如款式、风格、品牌、材质和购买热点等，就会相对精确地筛选出具有相同商品属性的竞争对手。

● **竞争对手价格分析**：价格是决定商品销量的一大因素，卖家在进行商品定价时要根据竞争对手商品的价格进行分析，并结合自身情况进行定价。一般来说，建议定价与竞争对手的价格之间的浮动范围不超过20%。

● **竞争对手销量分析**：在商品和价格的基础上，卖家应综合参考竞争对手的销量，根据自身店铺商品的平均销量综合分析销量差异的原因。

↘ 4.1.5　选择商品

完成网上店铺的市场行情与消费者群体的分析后，卖家即可考虑店铺需要销售的商品。一般来说，商品选择包含两个主要阶段：第一阶段是选择店铺所经营的商品；第二阶段是从已有商品中进一步选择主推商品，将其打造为爆款。

1. 商品选择的技巧

第一阶段的商品选择一般是指选择具有一定市场潜力的商品。卖家需要结合市场、行业、消费者需求以及自身的资源情况进行综合选择。在众多商品类型中，有些商品的总成交量非常大，但销售这类商品的卖家也非常多，竞争非常激烈，需要卖家具备成熟的营销推广手段。有些商品成交量不算很高，但是市场前景好、竞争小，所以部分卖家开始另辟蹊径，选择一些竞争较小但销量也还可观的商品。建议选择自己熟悉的领域和商品，或者选择经典产品、品牌产品，打造更专业的店铺。总之，卖家要优先选择更适合自己、更便于经营的产品或服务。

第二阶段是在第一阶段的基础上，为了赚取更大的利润，有选择性地打造商品爆款。爆款是指在商品销售中供不应求、销售量高和人气高的商品。当商品有了一定的基础销量后，可以自行转化为爆款。爆款可以提升加购率和收藏率，对商品本身的搜索权重提升十分有利。爆款的选品方法很多，常用的方法主要包括以下4种。

- **按销量选择款式**：这是一种比较简单的选款方式。按照销量选择的商品通常都是热销款式，受大众欢迎，竞争力比其他商品更强。但这类产品的同款也会比较多，竞争也比较激烈。
- **搜索选款**：搜索选款指根据消费者搜索的热门关键词来分析和判定商品。搜索选款和销量选款区别较大，销量选款注重产品之前的销售数据，而搜索选款则着眼于产品未来的数据。
- **直通车选款**：与销量选款类似，直通车选款首先需要选定一个主要关键词，便于消费者在淘宝网首页搜索。直通车选款需要分析直通车商品，筛选出其中上架时间短但收藏数高于2 000的部分。这些商品既受大众喜欢，也会是一些大型店铺的主推款式，具有爆款潜力。
- **活动选款**：活动选款指根据活动的销售数据来选款。进行活动选款时，卖家首先需关注各个活动中本类目的商品，并找出销量达到2 000的商品，然后使用数据分析工具查看竞争对手的销量，最后选择出合适的商品。

从商品选择到打造爆款有一个过程，在卖家选定商品后，首先需对该商品的访问量、收藏量和购买量等进行分析，观察其有没有成为爆款的潜力；其次还需对商品的总成交率、点击转化率等进行观察，对商品的实际销售状况进行测试；最后将销量表现良好、转化率理想、评价不错的商品确定为主推款。

2. 选择时的注意事项

为了保持较好的利润空间和发展空间，卖家在选择商品时还需分析以下问题。

- 出售的商品是否为消费者的必需品或准必需品，是不是大众商品，持续购买和持续生产能力如何。
- 与线下商品相比，其价格优势和利润优势如何，运输是否便利。
- 是否容易被仿制，是否容易贬值。
- 是阶段性商品还是非阶段性商品。
- 售后服务难度如何。

4.2　进货渠道的选择

网上商品的进货渠道很多，如通过阿里巴巴进货、通过分销网站找货源和通过线下厂家进货等。除此之外，寻找品牌积压库存、寻找换季处理商品以及寻找拆迁与转让的清仓商品等途径也可以获得货源。

4.2.1　通过阿里巴巴进货

阿里巴巴是国内较大的网上采购批发市场。很多淘宝卖家喜欢通过阿里巴巴进货。阿里巴巴对各类商品均进行了详细的分类，并且提供了搜索功能，可以帮助卖家快速准确地找到所需的商品，如图4-3所示。

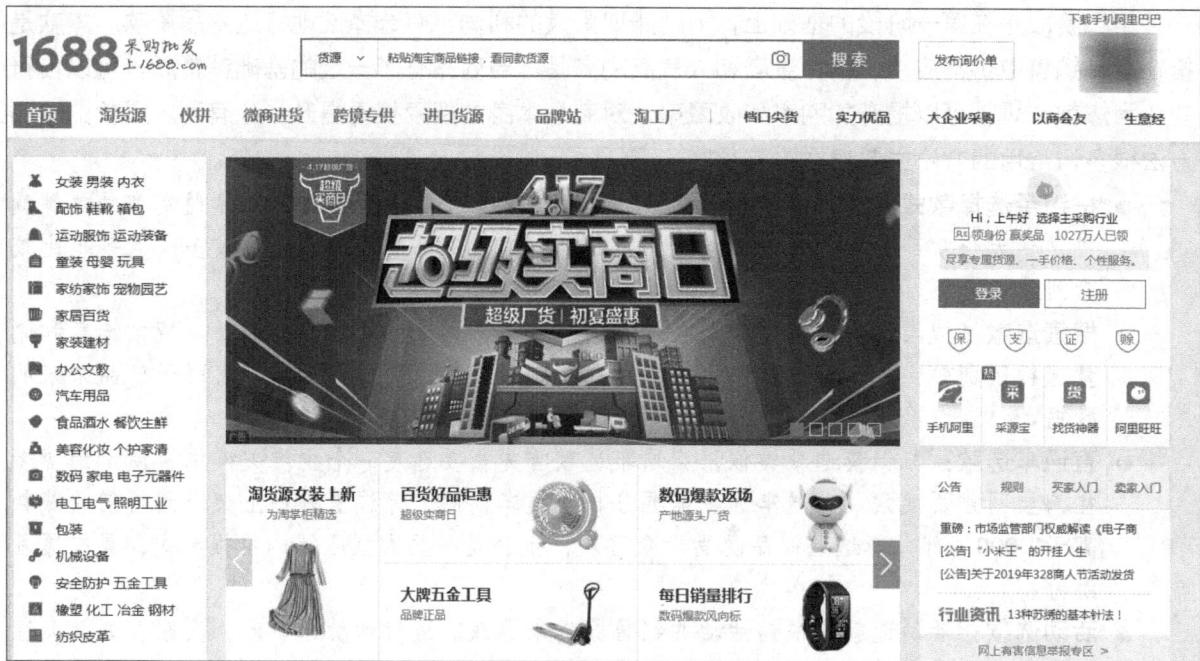

图4-3　阿里巴巴网页

1. 进货前的准备

在各类电子商务平台中进货时，卖家首先需要进行注册，其注册流程一般比较简单，根据提示进行操作即可。阿里巴巴的账户与淘宝账户可以通用，因此拥有淘宝账户的卖家不用再另外注册。

此外，在阿里巴巴寻找货源时，为了保证商品的质量，卖家需要事先对供货商做以下考察。

● 查看供货商的资质、联系方式和厂家信息等。

● 查看供货商"诚信通"的年份，诚信指数高的商家信任度更高。

● 查看商品的图片、销量及评价，也可事先小额订货，了解其供货速度。

2. 搜索商品

在阿里巴巴中搜索商品的操作比较简单，可以通过"行业市场"列表搜索商品，也可直接搜索所需商品。

（1）通过分类列表搜索商品

阿里巴巴的"行业市场"列表对各种类型的商品进行了详细的分类，卖家可直接选择所需商品，进入该类商品的搜索结果页面。下面介绍通过"行业市场"列表搜索"帆布鞋"的具体操作。

步骤 01 在浏览器地址栏中输入阿里巴巴网址，或通过百度搜索"阿里巴巴"，进入阿里巴巴首页。在左侧的"行业市场"列表中选择所需的商品类型，这里单击"鞋靴"超链接，进入"鞋靴市场"，如图4-4所示。

步骤 02 在"鞋靴市场"页面左侧的"鞋靴导购类目"列表中选择需要搜索的商品，这里单击"女鞋"类目下的"帆布鞋"超链接，如图4-5所示。

通过分类列表搜索商品

图4-4 进入"鞋靴市场"

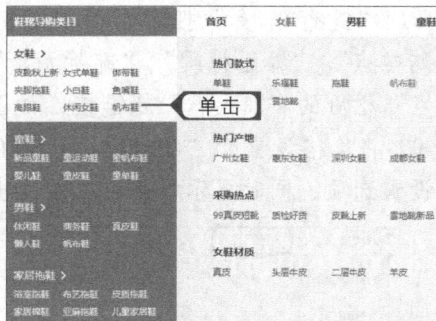

图4-5 选择"帆布鞋"类目

步骤 03 打开"帆布鞋"的搜索结果页面，查看搜索结果，如图4-6所示。

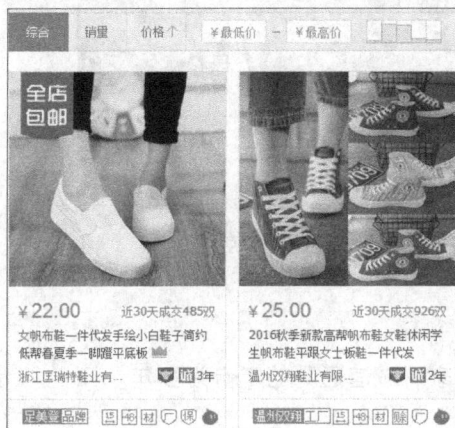

图4-6 查看搜索结果

经验之谈

将鼠标指针移动到"行业市场"列表上，将展开当前类目下的二级类目，如"鞋靴/箱包/配饰"类下还包括"女鞋""男鞋""童鞋"等二级类目，单击这些类目的超链接，也可进入相应的市场选择商品。

（2）直接搜索商品

直接搜索商品也是非常简单且常用的一种搜索方式。在阿里巴巴的"搜索"文本框中输入关键词，可以快速搜索到所需的商品，其方法是在阿里巴巴首页的搜索文本框中输入关键词，如"帆布鞋 女"，此时"搜索"文本框下方将自动弹出与"帆布鞋 女"相关的下拉列表，下拉列表中列举了所搜索商品的相关分类，如图4-7所示。选择所需选项或直接单击 搜索 按钮，即可打开"帆布鞋 女"的搜索结果页面，如图4-8所示。

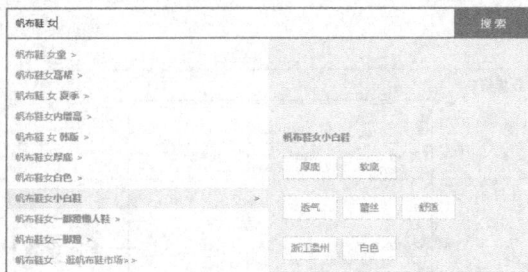

图4-7 输入商品关键词

图4-8 查看搜索结果页面

（3）选购商品

阿里巴巴上的商品非常丰富，进货方可在"货比三家"后再进行购买。下面介绍在阿里巴巴上选购"帆布鞋"的具体操作。

步骤 01 "帆布鞋 女"搜索页面中对帆布鞋进行了非常详细的分类，包括"选购热点""鞋面材质""流行元素""风格"和"价格"等，单击"选购热点"栏后的"懒人鞋"超链接，如图4-9所示。

步骤 02 将价格设置为"40.00"～"60.00"，此时在"所有类目"栏中将显示已设置选项，同时显示根据设置搜索出来的结果，如图4-10所示。

图4-9　设置帆布鞋的选购热点

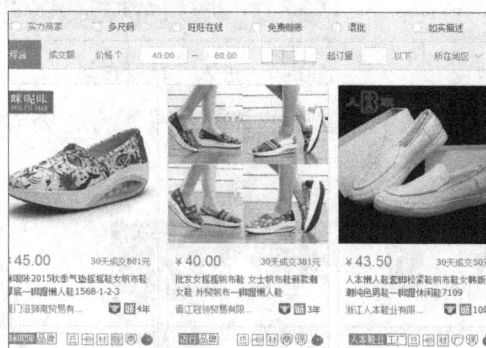

图4-10　查看搜索结果

经验之谈

是阿里巴巴实力供货家的标志，通3年表示该供货家"诚信通"的年份为3年。

步骤 03 单击商品主图或商品名称，进入商品详情页面，滚动鼠标滚轮查看商品的图片、价格和材质等具体信息。浏览并对比各个供货商的商品，确认选择后，在该商品的详情页中设置商品的颜色、尺码等订购信息，然后单击 立即订购 按钮，如图4-11所示。

步骤 04 在打开的页面中设置收货地址、联系电话等信息，设置完成后单击 确认收货信息 按钮，如图4-12所示。该页面的下方还显示了已订购商品的信息、运费金额等，确认无误后单击 提交订单 按钮。

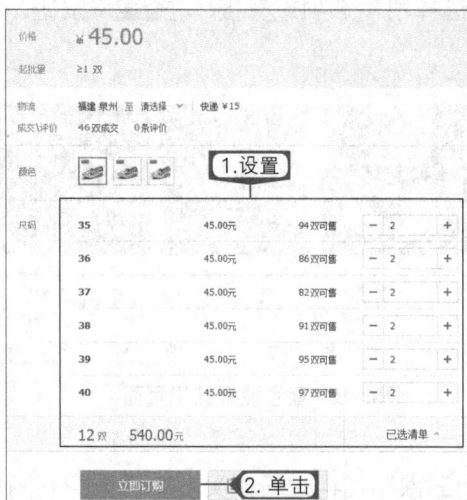

图4-11　订购产品信息

图4-12　设置收货信息

步骤 05 此时将打开支付页面，在该页面中选择支付方式并输入支付密码，然后单击 确认付款 按钮，即可完成交易，如图4-13所示。

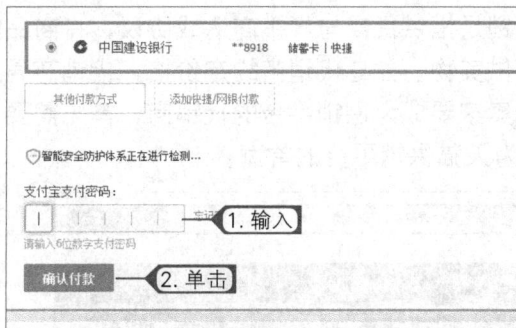

图4-13 支付货款

经验之谈

阿里巴巴的购买操作与淘宝网非常相似，单击 加入进货单 按钮可以将所选商品添加至进货单，在完成商品的选购之后，再进入"进货单"页面，可对所有选购商品的费用进行一次性支付，简化购买流程。

↘ 4.2.2 通过分销网站进货

除了阿里巴巴之外，网络上还有很多提供批发服务的分销网站，如搜物网、衣联网、中国货源网和好多鞋等，其中衣联网主要提供女装批发，好多鞋主要提供女鞋批发，其批发流程与阿里巴巴类似。卖家首先需要在对应分销网站中进行注册，然后选择所需商品，设置订购信息并支付订单金额即可。图4-14所示为搜物网的首页，在"搜索"文本框中直接输入商品关键词进行搜索即可进行后续订货操作。

图4-14 搜物网的首页

经验之谈

通过第三方分销网站进货可能会存在一些风险。为了降低进货风险，卖家可以提前查询供应商的商品信息和公司信息。

4.2.3　通过供销平台进货

供销平台是淘宝网为卖家提供代销、批发的平台。该平台可以帮助卖家快速找到分销商或成为供货商。分销平台由代销和批发两部分组成，代销是指供货商与代销商达成协议，将商品的品牌授予代销商，为其提供商品图片等数据，但不提供实物，并与代销商约定价格，代销商通过赚取差价来获取收益；批发则与其他批发网站相似。卖家要成为供销平台的代销商，首先需要申请，然后才能通过供销平台选择供货商。图4-15所示为天猫供销平台的首页。

图4-15　天猫供销平台的首页

经验之谈

网络代销的资金投入比较少，比较适合新卖家或小卖家，同时网络代销操作更简单，不需要仓库，商品照片、商品描写等基本都由供应商准备，卖家甚至不需要自己邮寄，只需将定金和资料提供给供应商即可。但由于不直接接触商品，卖家很难把控商品质量，因此在选择供货商时一定要选择正规公司。

4.2.4　通过线下批发厂家进货

与线下商店进货方式一样，网上店铺也可通过线下批发市场进货。线下批发市场的商品价格比较便宜，而且可以查看商品的质量、样式等，因此受到很多卖家的青睐。线下批发市场一般具有以下几个特点。

● 本地货源成本更低，还可以节约部分运输和仓储成本。

● 商品更丰富，品种更齐全，可选择范围更大。

● 进货时间和进货量都比较自由，补货时间更短。

卖家如果与本地线下批发市场的供应商建立了良好的供求关系，通常可以拿到更便宜、更新、质量更好的商品，甚至可以等网上店铺的商品售出以后再前往取货，不必占用过多的资金，也不会积压商品。

除了亲自前往本地线下批发市场选择商品之外，卖家也可以通过登录阿里巴巴产业带网查询不同类型商品的产地以及当地的产业带。如要查询当地产业带，卖家可在网站首页左侧的"搜索"文本框中输入产地名称，单击 🔍 按钮，在打开的页面中查看该产地的产业带，如图4-16所示。

图4-16　查询产业带

4.2.5　通过其他进货渠道进货

网上店铺的进货渠道非常多，除了阿里巴巴、分销网站、供销平台外，卖家还可通过线下批发市场进货，卖家还可以寻找品牌积压库存进货，或者通过二手闲置与跳蚤市场、外贸尾单货等途径进货。

1. 寻找品牌积压库存

品牌积压库存一般是指当季未售完的品牌商品。对于很多消费者而言，品牌商品对他们更具有吸引力，也更让他们放心。品牌商在当季商品未售完时，为了清理积压库存，可能会将商品以低价出售或选择代销商进行代销。如果卖家有条件或者途径，可以寻找可靠的品牌积压商品在网上店铺中进行销售。

2. 寻找换季、拆迁与清仓商品

很多线下商店在换季、拆迁或者清仓的时候，都会低价出售大量库存商品，通常价格较低，品种也较为丰富。卖家亦可买进这些低价商品，在网上店铺中进行销售。需要注意的是，清仓商品卖家需要注意检查商品的质量、有效期等。

3. 外贸尾单货

外贸尾单货是指厂家在生产外贸订单时的多余货品。在商品生产过程中难免会出现次品，而为了保证外贸订单中货品的质量，厂家一般会多生产一些商品以做备用，这些交付订单后剩下的尾单货就变成了网上店铺的货源。外贸尾单货性价比一般都比较高，但可能颜色、尺码不齐全。此外，卖家还需要在外贸市场中仔细辨认外贸尾单货的真伪，确保商品质量。

4. 寻找国外打折商品

货源并非仅局限于国内，很多国外一线品牌在换季、节日期间也可能会打折出售，卖家可以通过国外代购来获得此类货源。

经验之谈

二手市场也是获得货源的一种途径，但是二手市场商品的不确定性太大，可能不合时宜，或者品质得不到保证。

↘ 4.2.6 进货的技巧

货品并不是盲目选择的，卖家进货时不仅需要考虑货品的热度、质量等因素，还需要考虑成本、库存等问题。基本的进货要领如下。

- **选择好商品**：卖家在进货时要注意辨别商品是否热门、是否有市场、是否价格合理，以能满足消费者需求为准。为了保证商品质量，卖家可以"货比三家"后再建立合作关系。
- **合理进货**：新产品试销时进货量不宜过大。对于畅销商品，则需要卖家检查和分析库存，提前进货，保证供应量，但库存亦不宜过大。季节性商品在季初可以多进，季中少进，季末补进。此外，卖家还需要注意进货时机，大部分商品都需要提前进货。
- **控制成本**：成本高低会对盈利多少产生直接影响，同时成本也直接影响着价格策略的实施。为了合理控制成本，卖家需要充分了解商品和市场，还可以与供货商建立良好的长期合作关系，尽量以最低价格拿到商品。

4.3 商品的发布

发布商品是指将商品信息上传至网上店铺中。在淘宝网店中发布商品有多种方法，包括发布一口价商品、使用淘宝助理批量发布商品等。下面将对商品发布的相关知识进行介绍，帮助卖家更好地进行商品的发布操作。

↘ 4.3.1 发布一口价商品

在网上店铺发布商品的流程基本类似，卖家在发布商品之前都需要做一些准备工作，如了解商品信息、准备商品图片等。下面将介绍在淘宝网中发布一款女士帆布鞋的方法，其具体操作如下。

步骤 01 在淘宝网首页单击"千牛卖家中心"超链接，登录并进入千牛卖家中心。在"宝贝管理"栏中单击"发布宝贝"超链接，如图4-17所示。

步骤 02 进入商品发布页面，在左侧列表框中选择商品类目，此处选择"女鞋"，在右侧打开的列表中选择商品的二级类目"帆布鞋"，再在其右侧打开的列表中选择商品的品牌，单击 我已阅读以下规则，现在发布宝贝 按钮，如图4-18所示。

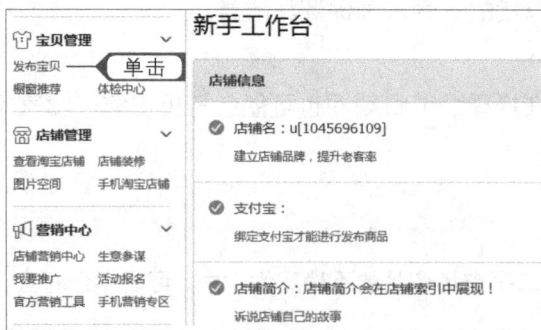

图4-17 单击"发布宝贝"超链接

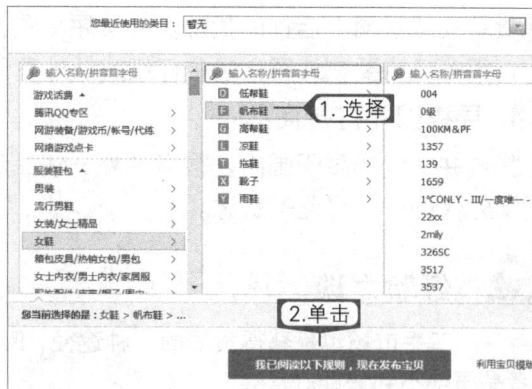

图4-18 选择商品类目

经验之谈

卖家的后台管理基本都可以在千牛卖家中心进行操作，其中包括交易管理、物流管理、宝贝管理、店铺管理、营销管理和货源中心等。卖家不仅可以通过后台发布商品、装修店铺，还可选择营销工具推销商品、分析店铺情况等。

步骤 03 在打开的页面中继续填写商品的基础信息，包括"宝贝标题""类目属性""采购地"等信息，如图4-19所示。

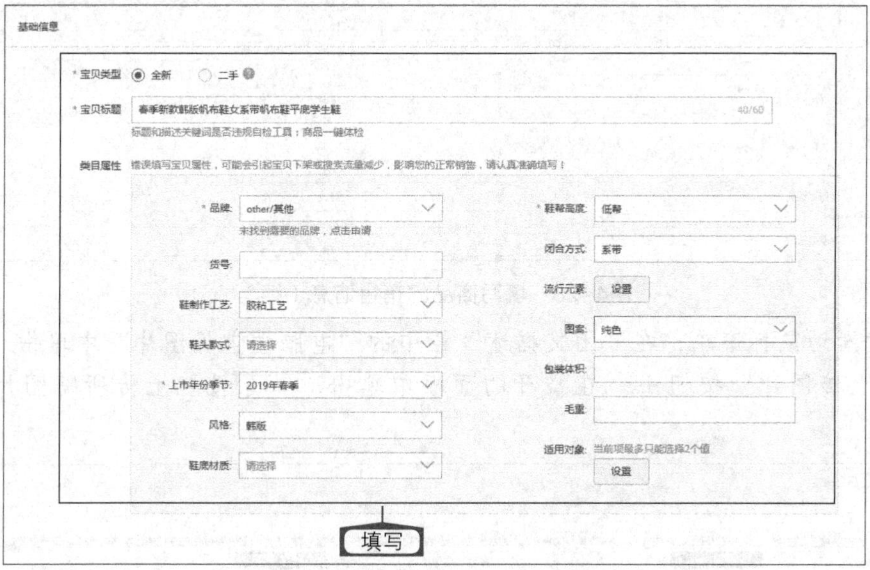

图4-19 填写商品的基础信息

步骤 04 滑动鼠标滚轮，继续填写商品的销售信息，包括"颜色分类""尺码""一口价""总数量"等，如图4-20所示。

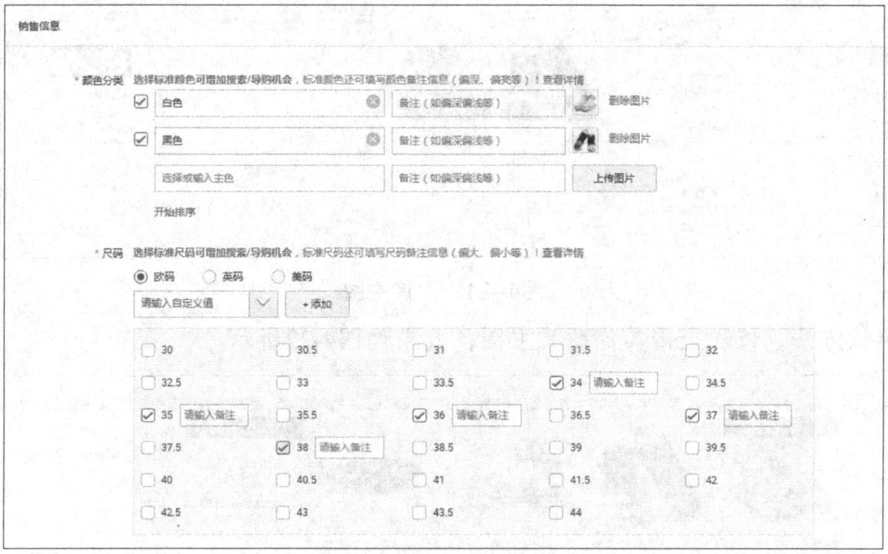

图4-20 填写商品的销售信息

图4-20 填写商品的销售信息（续）

步骤 05 继续滑动鼠标滚轮，在"图文描述"栏中的"电脑端宝贝图片"中单击"宝贝主图"中的"添加上传图片"按钮＋。在打开的面板中单击 上传图片 按钮上传所需图片，如图4-21所示。

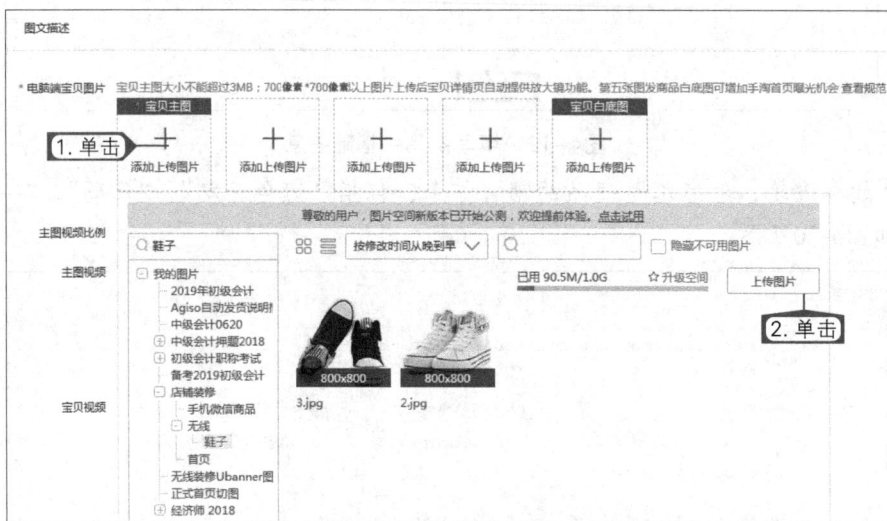

图4-21 上传主图

步骤 06 按照该方法，依次上传其他商品主图，效果如图4-22所示。

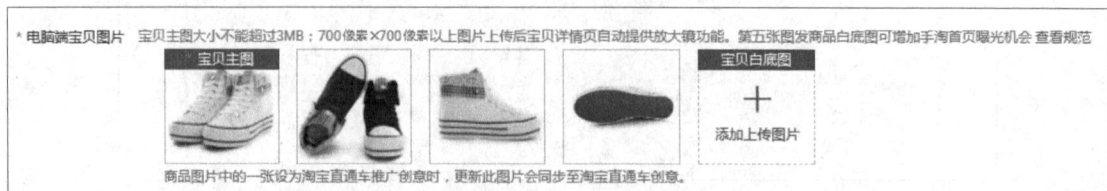

图4-22 上传其他商品主图

步骤 07 拖动鼠标在"电脑端描述"栏中设置商品详情描述，这里单击"添加图片"按钮，在打开的对话框中上传商品详情描述的图片，效果如图4-23所示。

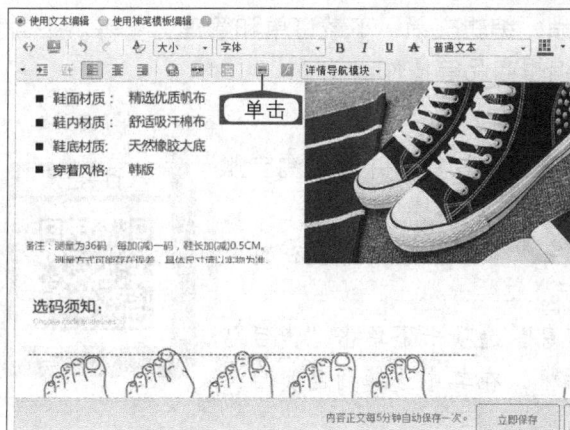

经验之谈

根据需要，卖家还可以设置主图视频、宝贝视频（详情视频）和手机端描述内容。其设置方法与上传主图、添加电脑端描述类似，这里不再赘述。

图4-23 上传商品详情描述

步骤 08 依次设置"支付信息""物流信息"和"售后服务"，设置完成后单击 提交宝贝信息 按钮，即可发布商品，如图4-24所示。

图4-24 设置其他信息并进行发布

↘ 4.3.2 使用淘宝助理批量发布商品

淘宝助理是一款功能十分强大的淘宝商品管理软件。通过它卖家可以快速完成很多商品管理操作，如快速创建商品、上传商品、批量编辑商品、编辑交易、下载订单和管理订单等。下面主要介绍如何使用淘宝助理创建并上传商品、批量编辑商品等操作。

1. 创建上传商品

在使用淘宝助理之前，卖家首先需要下载并安装该软件，并通过淘宝账户和密码进行登录。下面介绍通过淘宝助理创建商品的具体操作。

步骤 01 登录淘宝助理，在其工作界面中单击"宝贝管理"选项卡，在打开的界面中单击"创建宝贝"按钮 ➕，如图4-25所示。

步骤 02 打开"创建宝贝"对话框，在"基本信息"选项卡下单击"类目"文本框右侧的 选类目 按钮。打开"选择类目"对话框，在其中选择商品类目，然后单击 确定 按钮，如图4-26所示。

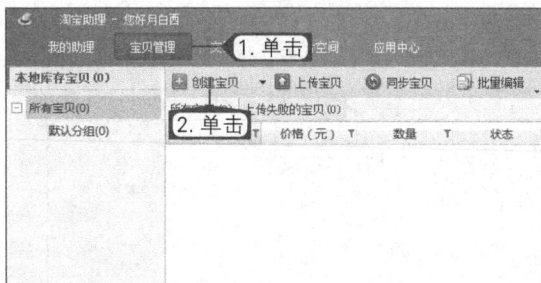

扫一扫
创建上传商品

图4-25　创建宝贝

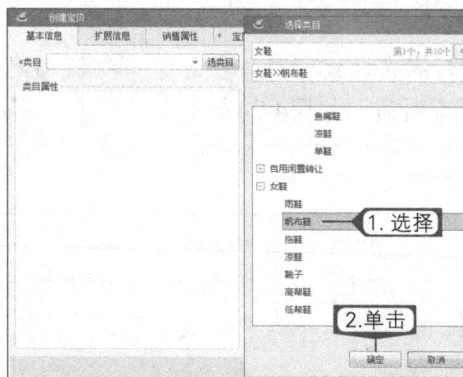

图4-26　设置商品类目

📢 **经验之谈**

卖家在淘宝助理中创建宝贝时，选择类目、填写基本信息以及上传图片的方法与在千牛卖家中心后台操作基本类似；同时，在千牛卖家中心设置的各类模板，也可以在淘宝助理中直接进行选择。

步骤 03 在"类目属性"栏中设置商品的品牌、工艺、材质、风格和上市年份等属性，然后在右侧的"宝贝标题""宝贝卖点""一口价"和"数量"文本框中输入相关内容，并对"所在地"和"运费模板"进行设置，如图4-27所示。

步骤 04 在"创建宝贝"对话框右侧单击"宝贝图片"选项卡，然后单击 ➕ 添加图片按钮，如图4-28所示。打开"选择图片"对话框，在其中选择上传的商品图片，单击 插入 按钮，确认上传商品主图。

📢 **经验之谈**

卖家在填写商品信息时，应尽可能全面、准确和真实，不可随意设置。若商品信息虚假，会被淘宝网惩罚，将严重影响店铺的长久运营。

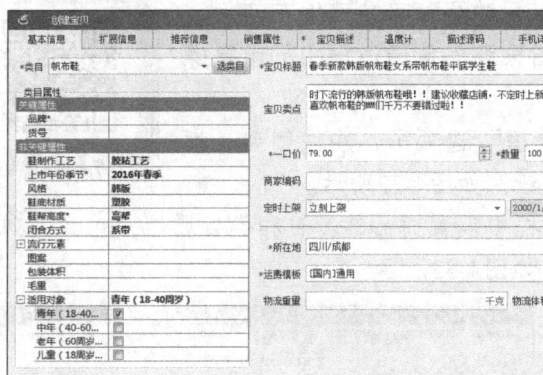

图4-27 设置商品属性

图4-28 上传商品主图

步骤 05 在"创建宝贝"对话框中单击"销售属性"选项卡，在左侧列表框中设置商品的颜色和尺码，然后在右侧设置商品的价格和数量，如图4-29所示。

步骤 06 在"创建宝贝"对话框中单击"宝贝描述"选项卡，在其列表框中编辑商品描述，或直接单击"插入图片空间图片"按钮，打开"选择图片"对话框，选择并上传商品描述页的图片，如图4-30所示。

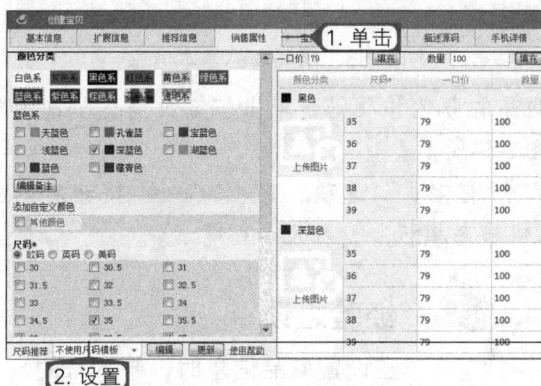

图4-29 设置商品的销售属性

图4-30 设置商品详情

步骤 07 设置完成后返回"宝贝管理"页面，单击 保存并上传 按钮，完成商品的创建和发布，如图4-31所示。上传时，将打开提示对话框，单击 上传 按钮即可。

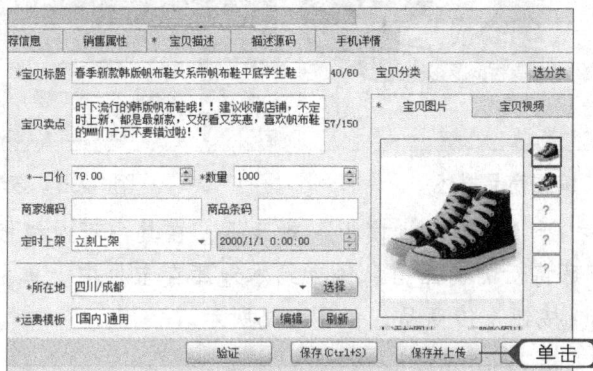

图4-31 保存并上传宝贝

2. 批量编辑商品

淘宝助理提供了批量发布宝贝的功能，可以帮助经营者快速发布商品。同一类型的商品可以创建和应用统一的模板，省去商品创建过程中的重复操作。下面介绍批量发布商品的具体操作。

批量编辑商品

步骤 01 在淘宝助理的工作界面中单击"宝贝管理"选项卡，在左侧列表框中选择"宝贝模板"选项，在右侧单击 创建模板 按钮，如图4-32所示。

步骤 02 打开"创建模板"对话框，在左侧列表框中设置商品的类目和类目属性，在右侧列表框中设置宝贝标题、一口价、数量和运费模板等，如图4-33所示。

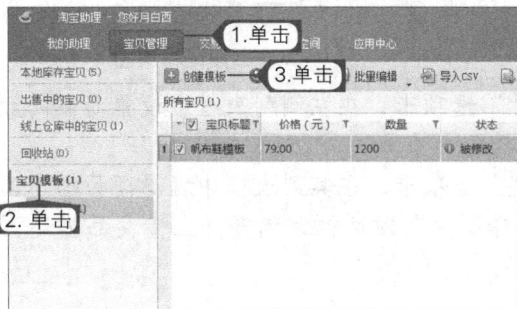

图4-32　创建模板

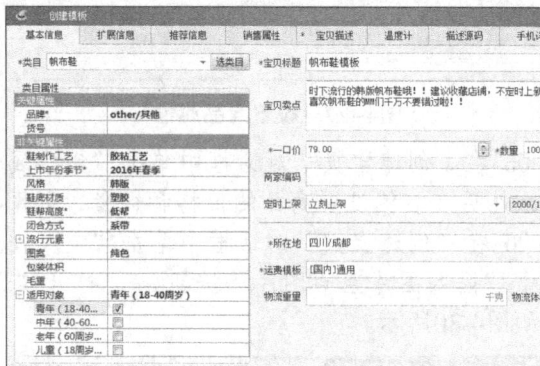

图4-33　填写商品基本信息

步骤 03 单击"销售属性"选项卡，在其中设置商品的颜色和尺码，单击"宝贝描述"选项卡，在其中编辑商品描述，设置完成后保存设置，如图4-34所示。

步骤 04 在淘宝助理工作界面左侧列表框中选择"所有宝贝"选项，单击 创建宝贝 按钮右侧的下拉按钮，在打开的下拉列表中可以看到新建的"帆布鞋模板"，如图4-35所示。

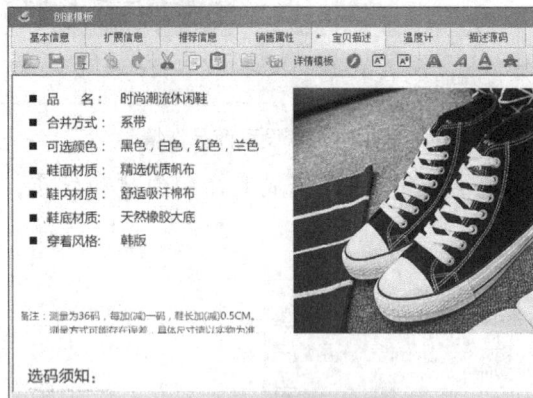

图4-34　编辑商品描述

经验之谈

在设置商品信息时，带＊号的选项为必填选项，如果出现必选项未填写的情况，在保存商品信息时，淘宝助理会给出相关提示。

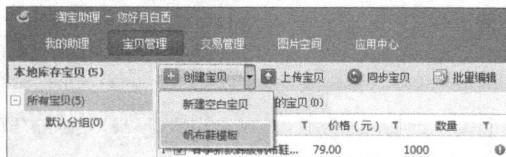

图4-35　查看模板

步骤 05 选择该模板，将打开"创建宝贝模板"对话框，在其中可对模板信息进行更改，更改完成后单击 保存(Ctrl+S) 按钮，即可将新的商品信息保存到本地库存宝贝中。单击选中需要上传的商品前面的复选框，再单击 上传宝贝 按钮上传商品，如图4-36所示。

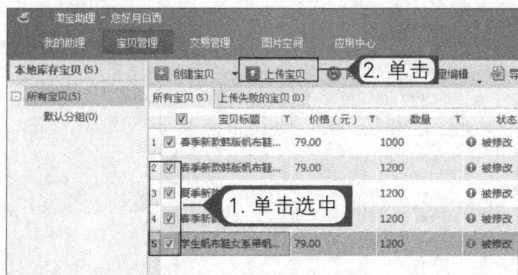

图4-36　批量上传商品

4.3.3　发布商品的技巧

在发布商品的过程中，卖家可结合以下一些技巧来提高商品发布的效率。

● 在设置商品类目时，也可直接搜索商品类型，然后在打开的列表中选择商品类目和二级类目。

● 设置商品标题时，要控制在30个汉字以内。标题要明确表明商品的属性，并加上热门搜索关键词，这样才能更容易被消费者搜索到。常见的商品标题模板有：品牌+型号+商品关键词，促销+特性+商品关键词，品牌+促销+商品关键词，等等。

● 在设置商品颜色时，可以选择颜色，也可以手动输入颜色。在上传不同颜色的商品后，如果图片上传错误，可以单击其后的"删除图片"超链接删除图片，然后单击 上传图片 按钮重新上传。

● 不管是商品主图、商品视频还是商品销售属性中的图片，都要保证商品图片的清晰、美观，以方便消费者查看并获知商品信息。

● 商品描述信息的内容较多，为了获得更好的排版和视觉效果，建议在其他图形图像处理软件中制作后，以图片的方式进行上传。

● 如果已经提前设置了物流方式，可直接在"运费模板"的下拉列表中进行选择；如果未设置物流模板，则需要先新建模板后再进行选择。

4.4　思考与练习

（1）在阿里巴巴中搜索并选购"雪地鞋"商品，将搜索价格区间设置为100~350元，然后设置商品的数量和颜色，加入订货单中。

（2）注册搜物网，在其中搜索并选购"T恤"商品，并设置商品的数量和颜色，然后将其加入订货单中。

（3）登录淘宝网千牛卖家中心，发布面膜商品，将其类目设置为"美容护肤"→"面膜"，依次设置该商品的标题、价格、数量和物流等关键信息，设置完成后上传并发布到淘宝店铺中。

（4）登录淘宝助理，新建一个裙子类模板，依次设置该模板的价格、数量和物流等关键信息，设置完成后保存模板。然后根据该模板新建3个裙子类的商品，修改模板信息，修改完成后将其保存并上传至淘宝店铺中。

05

第5章　店铺的运营管理

　　卖家成功开通店铺并发布商品后，当有消费者购买商品时，即会产生订单，并涉及商品、客户服务和物流等的管理，如修改商品价格、为订单添加备注和处理中差评等。本章将介绍店铺日常运营过程中的一系列内容，包括商品运营管理、客户服务管理和物流服务管理。通过对本章内容的学习，读者可以更轻松地进行店铺的管理，更好地为消费者服务，以获得更多收益。

售前服务	售中服务	售后服务
进店问候 解答消费者的问题 确认订单 引导付款	尽快发货 装配打包 联系物流 跟踪订单，物流告知	解答消费者的使用问题 询问使用体验 应对和解决纠纷 好评回复

- 商品运营管理
- 客户服务管理
- 物流服务管理

SF EXPRESS 顺丰速运

本章要点

案例导入

及时与消费者沟通，避免投诉和差评

随着电子商务的快速发展，很多线下实体店纷纷选择开设网上店铺，多渠道销售自己的商品。尼瑞旗舰店也是这样一家由线下拓展到线上的网上店铺，主要出售饮水机、饮水桶等商品。

最近，尼瑞遇到一个难题。客服在处理售后问题时，不断收到消费者的差评和投诉，店铺的综合评分明显下降，商品点击率虽然没有变少，但是销售额却下降了一大截。原来尼瑞为了保证每一台饮水机的质量，在将饮水机邮寄给消费者之前都进行了出水测试，仔细测验了饮水机是否存在漏水、出水口堵塞等问题，确定没问题之后才发货。但是在进行出水测试时，饮水机中难免会残留水渍，消费者收到商品后发现这些水渍，以为这是使用过的饮水机，一怒之下直接给了差评。

这让尼瑞哭笑不得，原本是为了保障消费者利益的一项举措，结果反而收到了不知情的消费者的差评。尼瑞知道，这是由于与消费者沟通不足和不及时造成的。为了避免这种"冤枉"的差评，尼瑞客服在出售饮水机时，主动联系消费者告知水渍的原因，让消费者放心使用，还在饮水机上贴上小便签加以说明。果然，关于饮水机水渍的差评再也没有出现过。消费者觉得这家店非常负责任，质量有保证，店铺评价逐渐变好。

"吃一堑，长一智。"尼瑞从这个差评事件中深刻地认识到沟通不足带来的隐患，此后，小便签上的内容越来越多，怎么正确安装饮水机、出水变小怎么办，以及饮水机使用注意事项等纷纷加入其中。为了更好地解决消费者的各种问题，尼瑞还在小便签上留下了店铺微信公众号的二维码，邀请消费者关注，为其实时解决各种问题。

【案例思考】

可见，客户服务是网上店铺运营管理中非常重要的一个环节。卖家在销售商品的过程中可能会遇到各种各样的消费者，因此卖家应该在了解商品的基础上，明确自己的服务内容，以提供良好的服务。

同时，在交易过程中，也可能会涉及商品的运营管理、物流的处理等，这些内容是网上店铺运营需要关注且重点掌握的。

扫一扫

第5章案例解析

5.1 商品运营管理

网上店铺销售商品的过程会涉及商品运营管理的工作，常见的有商品上架与下架、商品信息的修改、根据订单发货、处理商品退款和关闭商品交易等。下面对这些知识分别进行介绍。

扫一扫

商品的上架与下架

↘ 5.1.1 商品的上架与下架

进入淘宝网千牛卖家中心页面，在该页面中可进行商品运营管理的工作。其具体操作如下。

步骤 01 打开千牛卖家中心页面，在千牛卖家中心页面左侧单击"宝贝管理"栏中的"出售中的宝贝"超链接，如图5-1所示。

步骤 02 打开"出售中的宝贝"页面，单击选中需下架的商品前的复选框，单击 下架 按钮，将商品下架，如图5-2所示。

图5-1 打开出售中的宝贝

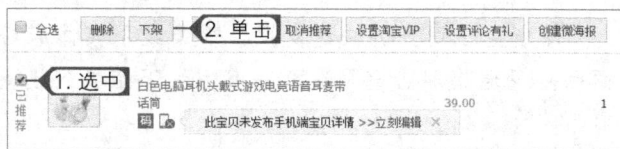

图5-2 下架商品

步骤 03 在"宝贝管理"栏中单击"仓库中的宝贝"超链接，查看下架后存放于仓库中的宝贝，如图5-3所示。

步骤 04 单击选中仓库中需重新上架的商品前的复选框，单击 上架 按钮，即可重新上架所选商品，如图5-4所示。

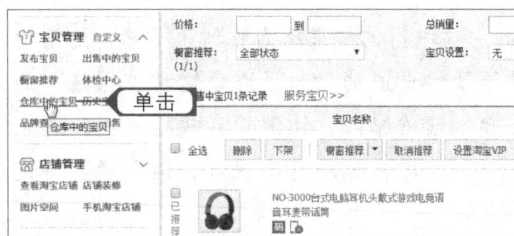

图5-3 查看仓库中的宝贝

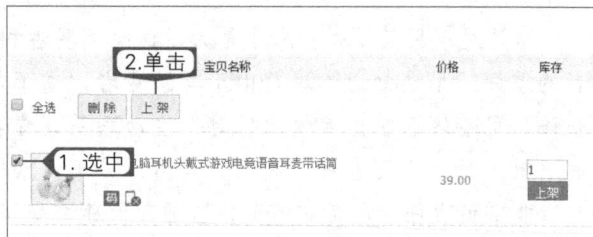

图5-4 重新上架商品

经验之谈

　　一般不建议删除淘宝店铺中的商品，卖家可将商品下架放入仓库中，等到需要时再重新上架。如果不再售卖该商品，确实需要将其删除时，可在"出售中的宝贝"页面或"仓库中的宝贝"页面中选中要删除的商品，单击 删除 按钮进行删除。

5.1.2 商品信息的修改

　　消费者在网上店铺中浏览商品并提交订单后，卖家可查看订单信息。如果卖家通过千牛工作台与消费者交流后，需要修改订单商品的价格、地址等，可以直接在千牛工作台中进行修改，其方法与在千牛卖家中心中修改的方法类似。下面介绍使用千牛工作台修改交易中商品信息的具体操作。

扫一扫

商品信息的修改

步骤 01 登录千牛工作台，打开接待中心界面，在页面右侧单击"订单"选项卡，该选项卡下方包含"全部""未完成""已完成"和"已关闭"4个选项卡，单击"未完成"选项卡查看订单商品，如图5-5所示。

步骤 02 在订单下单击 改价 按钮，在打开的页面中可直接输入商品价格折扣，如输入"7"，此时商品价格将自动按7折价格显示，如图5-6所示。

图5-5 查看订单

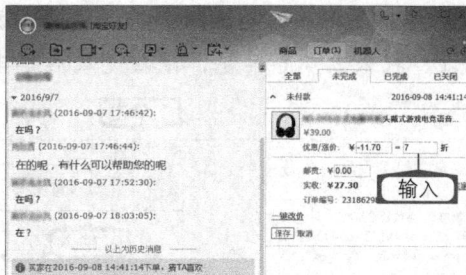

图5-6 修改商品折扣

步骤 03 也可单击"一键改价"超链接，在打开的文本框中直接输入商品价格，输入后单击 确定 按钮，如图5-7所示。

步骤 04 修改完成后单击 保存 按钮，返回即可查看到修改后的商品价格，且千牛工作台将弹出消息通知提示框，显示商品价格修改的相关信息，如图5-8所示。

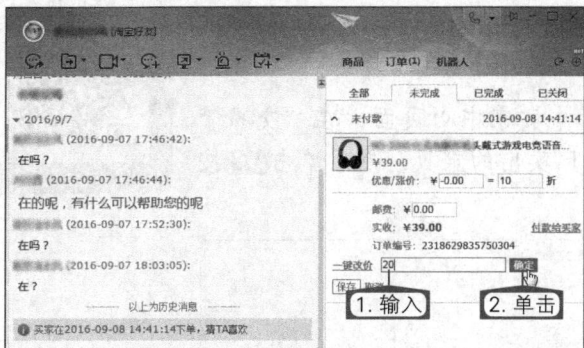

图5-7 直接修改价格

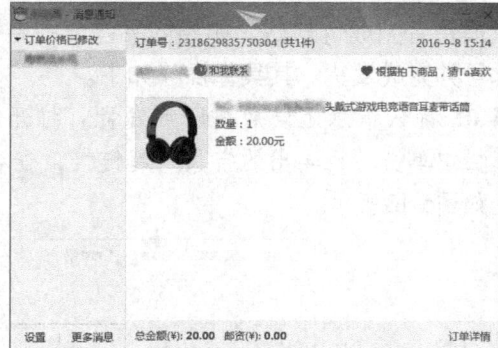

图5-8 修改价格的消息通知

步骤 05 在商品信息下方单击 地址 按钮，可以查看买家地址、联系方式等信息，在右下角单击 发送地址 按钮，可将地址发送到聊天框中供买家确认，如图5-9所示。

步骤 06 在商品信息下方单击 催付 按钮，在打开的下拉列表中可以选择催付信息，如图5-10所示，也可以单击 编辑 按钮，自定义催付内容。

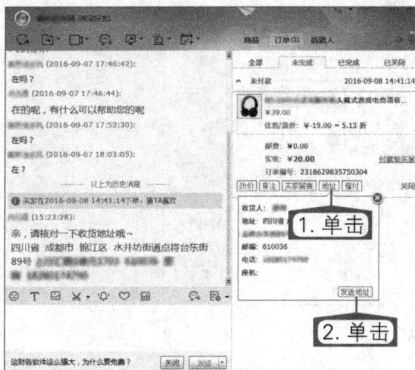

图5-9 查看地址

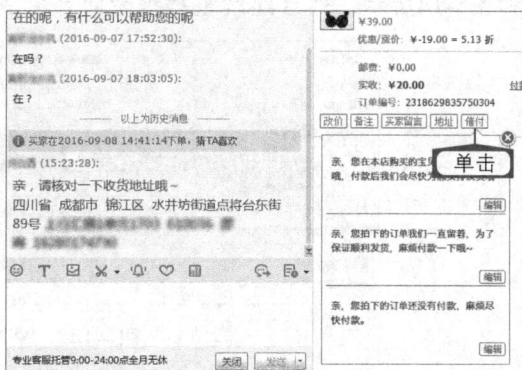

图5-10 发送催付消息

步骤 07 在商品信息下方单击 备注 按钮，在打开的下拉列表中可以填写备注信息，如图5-11所示。

步骤 08 当买家完成付款之后，千牛工作台将打开提示框提示付款完成。完成付款后，如需修改收货地址，可单击[地址]按钮，在打开的下拉列表中单击"修改"超链接，在打开的页面中修改收货地址、联系方式等信息，修改完成后单击[保存]按钮即可，如图5-12所示。

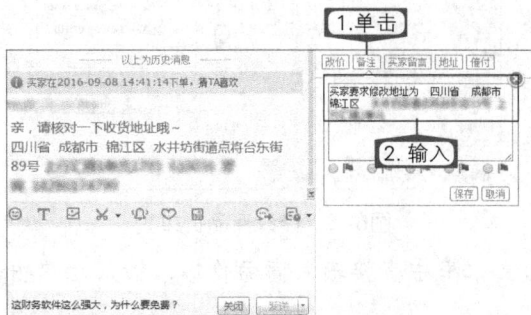

图5-11 添加备注信息 图5-12 修改收货地址、联系方式

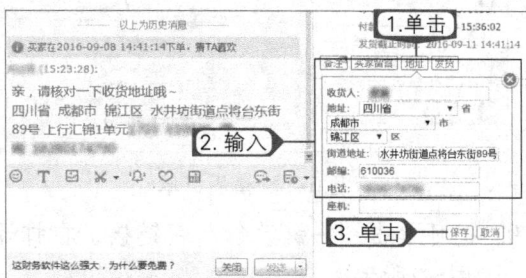

5.1.3 根据订单发货

消费者完成付款后，如果商品需要邮寄，则卖家需要联系快递，填写快递单号并完成发货。其具体操作如下。

步骤 01 确认信息无误后，即可发货。打开千牛卖家中心页面，在"交易管理"栏中单击"已卖出的宝贝"超链接，查看已卖出的宝贝，然后单击[发货]按钮，如图5-13所示。

图5-13 发货

步骤 02 打开发货页面，在选择的快递公司后单击[选择]按钮，并输入运单号码，再单击[确认]按钮，如图5-14所示，然后继续根据提示即可完成发货操作。

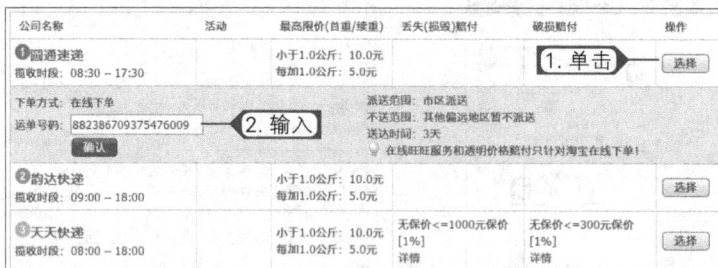

图5-14 输入运单号码

经验之谈

除了选择快递公司进行发货之外，卖家也可直接输入订单号完成发货。

步骤 03 对于无须发货的商品或同城交易的商品，也可以在发货页面选择无须物流直接发货，即无需填写快递单号即可完成发货，如图5-15所示。

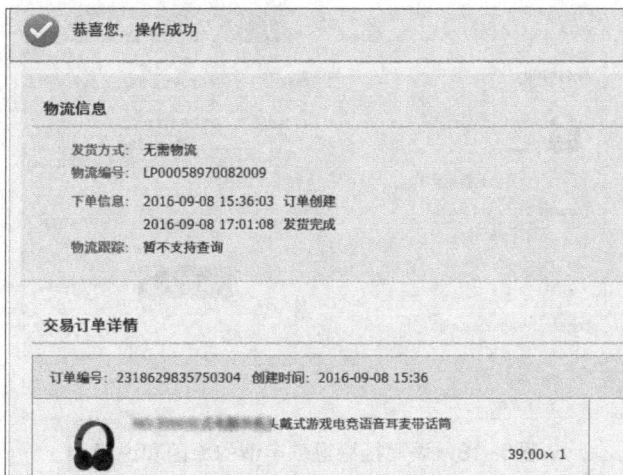

图5-15 完成发货

↘ 5.1.4 处理商品退款

在商品交易的过程中，当消费者不需要已购买的商品，或由于某种原因申请退货或者退款时，一般会向卖家提出退款申请，双方协商一致即可进行退款操作。其具体操作如下。

步骤 01 登录淘宝网打开千牛卖家中心页面，在"客户服务"栏中单击"退款管理"超链接，进入退款管理页面，在该页面中即可查看消费者申请退款的商品，如图5-16所示。

图5-16 查看退款商品

步骤 02 在"操作"栏中单击"查看"超链接，即可查看退款商品的信息，如果同意退款，即可单击 同意退款申请 按钮，完成退款申请，如图5-17所示。同意退款后，在打开的页面中输入支付宝密码即可完成退款。

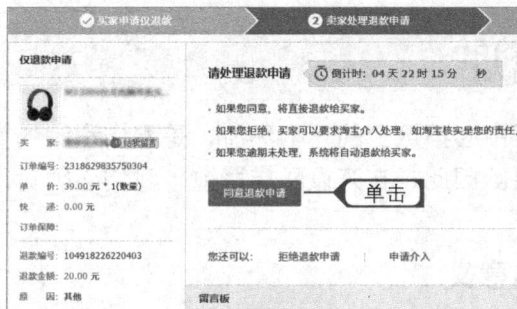

图5-17 同意退款

步骤 03 若拒绝退款申请，则在"操作"栏中单击"查看"超链接，在打开的页面中单击"拒绝退款申请"超链接，之后填写拒绝退款申请的原因和说明，如图5-18所示。

图5-18　填写拒绝退款申请的原因和说明

经验之谈

一般来说，退款申请建议买卖双方协商解决即可。若淘宝官方介入后判定应由卖家承担责任，则会影响店铺的退款纠纷率。

5.1.5　关闭交易

当出现消费者需要取消商品订单再重新下单的情况时，卖家可以在"已卖出的宝贝"页面取消该订单。其方法为：打开千牛卖家中心页面，在"交易管理"栏中单击"已卖出的宝贝"超链接，打开"已卖出的宝贝"页面，在需要关闭交易的商品的"交易状态"栏中单击"关闭交易"超链接，在打开的提示框中设置交易关闭的原因，单击 确定 按钮即可，如图5-19所示。

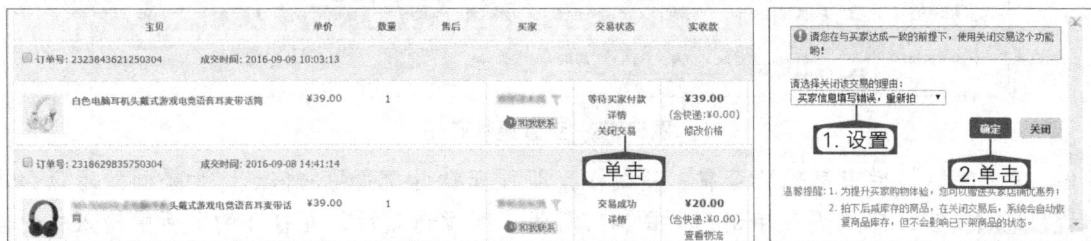

图5-19　关闭交易

5.2　客户服务管理

客户服务作为销售过程中必不可少的一个环节，是网店利润的直接转化因素之一，在网店经营中所占的位置十分重要。因此，在开设网店之前，我们必须对网店客户服务有一个充分的了解。

5.2.1　客户服务的意义

客户服务是消费者了解商品信息和店铺信息的主要途径之一。优秀的客户服务不仅可以提高交易成功率，留住消费者，还能为店铺树立良好的形象，扩大店铺的影响力和知名度。

1. 提高成交率

客户服务体现在交易的整个过程中。商品的交易在发生前、发生中和发生后都可能需要客户服务，这需要客服人员根据不同情况采取不同的处理措施。

- 当消费者为了了解商品的价格、颜色、尺寸或物流等信息，在交易前与店铺客服人员进行沟通时，如果客服人员具备良好的客服技能和素养，能够快速、准确地回复消费者的疑问，让其及时了解想要知道的内容，就可能成促成交易。图5-20所示为交易之前的客户服务。

图5-20　交易之前的客户服务

- 当消费者选择不定、犹豫不决时，优秀的客服人员也可以通过娴熟的销售技能帮助其选择更适合的商品，从而促进其购买行为。
- 当消费者提交了订单但迟迟未付款时，客服人员需要主动与其取得联系，以温和的方式对消费者进行催付，主动和消费者确认收货地址、联系方式和商品信息等，促进交易的进程。
- 当消费者在使用商品的过程中出现了问题并向店铺提出投诉时，客服人员需要及时提出解决方案，安抚消费者的情绪，挽回差评，提高店铺动态评分。

2. 提高消费者回头率

购物体验的好坏是决定消费者是否重复购买的重要因素之一。当消费者在店铺中有过一次购物体验，对店铺的服务态度、商品质量、物流速度和售后服务等有了不错的评价后，就可能收藏店铺，成为回头客。如果消费者收藏了店铺，此后在购买相同的商品时就会优先选择收藏的店铺，进而能带动店铺中其他商品的销量，增加店铺的总体销售额。对于没有收藏店铺习惯的消费者，当他们再次搜索相关商品时，淘宝网也会优先显示其购买过的店铺，如果消费者在该店铺的购物体验良好，也会再次选择在购买过的店铺消费，而不必花费更多时间重新选择。图5-21所示为搜索中优先显示购买过的店铺。

图5-21　搜索中优先显示购买过的店铺

3. 塑造店铺形象

网上店铺与实体店不同，在购物时，消费者在收到商品之前无法切实地触摸到商品，因而很容易产生顾虑。价值越高的商品，消费者顾虑越大。当消费者对商品存在顾虑时，便可以通过与客服人员进行交流，感受卖家的态度和诚意。客服人员通过对商品进行专业讲解和介绍相关售后保证来消除消费者心中的疑虑，从而树立起店铺在其心中的形象。随着消费者对服务要求的逐渐提高，服务质量和售后质量在交易活动中所占的地位越来越高，优秀、别致和贴心的客户服务甚至能成为店铺的标志之一，非常有利于扩大店铺的影响力。

5.2.2　售前、售中、售后服务的工作内容

客户服务岗位是网上店铺必须设置的一个岗位。大中型店铺由于订单繁多、咨询量大、售后内容多，对客户服务的分工要求更加严格，通常有一个专门的流程化的客服系统和模式。一般来说，客户服务可以分为售前服务、售中服务和售后服务3种类型，如图5-22所示。

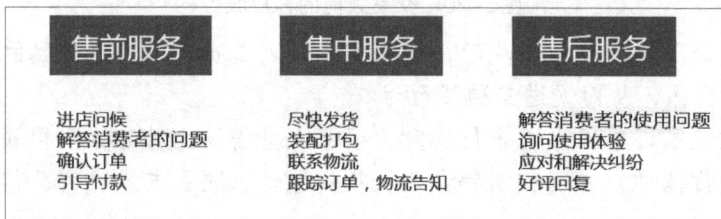

图5-22　客户服务的流程

1. 售前服务

客服人员的售前服务主要是一种引导性的服务，当消费者对商品有疑虑时，即需要客服人员提供售前服务。从消费者进店到付款的整个过程都属于售前服务的范畴，包括客服人员应答客户咨询、了解和解决问题、达成订单、确定订单并引导消费者付款、引导消费者收藏店铺和感谢消费者光顾等内容。在售前沟通的过程中，客服人员需要掌握的客服知识主要包括商品的详细信息、商品推荐以及与不同类型的消费者沟通的方法等。

（1）介绍商品

一名专业的客服人员必须具有基本的专业知识，即必须掌握商品的专业性知识和周边知识，了解同类产品信息和店铺促销方案。

● **商品专业知识**：商品的专业知识主要包括商品质量、商品性能、商品寿命、商品安全

性、商品尺寸规格和商品使用注意事项等内容。

- **商品周边知识：** 商品的周边知识主要是指与商品相关的其他信息，如与同类商品进行分辨的方法、商品的附加值和附加信息等。这类信息有利于提高商品的价值，使消费者更加认可商品。
- **同类商品信息：** 同类商品是指市场上性质相同、外观相似的商品。由于市场同质化现象严重，消费者会面临很多相同的选择，但质量是其选择的最重要的因素之一，因此客服人员需要了解自己商品的劣势，突出自己商品的优势，以质量比较、货源比较、价格比较等方式留住消费者。
- **促销方案：** 网上店铺通常会推出很多促销方案，客服人员需要熟悉自己店内的各种促销方案，了解每种促销方案所针对的消费者，再根据消费者的类型有针对性地进行推荐。

（2）推荐商品

客服人员了解了商品信息后，就可有针对性地将商品推荐给消费者。对于网上店铺而言，商品推荐包括商品本身的推荐和商品搭配推荐两个主要方面。

- **商品本身推荐：** 商品的推荐需要因人而异，消费者的需求、性格特点等不同，推荐的方式和类型就不一样。如果消费者购买自用商品，则实用性、美观性和适用性等就是首要推荐点；如果消费者购买商品是为了赠送他人，则需要同时考虑商品的包装、商品的品牌、实用性和美观性等。
- **搭配推荐：** 商品的搭配主要包括色彩搭配、风格搭配和效果搭配等，在推荐搭配时，客服人员可以以店内模特、流行元素等为例来引导消费者。

（3）与不同的消费者沟通

一般来说，常见的消费者主要有以下几种类型。

- **便利型：** 这类消费者的网上购物行为多以省时、快捷和方便为主要诉求，以没有充足时间逛街购物的人群为主，这一类人群也是网络消费的一大群体。他们一般对网上购物的流程比较熟悉，且购物行为比较果断、快速，目的性较强。与他们交谈时，客服人员只需提供优质的商品和良好的服务态度，注意倾听其需求并尽可能地提供帮助即可得到认可。
- **求廉型：** 这类消费者大多喜欢价格便宜的商品，同时对质量的要求也不低，他们在购物时比较喜欢讨价还价。客服人员在应对时，首先应该以亲切热情的用语表达自己的态度，用委婉的语言提示他目前的价格已经足够低廉。若消费者仍不依不饶，非要要求店家降低价格，可在不造成店铺损失的前提下，适当迎合其心理，如略微降低价格或给予赠品等，以促进交易的成功。
- **随和型：** 这类消费者一般性格较为开朗，容易相处，客服人员在与他们交谈时要保持足够的热情和诚意。他们一般很好交流，只要站在他们的角度尽可能地满足其需求，即可达成交易。
- **犹豫不决型：** 这类消费者一般会在店铺浏览很长时间，花较长的时间选购商品，客服人员详细解说后，仍然犹豫不决，迟迟不会下单。客服人员在与他们交谈时，耐心非常重要，就算其一再询问重复的或者已经解释多遍的问题，也要耐心详细地回复，做到有理有据，用事实说服消费者购买。
- **心直口快型：** 这类消费者下单比较果断，看好了想要购买的商品后就会立刻下单，对于不喜欢的则会直接拒绝。客服人员在与他们交谈时，要尽量快速而准确地回复问题，表现出自己的专业性，尽量用语亲切，以商家的立场来进行说服，这样可增加交易的成功率。

- **沉稳型**：这类消费者较为精明，做决定时一般会仔细考量，缜密应对。其个性沉稳且不急躁，客服人员要说服他们，需要迎合他们的思路，让他们通过自我说服来完成购物。
- **慢性子型**：这类消费者一般会花上较多的时间来查看商品，还可能会同时查看很多同类商品，并反复进行查看和比较。客服人员在与他们沟通时，一定要有耐心，并详细回答他们提出的问题。
- **挑剔型**：这类消费者往往会对网上购物持不信任和怀疑的态度，认为商品描述的情况都言过其实，并会针对商品提出各种各样习钻的问题。客服人员在与他们沟通时，首先要仔细说明商品的详细情况，消除他们的不信任，积极解决他们提出的各种问题，适当给予一些优惠和赠品等，促进其购买。

2. **售中服务**

售中服务是指客服人员在商品交易过程中为消费者提供的服务，主要集中在订单付款到订单签收这个阶段，包括订单处理、装配打包、物流配送和订单跟踪等内容。

- **订单处理**：订单处理主要是指对订单进行修改，如修改价格、修改收货地址和联系方式等。
- **装配打包**：商品在寄出之前，需要进行打包。如果消费者提出了特殊的包装要求，客服人员也要根据情况予以满足。
- **物流配送**：物流配送是指卖家联系物流公司揽件并开始配送，注意物流信息要填写正确和完整。
- **订单跟踪**：订单跟踪是指客服人员要随时跟踪订单的情况，并告知消费者。

3. **售后服务**

售后服务是指消费者在签收商品之后，客服人员针对商品的使用、维护等进行的服务。售后服务的质量是店铺服务质量中很重要的一个方面。好的售后服务不仅可以提高店铺的动态评分，还能吸引更多新消费者，留住老消费者。售后服务所包含的内容非常多，商品使用解答、商品维护解答、退换货处理和中差评处理等都属于售后服务的范畴，其中退换货处理和中差评处理是问题比较多的两个方面。此外，完善的售后服务还包括主动询问消费者的使用情况，根据其反馈信息及时调整、引导消费者好评、好评回复和引导消费者收藏店铺等。

售后服务是交易过程中的重点环节之一，好的售后服务会给消费者带来非常好的购物体验。因此客服人员在处理售后问题时要特别注意以下问题。

- **态度端正**：热情、耐心、礼貌和尊重是客服人员应该具备的最基本的素质。这一点在售后服务中也体现得非常明显。客服人员要耐心、温和地处理各种售后问题，满足消费者的合理要求。
- **回应消费者的投诉与抱怨**：消费者收到商品后，如果对商品的质量、性能或服务感到不满，会产生各种各样的投诉与抱怨，此时，客服人员要积极面对，不能回避问题或消极处理。
- **避免与消费者发生争执**：少部分对商品不满意的消费者，态度可能会十分恶劣，客服人员在遇到这类消费者时，一定要避免与其发生争执，防止事态恶化，应该尽快提出实际可行的解决方法安抚他们并解决问题。

- **留住回头客：**当消费者在使用了商品并有比较积极的反应时，客服人员要抓住机会，将其发展为回头客。
- **引导消费者的好评和收藏：**好评和店铺收藏对于店铺的发展非常重要，一个优秀的客服人员应该善于引导消费者给出好评并收藏店铺。

5.2.3 预防客户的中差评

当店铺的信用和规模不断扩大之后，成交量也会随之增加，随之而来的中差评也可能会不断增加。中评和差评对店铺的影响非常大，因此客服人员需要及时对中差评进行处理。

1. 造成中差评的原因

客服人员会遇到各种各样的消费者，当遇到比较挑剔的人时，很小的一个失误都可能造成中差评的出现。此时，店铺的客服人员不能对其给出的中差评表示出不满，而应该将中差评看作提升商品和服务质量的机会，认真对待，及时解决。

一般来说，造成中差评的原因主要有以下几种。

- 消费者不满意物流速度，等待收货的时间较长。
- 消费者对客服人员的回复速度或服务态度不满意，以及对售后服务不满意等。
- 消费者对商品的颜色、质量、大小、外观和价格等不满意。
- 消费者收到的商品有损坏。
- 消费者对提出的问题解决方法不满意。

2. 避免中评和差评

好评率是网店非常重要的一个因素，会对消费者的购买行为产生直接影响。差评不仅会影响好评率，还会扣掉网店信用，因此商家要尽量避免中差评。下面对一些常见的避免中差评的方法进行介绍。

- **做好售前、售中的商品介绍：**在进行售前、售中的商品介绍时，客服人员要注意主动对一些重要问题和细节问题进行提醒，如商品尺码、颜色偏差等，并说明原因，有特别需要注意的问题也要进行标识和说明。
- **质量把关：**质量是消费者购买商品时最关注的，因此质量问题一定不能忽视。卖家在进货时要注意亲自对质量进行甄选和对比，发货前也要仔细检查商品是否破损或存在缺陷。
- **解释色差：**色差是网上购物很难避免的一个问题。色差存在的原因有很多，光线、显示器分辨率等都可能产生色差，因此卖家应该就色差问题做出适当的提醒。
- **用心包装：**包装也是商品的卖点之一，好的包装可以让消费者感觉商品更超值。卖家可以在包装上做一点小创新，博取消费者好感。
- **完善的售后：**售后是避免和挽回中差评的一个关键环节，完善的售后服务甚至能弥补商品质量上的细小缺陷。
- **热情的服务：**服务质量很大程度上决定着消费者对整个店铺的评价。如果消费者对店铺的印象好，出现中差评的概率就会更低。
- **诚恳面对消费者评价：**收到消费者的中差评后，客服人员应该诚恳地面对评价，虚心接受批评，表达出立即更改的态度，从而说服消费者更改评论。

3. 引导消费者修改中差评

出现中差评是不可避免的。很多中差评产生的原因并不都是很严重的问题，都可以在客服人员与消费者沟通之后得到修改。一名合格的客服人员应该能够合理地引导消费者修改中差评，其过程一般如下。

- **及时联系消费者：** 当收到消费者的中差评之后，客服人员首先要及时与之联系，了解产生中差评的原因，并分析原因。
- **进行沟通：** 了解了产生中差评的原因之后，客服人员要耐心与消费者进行沟通，恳请其修改中差评。如果责任完全在于卖家，则应主动承认错误，为消费者换货，并进行补偿。如果中差评是由消费者自身原因造成的，客服人员也可通过一定的补偿措施恳请其修改中差评。

5.2.4　新客户的邀请

淘宝网上的店铺数目非常多，要想让"游客"发现你的店并成为常驻客户，卖家需要投入很多精力。一般来说，发展新客户比维护老客户更难，需要花费更多的时间、金钱和精力等，但新客户是网店必须发展的对象。一个成功的卖家应该懂得如何寻找和邀请新客户。

- **利用淘宝增值服务：** 淘宝提供了直通车、淘宝客和钻石展位等增值服务，可以帮助卖家将客流量引至店铺。卖家好好把握这些客流量，即可使他们成为新客户。
- **做好店铺推广：** 在电子商务时代，大部分信息传播都是通过网络进行的，卖家可以好好利用自媒体、论坛、网站等渠道对自己的店铺进行宣传，吸引新客户。
- **做好关键词：** 消费者在淘宝购物时，大多是通过搜索关键词来寻找自己需要的商品。卖家只有提炼好了商品关键词，才能让更多人找到店铺。
- **打响店铺名号：** 知名的店铺更容易吸引到新客户。
- **好看的店铺装修：** 店铺装修的美观性也是吸引消费者的一个重要因素，美观的店铺装修更容易赢得消费者的青睐。

5.2.5　老客户的发展和维护

新客户来之不易，因此卖家一定要做好老客户的发展工作，在将新客户发展为老客户之后，也要懂得对老客户进行维护。

1. 老客户的发展

将新客户发展为老客户，是很多卖家都希望做好的一项工作。一般来说，卖家需要做到以下几点。

- **为客户着想：** 做好售前、售中和售后服务，可以使客户对店铺产生好感。站在客户的角度考虑问题，分析和考虑他们的需求并满足他们，可以让他们觉得卖家值得信任，不仅可以减少交易纠纷，也可以让他们对店铺的态度更宽容。
- **推荐合适的商品：** 如果卖家为客户推荐的商品不够好，则会使客户对卖家产生不信任感。如果推荐的商品质量、价格等都能使客户满意，就能使其再次光顾店铺。
- **建立客户的信任度：** 客户在进行网上购物时，通常希望获取的信息是真实准确的，因此如果卖家证明了自己商品信息的真实性，就能在一定程度上获得客户的信任。销量高、好评率高等都是获取客户信任度的方式。

2. 老客户的维护

老客户的重复消费是网店中非要重要的一个销售途径。一个成功的卖家必须懂得维护老客户。下面对常用的维护老客户的方法进行介绍。维护方法主要包括建立会员制度、定期举办促销活动和老客户回馈3种。

- **建立会员制度**：建立会员制度能帮助卖家更好地维护老客户，防止客户流失。会员制度的消费奖励额度一般根据店内商品的价格而定，最好保持在既能抓住客户又能保证经济效益的程度上。会员制度可以分不同等级，如普通会员、高级会员和VIP会员等，建议卖家针对不同消费能力或消费总额的客户，给出对应的优惠。
- **定期举办促销活动**：目前的各大网络购物平台以不同的名义衍生出了节日、店庆和回馈等各种促销活动。好的优惠活动可以为店铺带来非常大的经济效益。在策划促销活动时，卖家一定要提前对活动进行宣传。促销活动必须要有时间限制，否则容易让客户产生倦怠感。促销活动推荐的商品一般为畅销商品，但是需要适当地搭配滞销商品，带动其销量。
- **老客户回馈**：回馈老客户是一种比较常见的老客户维护方法。如果店铺值得信任、商品性价比高并且服务质量好，就很容易赢得回头客。淘宝的客户关系管理系统中显示了光临店铺的客户的基本信息和光顾次数，通过这个功能，卖家可以对已有客户进行分类，并通过短信、旺旺等方式定期向老客户推荐优惠活动，还可以通过以往的交易信息对客户数据进行分析，针对不同的客户进行分层营销。

5.3 物流服务管理

物流配送是网店销售过程中的一个重要部分，直接关系着店铺的评价。卖家在开店之前，必须对不同快递公司的信息进行调查和了解，包括价格、质量、速度和包装等。下面对电子商务的物流管理模式、主流的第三方物流公司、物流选择、物流模板和发货地址库设置、商品出入库管理，以及物流跟踪与意外事件处理等知识进行介绍。

5.3.1 典型的电子商务物流管理模式

在当今的电子商务环境下，物流管理主要有两种模式，一是企业自营物流，二是第三方物流，下面分别对其进行介绍。

1. 企业自营物流

企业自营物流是指进行电子商务活动的公司或企业拥有全资或控股的物流公司，负责本企业的相关物流配送业务。企业自营物流，重要的不是从中获利，而是保证服务质量。随着电子商务的发展，物流显得越发重要，一些大型的电子商务平台为了使消费者有更好的购物体验，保证商品的配送时间和配送品质，纷纷建立起自己的物流系统，如京东商城、唯品会、海尔等都是自营物流。

但是自营物流并不适合小型的电子商务公司，这是自营物流模式本身需要的条件所决定的。企业自营物流有以下弊端。

- **投资成本大**：需要自建物流系统，包括建设物流固定设施，选择物流场地等，随之而来的是一系列大的开销。
- **分散企业主业**：需要很大一部分员工来做物流操作，并不利于企业集中主业。
- **不利于企业的柔性发展**：企业必须有一整套自己的物流设施及技术，这有可能造成资源闲置。

2. 第三方物流

第三方物流又称外协物流或合同物流，是发货人与收货人之外的第三方。第三方物流是相对于自营物流而言的，一般是运输业、仓储业等从事物流及相关活动的企业。现在的第三方物流公司一般有两类，一类是邮政、铁路、航空为主体的国有企业发展而来的公司，另一类是由民营小型速递公司、仓储公司发展而成的。第三方物流拥有以下特点。

- **提供合同导向的一系列服务**：第三方物流有别于传统的外协公司，外协分司只限于一项或一系列分散的物流功能，如运输公司提供运输服务、仓储公司提供仓储服务；第三方物流则根据合同条款规定的要求，提供多功能、全方位的物流服务。
- **建立在现代电子信息技术基础上**：第三方物流采用现代化信息技术管理手段，提高了仓库管理、装卸运输、采购、订货、配送发运和订单处理的自动化水平，使订货、包装、保管、运输和流通加工实现了一体化；同时由于计算机软件技术的飞速发展，使混杂在其他业务中的物流活动的成本能被精确计算出来，还能有效管理物流渠道中的商流，这就使企业有可能把原来在内部完成的作业交由物流公司运作。

↘ 5.3.2 国内主流的第三方物流公司

刚开始创业的企业由于资金、管理等限制，不建议自营物流，可与第三方物流公司合作开展物流服务。目前国内主流的第三方物流公司主要有以下几个。

1. 顺丰速运

在快递品牌中，顺丰以最为快速和相对优质的服务成为最受欢迎的快递品牌之一。顺丰是由总部统一管理的企业，所以各地的服务水准基本保持统一，是业内公认的服务好、态度好、监督机制好且速度超快的快递公司。其缺点一是很多稍微偏远的地方还没有网点，二是费用稍高。其品牌Logo如图5-23所示。

2. 邮政EMS

邮政EMS即邮政的特快专递服务，是由中国邮政提供的快递服务，同时邮政EMS提供国际邮件快递服务。EMS运营规范、快递网点多，运送范围遍布全球，具有速度较快、运送安全、支持送货上门和可跟踪物流信息等特点，广泛用于进出口商品运输。其缺点是费用偏高，国内在起重500克以内价格为20元，续重为500克，分区域价格加收4~17元不等。其品牌Logo如图5-24所示。

图5-23　顺丰速运Logo　　　　　　　　图5-24　邮政EMS Logo

3. 圆通速递

由于圆通速递采取的是加盟形式，因此各地服务水准和快递员素质可能有所差别。圆通速递在全国各地的网点比较齐备，并且价格相对低廉。尤其是在江浙沪地区，网点较多，价格也比较便宜。但其汽运件速度相对较慢，且管理不统一。就发货速度而言，江浙沪地区很快，而东北、西北地区网点较少，通常只涵盖市级城市，很多县级城市可能没有网点，因此非常适合江浙沪地区的企业和消费者。其品牌Logo如图5-25所示。

4. 天天快递

天天快递的客户群体遍及电子商务、纺织服装和医药化工等多个领域。其送货速度与地区和网点分布有关，一般省内城市2~3天到达，市级城市4~5天到达，一些西北、东北地区可能要5~7天才能到达。天天快递价格适中，适合运送中小型物品。其品牌Logo如图5-26所示。

图5-25 圆通速递Logo   图5-26 天天快递Logo

5. 韵达快递

韵达快递是比较具有特色的快递品牌，其网点分布均匀、规模适中，服务质量尚可。韵达快递的送货速度一般为3~4天送达，同城当天或隔天到达，价格相对比较便宜。其品牌Logo如图5-27所示。

6. 申通快递

申通快递的网点覆盖区域广泛，是一家以经营快递为主的国内合资（民营）企业。申通快递速度适中，同城当天或隔天到达，江浙沪地区一般2~3天到达，偏远地区5~7天到达。申通快递收费会因各地承包商规定的不同而有所不同，一般价格适中，适合运送中小型物品、非急件。其品牌Logo如图5-28所示。

图5-27 韵达快递Logo   图5-28 申通快递Logo

7. 中通快递

中通快递是一家集快递、物流、电商业务于一身的国内物流快递企业，提供"门到门"服务和限时达（当天件、次晨达、次日达等）服务，荣获"中国快递行业十大影响力品牌"和"中国快递行业客户满意安全放心十佳品牌"等荣誉称号。其价格适中，偏远地区价格稍高些。中通快递速度适中，其品牌Logo如图5-29所示。

8. 中铁快运

中铁快运是大型铁路专业运输公司，国家5A级物流企业。中铁快运的限时达能够做到全国各城市间的当日达、次日达、3日达、4日达等不同时限等级的运输服务。中铁快运的网点依赖于铁路，没有铁路的地方的网点较少。一般短程路途的价格和中长途的运费相近，适合中长途大货件的货运。通常按物品的重量或体积进行收费，其品牌Logo如图5-30所示。

图5-29 中通快递Logo

图5-30 中铁快运Logo

9. 邮局平邮

邮局平邮是邮政中寄送信与包裹业务的总称，寄送时间一般比较慢，资费视距离和重量而定，价格一般为：单价×重量+3元挂号费。适合非急件、偏远地区的商品，以及需要省钱的卖家。选择平邮的卖家，一般要自己完成对商品的打包。针对商品的情况，也可选择一些保障服务，如保价、回执等。由于平邮需要的时间一般比较长，所以选择平邮的卖家不多。但是平邮的寄送范围非常广，针对一些其他快递没有覆盖的区域，则需要使用平邮。其品牌Logo如图5-31所示。

10. 宅急送

宅急送的速度和EMS差不多，到货时间一般为3~4天，产品服务有急速达、捷惠达、普运达等。宅急送服务全面，网点较多，但不做文件快递，保价费用较低，计费较为合理。小件商品不建议选择宅急送。其品牌Logo如图5-32所示。

图5-31 邮局平邮Logo

图5-32 宅急送Logo

11. 百世快递

百世快递的特点在于所有的快递系统都是自主开发。百世快递发展迅猛，根据距离不同，其收费有所不同，偏远地区的收费稍贵。其缺点是网点略少，但发展快，值得关注。百世快递到货时间长短根据距离的远近来决定，一般来说，快则2~3天，慢则6~7天。其品牌Logo如图5-33所示。

图5-33 百世快递Logo

经验之谈

　　除了上面介绍的物流公司外，第三方物流公司还有很多。此外，快递在计算运费时除了按重量计量，部分大件商品可能会按体积计算。

5.3.3 网店的物流选择

了解物流的种类后，卖家需要选择一家靠谱的物流公司，便于长期合作。一家靠谱的物流公司可以让卖家商品的安全性、送货时间得到保障，并且很大程度上决定了店铺在消费者中的口碑。

1. 选择物流公司应考虑的因素

电子商务的快速发展带动了物流行业的发展，现在的物流服务，不仅服务范围越来越广，加入这个行业的企业也越来越多，难免出现良莠不齐的情况。卖家在初期选择物流公司一定要十分慎重，快递的安全性、服务质量、发货速度和价格等因素都要考虑到。

- **快递的安全性**：快递的安全性是卖家必须考虑的问题，丢件、物品破损等情况会严重损害店铺的声誉，引起消费者的强烈不满。为了保证商品的安全，对于贵重物品可以选择EMS并进行保价，从而保障货主的利益。在选择其他快递服务时，要有购买保险的意识，同时需要了解理赔服务。此外，卖家还可对物品进行一些保护措施，在包装箱上标注易碎、轻放等字样，叮嘱快递公司注意保护等。此外，若选择的物流公司不靠谱，卖家以及消费者的个人信息也容易泄露，被不法分子利用。

> **经验之谈**
>
> 保价是一项增值服务。若物品丢失、损坏，客户将得到保价范围内的赔偿。若没有保价，则赔偿的费用较低，往往只赔偿几倍的快递费用。因此贵重物品建议保价。

- **快递价格**：快递价格与经营成本息息相关。为了降低成本，很多卖家都愿意优先选择价格更低的快递服务，这当然无可厚非，但也绝不能一味以低价为标准，如果低价的物流服务是以服务质量差为代价，那么卖家将得不偿失，因此需对快递公司进行详细对比。快递费用一般按千克计算，超过1千克按2千克算，超过2千克就按3千克算，以此类推。图5-34所示为在快递比价网中查询主流快递公司将1千克的货物从四川成都金牛区发往上海市黄浦区的收费标准。

> **经验之谈**
>
> 快递价格并不是一成不变的，会根据市场情况进行变动。卖家也可选择向负责自己所在地的各个快递公司的快递员了解价格，对比多家之后再做决定。如果双方合作愉快，可以适当地进行沟通，尽量拿到友情价格，以降低自己的成本。

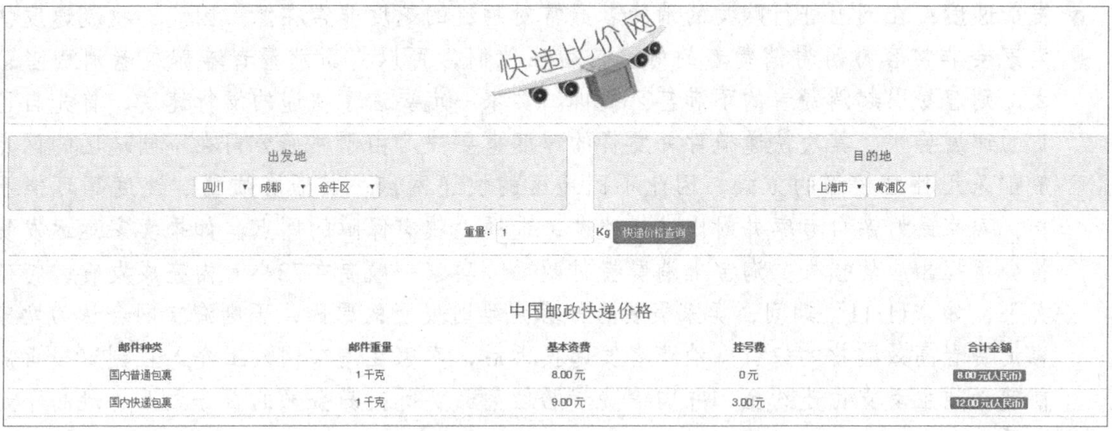

图5-34 在快递比价网中查询主流快递公司的收费标准

EMS快递价格

邮件种类	邮件重量	合计金额
EMS	1千克	运费29元

顺丰快递价格

快递类型	邮件类型	重量	费用	预计到达时间
顺丰标快	包裹	1千克	23 元	2017-08-18 18:00
顺丰特惠	顺丰隔日	1千克	18 元	2017-08-19 23.59
顺丰次晨	包裹	1千克	25 元	—

中通快递价格

重量	费用	预计时间
1千克	15 元	3天

申通快递价格

重量	费用	预计到达时间
1千克	15 元	2017-08-21 05:36:14

韵达快递价格

重量	费用
1千克	15.00 元

圆通快递价格

重量	现付
1千克	18 元

宅急送快递价格

重量	预计到达时间	金额
急速达	1	2~3天	18.0元
捷惠达	1	3~4天	16.0元

百世快递价格

重量	首重	续重	预计时间
1千克	12 元	7 元	2~3天

图5-34　在快递比价网中查询主流快递公司的收费标准（续）

- **发货速度：** 在网上进行购物的消费者通常对物流的速度非常在意。因此，物流速度快，卖家会非常容易赢得消费者的好感，留住他们，可以将新消费者培养成老消费者；反之，则容易引起消费者的不满甚至投诉。卖家一定要注意快递的发货速度，首先自己发货的速度要快，其次快递揽件并发货的速度也要快。由于快递公司在不同地区的网点一般都采用独立核算的方式，因此不同地区的快递网点，其服务质量、速度等可能不一样，卖家最好亲自考察并对比发货速度，选择比较有保障的网点。如果卖家延迟发货，将会承担相应的损失。淘宝上消费者付款后，卖家一般要在72小时内完成发货，特殊情况下，如"11·11"期间，卖家需要告知客户延时发货的原因，否则淘宝网会认为卖家损害消费者高效购物的权益。消费者发起投诉后，卖家在淘宝网人工介入且判定投诉成立前就必须主动支付违约金，并向消费者赔偿商品实际交易金额的百分之五（最高不超过30元）。

● **服务质量**：服务质量也是卖家挑选快递公司的标准之一。快递行业作为服务行业，应该具备服务精神，遵守服务行业的准则。质量好的快递服务，会给消费者带来舒适的服务体验，从而增加其对网店的好感。

2. 关于选择物流公司的建议

卖家如何快速有效地选择物流公司，才能少走弯路、避免损失呢？

● **尽量选择以分公司拓展为经营模式的快递公司**：一般来说，以分公司拓展为管理经营模式的快递公司比较规范，货物安全性高，如北京的宅急送以及广东的顺丰等。而通过加盟的方式成立的快递公司由于加盟门槛低、自身的经营管理不善，很容易产生一些服务不好、信誉较差的站点，甚至出现寄件安全方面的问题。

● **尽量选择本地经过正规注册的规模较大的快递公司**：一般而言，本地的公司为了打造其在本地的良好口碑，对索赔的案件会很快处理。同时，卖家比较容易对公司进行实地考察，取件的效率也比较高。

● **尽量选择网点多的快递公司**：在淘宝网上购物的消费者遍布全国，如果一些偏远地区的消费者所购商品无法送达就比较麻烦，因此选择网点多的快递公司很有必要。为了保证发货的速度并考虑到价格，卖家也可选择多家快递公司进行合作。

● **尽量选择使用靠谱工具取件的快递公司**：快递公司的业务员取件主要是使用3种交通工具，包括电瓶车、小三轮和货车。卖家一般可选择用货车取货的公司，因为此类公司实力较强。若店铺出货量较小，快递人员用电瓶车取货也属正常。小件目前流行的取货工具为电动三轮车。

● **尽量选择赔偿金额或倍数高而且保价率低的快递公司**：虽然丢件或货物损坏的情况比较少，但对于一些利润薄的卖家而言，一旦丢件就会导致利润降低，如10件丢失一件，可能另外9件的利润都没有了，因此需要慎选快递公司，尽量选择赔偿金额或倍数高而且保价率低的快递公司。保价率低的快递公司一般信誉较好。

↘ 5.3.4 设置物流模板和发货地址库

在淘宝网店中，卖家需要进行物流设置后才可为消费者发货，包括服务商设置、运费模板设置和地址库编辑等。下面分别进行介绍。

1. 服务商设置

淘宝网店中提供了很多服务商，卖家可以选择自己常用的快递服务商并开通服务，其方法为：登录淘宝网千牛卖家中心，在"物流管理"栏中单击"物流工具"超链接，进入物流工具管理中心，在"服务商设置"选项卡中查看现在主流的物流服务商，单击选中需要开通的服务商前的复选框，然后单击其后的 开通服务商 按钮即可，如图5-35所示。如果卖家在设置服务商时没有编辑过地址库，则首先要对地址库进行编辑，才可以设置物流服务商。

图5-35　设置服务商

2. 运费模板设置

由于网店中的消费者来自不同的地区，而不同地区的快递服务费用经常也不一样，因此卖家需要对运费模板进行设置，以对不同地区的消费者的运费进行区分。下面介绍在淘宝网中设置运费模板的具体操作。

步骤 01 登录淘宝网千牛卖家中心，在"物流管理"栏中单击"物流工具"超链接，进入物流工具管理中心，在右侧页面中单击"运费模板设置"选项卡，在该页面中单击 新增运费模板 按钮，如图5-36所示。

步骤 02 打开"新增运费模板"编辑页面，在"模板名称"文本框中输入模板的名称，并依次设置"宝贝地址""发货时间"等信息，单击选中"自定义运费"单选项，然后根据实际情况单击选中"按重量"单选项或"按件数"单选项，如图5-37所示。

扫一扫

运费模板设置

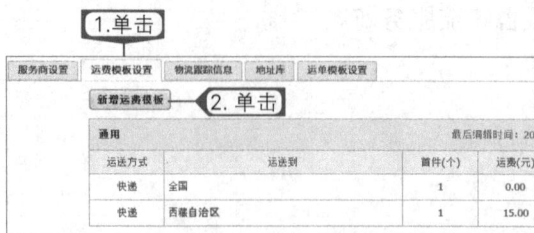

图5-36　设置运费模板

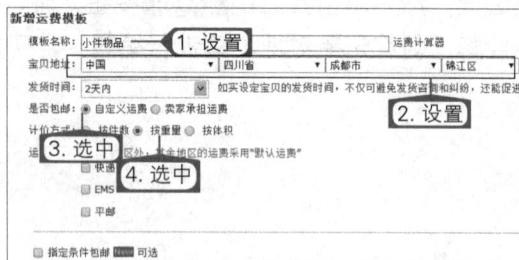

图5-37　设置运费模板基本信息

📢 **经验之谈**

　　根据区域的不同，卖家可以设置不同的运费模板，在寄送时，直接根据寄送地址选择相应模板即可。在设置计价方式时，卖家可以根据实际情况进行选择，如果店铺经营的是小件商品，可以选择"按件数"或"按重量"计价，如果是体积较大的商品，则可以"按体积"计价。在设置价格时，建议根据快递服务商的价格标准进行设置。

步骤 03 单击选中"快递""EMS""平邮"复选框，在其下方打开的表格中填写相关运费信息，如图5-38所示。

步骤 04 单击"为指定地区城市设置运费"超链接，添加一个模板，单击"发送到"栏的"编辑"超链接，在打开的对话框中设置需特别指定运费的区域，单击确定按钮，然后设置这些特定区域的价格。

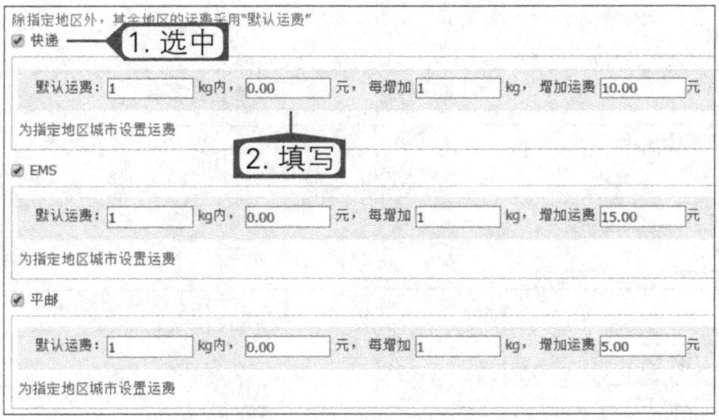

图5-38　填写运费信息

📢 **经验之谈**

　　如果网店中商品的运费不随着重量、数量或体积的增加而增加，可将运费都设置为"0"，然后单独设置指定地区的运费模板。

步骤 05 按照该方法依次设置EMS和平邮的指定区域运费模板，单击选中"指定条件包邮"复选框，在打开的表格中可设置满足指定条件后包邮，在"选择地区"栏中可设置包邮地区，在"设置包邮条件"栏中可设置包邮条件，设置完成后单击保存并返回按钮，如图5-39所示。

步骤 06 返回物流工具管理中心，即可查看已经设置完成的运费模板。在寄送商品时，选择该模板名称即可应用。

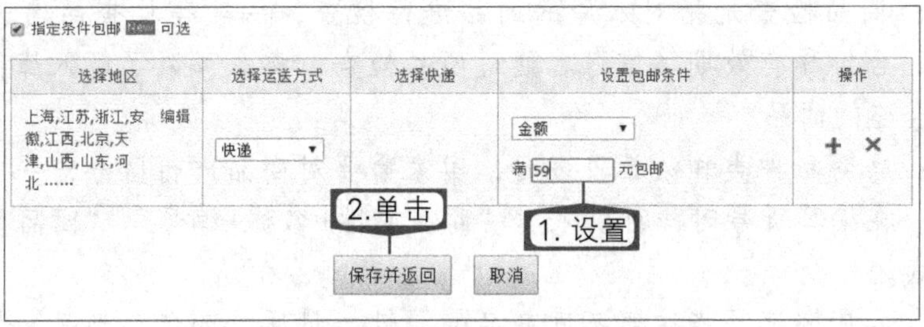

图5-39　设置指定条件包邮

📢 **经验之谈**

在运费模板上方单击"修改"或"删除"超链接，可对模板进行重新编辑或将模板删除。

3. 地址库编辑

地址库即卖家的地址，当卖家发货或消费者申请退货时，就需要卖家的地址。编辑地址库的方法为：登录淘宝网千牛卖家中心，在"物流管理"栏中单击"物流工具"超链接，进入物流工具管理中心，在右侧页面中单击"地址库"选项卡，在打开的页面中填写相关信息，如图5-40所示，填写完成后单击 保存设置 按钮即可。

图5-40 编辑地址库

↘ 5.3.5 商品的出入库管理

商品的出入库管理是物流管理中非常重要的一个部分，卖家需对其有一个基本的了解。

1. 商品入库

商品入库是网店日常运营工作中的一部分，一般包括商品检查、货号编写和入库登记3个步骤。下面分别进行介绍。

- **商品检查**：商品检查是指对入库的商品进行检查，一般需检查品名、等级、规格、数量、单价、合价和有效期等信息。通过商品检查，卖家可以了解入库商品的基本信息，筛选出不合格的商品。
- **货号编写**：当商品种类和数量较多时，卖家需要对商品进行区分，一般可以采取编写货号的方式。在编写货号时，可以采用"商品属性+名称+编号""商品属性+名称缩写+编号"的方式。
- **入库登记**：入库登记是指按照不同商品的属性、材质、颜色、型号、规格和功能等，分别将其放置到不同的货架中，同时编写入库登记表格，对商品入库信息进行记录。

2. 商品出库

商品出库是指仓库根据商品出库凭证，按所列商品编号、名称、规格、型号和数量等，准确、及时、保质保量地发给收货方的一系列工作。淘宝网店的商品出库主要包括选择物流公司、联系快递员取货以及填写并打印物流信息等主要步骤。

- **选择物流公司**：当收到出库通知时，卖家首先需要核对出库商品的信息，并根据商品信息提取对应的商品，填写商品出库表，登记商品出库信息，选择物流公司。
- **联系快递员取货**：卖家根据商品所在地区联系物流公司该区域的快递网点，通知快递员前往取货。
- **填写并打印物流信息**：卖家填写商品的物流单，记录并打印商品的物流信息，方便对物流信息进行保存和跟踪。

5.3.6　商品物流跟踪

将商品包装好并交给物流公司运输后，卖家还应时刻关注物流公司的发货和运输信息，对物流情况进行跟踪，保证商品可以在最短的时间内送达消费者手中，避免因物流速度过慢而引起消费者的不满。通过淘宝网后台的千牛卖家中心即可对物流情况进行跟踪，其方法是：登录淘宝网，在"千牛卖家中心"页面中单击"物流管理"栏中的"智选物流"超链接，在打开的页面中即可查看当前所有订单目前的物流状态，如图5-41所示。

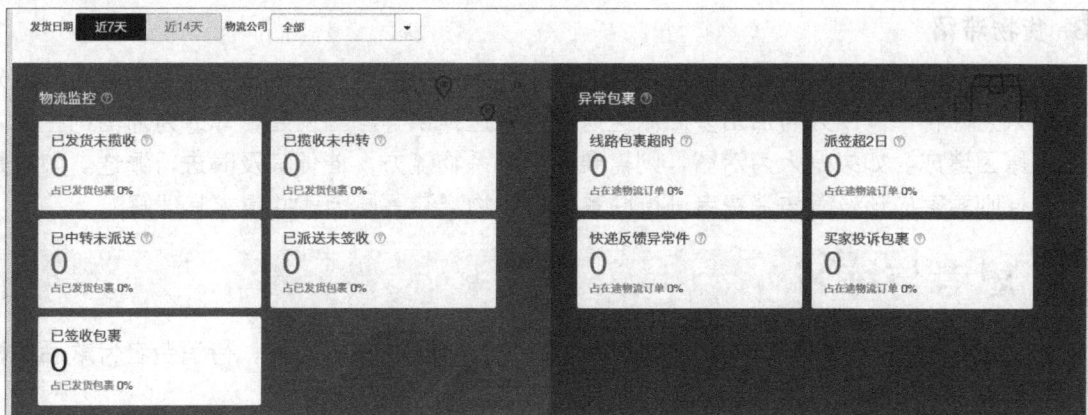

图5-41　物流跟踪

5.3.7　物流意外事件处理

在物流运输的过程中，有可能会出现货物丢失、货物破损和货物滞留等意外情况，此时，卖家必须及时了解货物的物流情况，与物流方取得联系，并快速实施相应的解决方案。

1. 货物丢失

货物丢失属于物流中比较严重的问题。出现货物丢失的情况时，卖家一定要与物流方进行沟通，及时对货物丢失的详细情况进行了解。一般来说，货物丢失分为人为和非人为两种情况。如果是人为原因造成的货物丢失，则需追究责任人的责任。为了防止这种情况的发生，卖家在进行商品包装时，特别是包装电子产品等贵重商品时，一定要做好防拆措施，并提醒消费者先验收再签字，将风险降至最低。如果是非人为原因造成的货物丢失，则可以要求快递公司对商品的物流信息进行详细排查，检查是否遗漏在某个网点。如果确实找不到了，可以追究快递公司的责任。

不管何种原因造成的货物丢失，都可能延长消费者收到货物的时间。为了避免纠纷，在商品出现丢失情况时，卖家应该告知消费者，并与之协商好处理办法。如果消费者不接受该处理办法，卖家应尽快重新发货。

2. 货物破损

货物破损是一种非常影响消费者好感度的情况。商品包装不当、快递运输不当等都可能导致货物破损。为了预防这一情况，卖家在包装商品时，一定要仔细严谨，选择合适的包装材料，保证货物在运输过程中的安全。如果是运输不当造成的货物破损，则需要追究快递公司的责任。

消费者收到破损商品是一件非常影响其情绪的事情，可能会导致消费者直接给出差评，因此卖家一定要重视商品的包装问题。如果是易碎易坏商品，则要叮嘱快递员轻拿轻放，并在包装箱上做出标识。

经验之谈

货物丢失和损坏不仅会影响物流质量，还会造成卖家、消费者和快递公司等多方损失，处理起来既耗时又烦琐。卖家一定要尽量避免这些问题，选择服务和质量更好的快递公司，并确保商品包装的安全性。

3. 货物滞留

货物滞留是指货物长时间停留在某个地方，迟迟未进行派送。造成货物滞留的原因可以分为人为和非人为两种：其中人为滞留多由派送遗漏、派送延误等问题引起，非人为滞留则主要由天气等客观原因造成。如果是人为滞留，则需要卖家联系物流方，催促其及时进行派送。如果是非人为滞留，则卖家应该及时与消费者进行联系，告知物流滞留原因，并请求其理解。

5.4 思考与练习

（1）登录淘宝网千牛卖家中心，将订单商品的价格修改为8折出售，待消费者付款后再根据其需求更改收货地址和联系方式。

（2）了解并熟悉客户服务不同阶段的内容，掌握售后问题的处理方法。

（3）通过网络查询现在主流的快递公司，收集各个快递公司的服务质量、物流速度、价格和安全性等信息，并分析它们的优缺点。

（4）登录淘宝网千牛卖家中心，进入物流工具管理中心，根据了解的快递公司信息选择并开通相应的快递服务。

（5）登录淘宝网千牛卖家中心，进入物流工具管理中心，新建运费模板，模板名称为"重量计费"，设置所有地区的商品按照重量计算邮费。1千克内免邮，每增加1千克增加10元运费。

（6）登录淘宝网千牛卖家中心，进入物流工具管理中心，编辑地址库，填写地址、联系方式、联系人和邮政编码等信息。

CHAPTER

06

第6章　店铺的营销推广

　　流量是店铺生存的根本。只有拥有了足够的流量，才有可能获得更多的成交量、收藏量和加购量，并得到订单的转化和盈利。因此，不管是经营哪一种网店的商家，都在想方设法地使用各种推广手段吸引流量、促进成交。本章将以淘宝网为例，讲解如何进行淘宝店铺的营销推广，其内容主要包括常用的营销策略、推广工具、活动推广和移动端营销推广等，以帮助商家进行有效引流，最终达成交易，提升销售额。

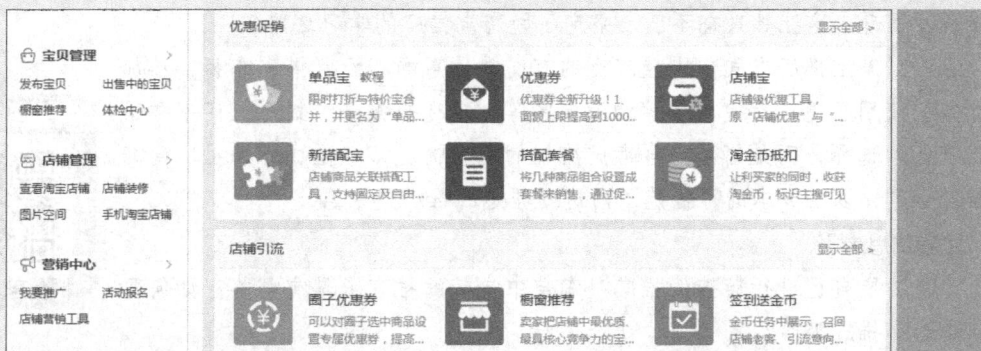

- 常用的营销策略
- 淘宝必备推广工具
- 淘宝活动推广
- 移动端营销推广

本章要点

🛒 案例导入

想要"省心"，反而"闹心"

随着电商行业的不断发展，淘宝网店铺也越开越多，不少淘宝网商家都在发愁如何获得流量和提高销量，然而获得流量和提高销量并不是一件容易的事，不仅需要花费时间与精力，还需要大笔的费用投入，这让很多商家都不知所措。

经营女装店铺的杨丽认为，自己推广一是缺乏经验；二是没有时间，容易事倍功半；三是往往还要承受投入了推广费用却完全收不到回报的损失。因此，杨丽决定寻找一家好的淘宝代运营公司来帮自己推广淘宝店铺。于是，杨丽从众多淘宝代运营服务公司中选择了一家看似不错的、有很多成功营销案例的公司并签约，向该淘宝代运营公司缴纳了初期的店铺管理费用3 980元，同时协定店铺盈利后该公司可以收取一定的提成费用。

但两个月后，杨丽开的淘宝店一直没有销量。当杨丽怀疑自己上当时，运营公司小李便哄骗杨丽说初期做淘宝都很困难，并为其制订了一系列推广计划，包括满减活动、发放优惠券、加入直通车、开通钻展等，并利用一些成功的客户案例鼓动杨丽继续投资推广，升级运营套餐成本。杨丽听其谈论得头头是道，最终选择继续投资3万元。然而两个月后，杨丽的店铺依旧销量平平，不见任何起色，这让杨丽幡然醒悟并报警，而诈骗他的假冒代运营公司，最终也被郑州警方查处，涉案人员数百人被捕。

吃过苦头的杨丽懊恼不已，心想请公司代运营行不通，还不如自己踏实苦干，于是自己购买了相关书籍，并通过各大网站对淘宝推广方法与技巧进行学习，不断实践。最终，店铺的销量开始逐步提升，这让她兴奋不已，坚定了她淘宝推广的学习之路。

目前，淘宝推广方式中比较流行的有发放优惠券、设置搭配套餐、参加聚划算、使用直通车、使用智钻和淘宝客等。在选择推广方式时，商家并不能想当然地选择，而是需要综合考虑店铺的运营情况、资金成本、推广周期与推广力度，以在成本的可控范围内达到理想的推广效果。

【案例思考】

为什么要自己进行店铺的推广？淘宝中自带的推广工具有哪些？如何要为店铺选择推广工具？

扫一扫
第6章案例解析

6.1 常用的营销策略

在进行网店的营销推广时，有一些很常用的策略，如搭配套餐、满就送、限时折扣和发放优惠券等。这些营销策略是各大电商平台的基础营销方式，是网上创业的创业者必须了解并掌握的方法。下面对这些策略进行详细介绍。

6.1.1 搭配套餐

搭配套餐，顾名思义，就是将几种商品搭配在一起销售，给消费者一些让利，从而让购买活动显得更实惠的营销方式。搭配套餐可以让消费者一次性购买更多的商品。图6-1所示的商家销售的主商品是一款补水护肤品套装，在下方通过"爆款换购"搭配套餐来进行其他护肤品的连带销售，其价格甚至比仅购买当前商品要更划算，同时还增加了其他商品的销量。

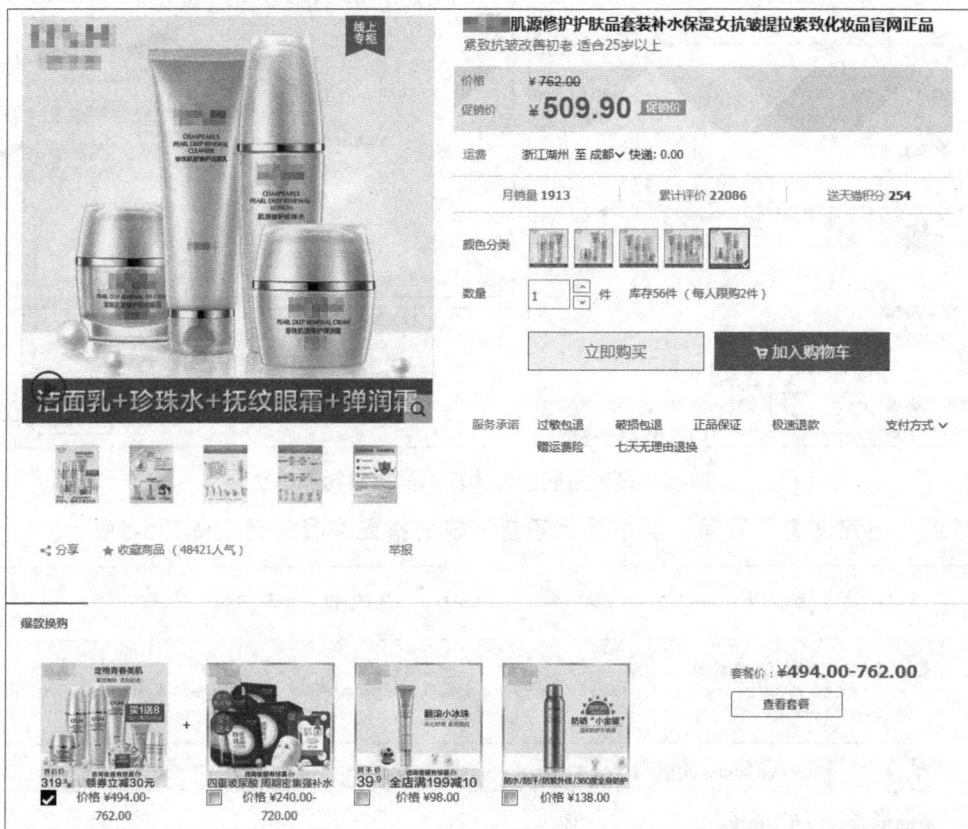

图6-1 护肤品搭配套餐

那么，在淘宝网中怎样进行搭配套餐的设置呢？下面将对搭配套餐的设置方法进行介绍，其具体操作如下。

步骤 01 登录淘宝网，在千牛卖家中心页面单击"店铺营销工具"超链接，在打开页面的"优惠促销"栏中单击"搭配套餐"超链接，如图6-2所示。

步骤 02 在打开的页面中单击左下角的 创建搭配套餐 按钮，如图6-3所示。

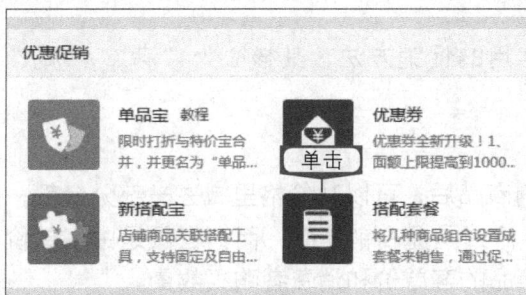

图6-2 单击"搭配套餐"超链接

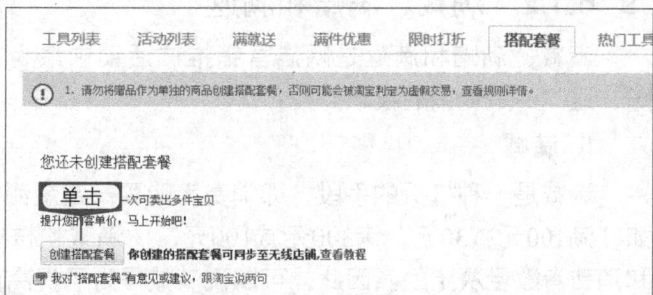

图6-3 创建搭配套餐

步骤 03 打开"创建搭配套餐"页面，在其中可以设置基本信息，如填写"套餐标题""搭配宝贝""套餐原价"等，在"设置物流信息"栏中单击选中"卖家承担运费"单选项，然后单击

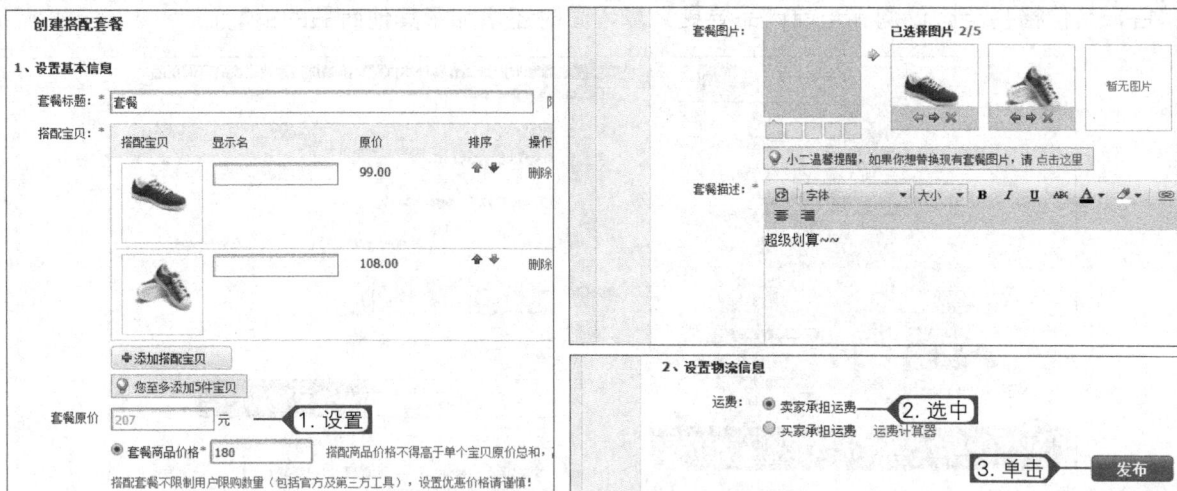

发布 按钮，如图6-4所示。

图6-4 设置搭配套餐的基本信息与物流信息

步骤 04 返回"搭配套餐"页面，其中显示了新创建的搭配套餐活动，如图6-5所示。

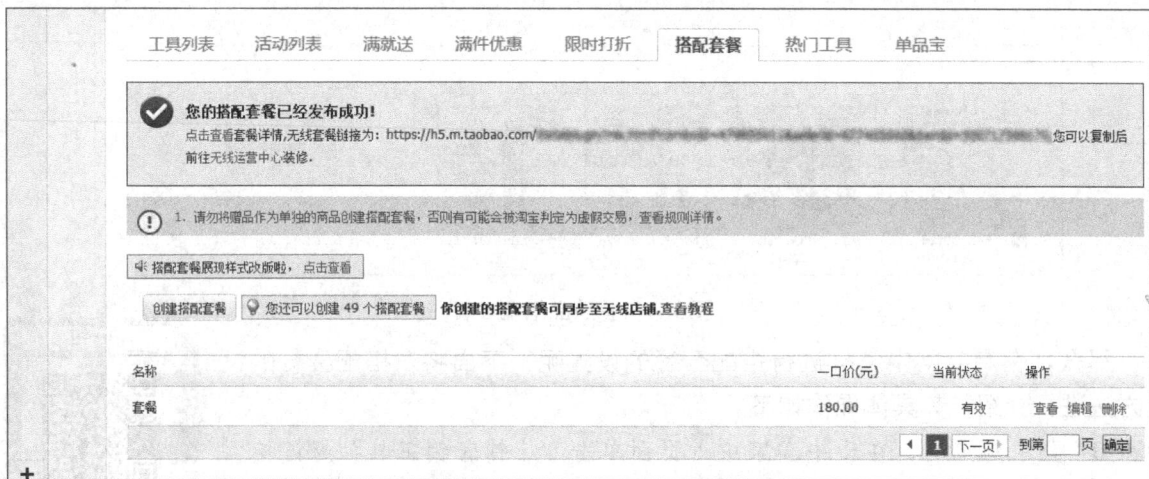

图6-5 查看创建的搭配套餐

6.1.2 满减、满赠和满返

满减、满赠和满返是网店营销推广活动中最为常用的促销方法，其核心为"满"，"减、赠、返"则是促销的技巧。

1. 满减

满减是一种打折的手段，即消费者购买一定金额的商品后，可以从价格里减去一部分金额，如"满100元减30元；满300元减100元"。满减的核心目的是提高销售额，而销售额是由客单价和消费者数量决定的。因此，可以说满减是为了提高商品的客单价和消费者购买数量。

满减设置的最低标准一般要2件及以上的商品组合才能实现，这种方式可以促进消费者购买更多的商品，提高客单价。同时，这个价格又是消费者比较敏感的、可以接受的价格底线，这就促使原本有些犹豫不决的消费者下单购买，进而提高购买数量。

需要注意的是，商家设置满减的优惠力度时，要根据自己店铺的实际情况来决定，一般适当高于消费现状即可，如店铺客单价为170元，那么可设置"满199元减××元"的条件（一般在10~30元的范围内），而减的力度既要保证消费者能够得到的利益高于这个差价，才能促使他们产生购物行为。

2. 满赠

满赠有两种常见的形式，一种是"满××元，送××赠品"，另一种是"满××元，加××元赠送××赠品"。中小商家比较适合选用第一种；有忠实客户的品牌商家则更适合选择第二种。这是因为忠实客户对品牌有一定的忠诚度，愿意花费额外的费用来获取更多该品牌的商品。

满赠的设置条件与满减的类似，首先，要保证其客单价的提升在合理的范围内，其次，还要注意赠品要与销售的商品具有相关性，且其价值不能超出毛利，否则容易造成营业额的亏损。当选择第二种满赠方式时，额外添加的金额必须是消费者可以"忽略"的，可设置为不超出支付商品的10%的价位，否则容易让消费者产生不值的感觉，从而取消购物行为。

3. 满返

满返是指"满××元元，返××元"，返的是价值××元的优惠券或其他购物机会。满返促销比满减、满赠的效果略差，因为消费者能享受到的利益需要二次消费才能使用，而二次消费的不确定性会造成消费者的犹豫心理，从而使购物行为受到影响。特别是一些设有消费额度的返利内容，如"满199元，返30元店铺优惠券"，但这30元店铺优惠券需要下次购物满300元才能使用，这种情况会直接打击消费者的购物热情，对商家来说就得不偿失了。因此，建议满返的内容要有吸引力，且尽量不设置实现条件。

6.1.3 打折

打折也是一种非常常见的促销手段，它可以限制商品在某个时间段内以较低折扣出售，从而在短时间内快速引爆流量，吸引消费者购买。在淘宝网店中，商家可以通过单品宝来进行打折、减钱、促销价等的优惠设置。其中减钱的操作对应上面介绍的满减活动，其操作方法与打折设置相同。下面以在单品宝中进行打折设置为例进行介绍，其具体操作如下。

步骤 01 登录淘宝网，在千牛卖家中心页面单击"店铺营销工具"超链接，在打开页面的"优惠促销"栏中单击"单品宝"超链接，如图6-6所示。

图6-6 单击"单品宝"超链接

步骤 02 在打开的活动页面中单击右上角的 [+新建活动] 按钮，如图6-7所示。

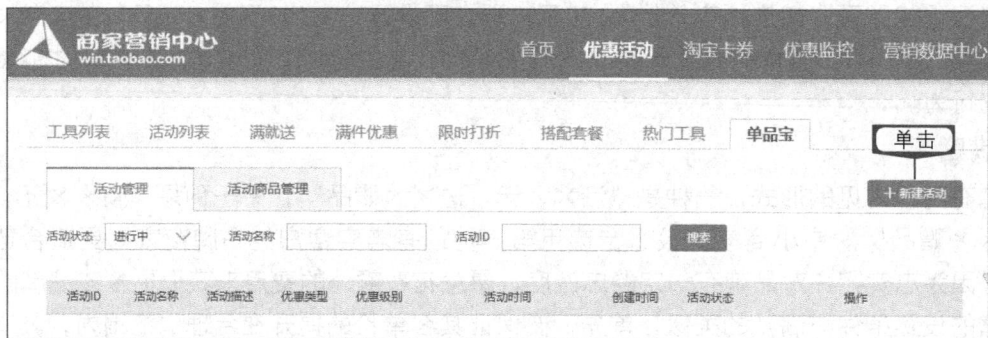

图6-7　创建单品宝活动

步骤 03 进入"活动设置"页面，在"基本信息"栏中设置"活动名称""开始时间""结束时间""优惠级别"和"优惠方式"等内容，完成设置后单击 [下一步] 按钮，如图6-8所示。

步骤 04 在打开的页面中，单击选中参与活动的商品对应的复选框，然后单击 [下一步] 按钮，如图6-9所示。

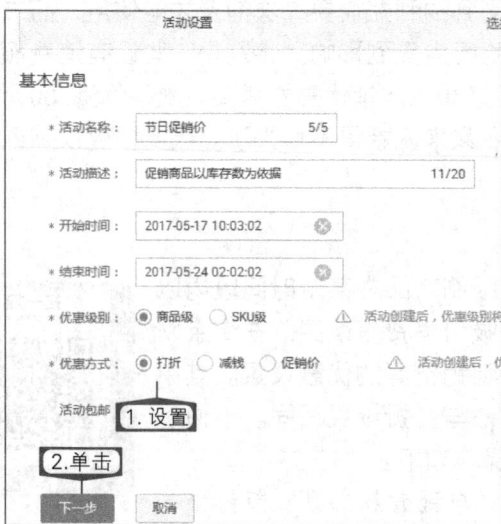

图6-8　输入基本信息

图6-9　选择参与活动的商品

经验之谈

商家在设置活动的优惠级别和优惠方式时，一定要慎重选择，因为一旦确认，活动成功创建后就无法进行修改了。

步骤 05 在打开的"设置商品优惠"页面中，单击参加活动商品所对应的"点击设置"超链接，如图6-10所示。

步骤 06 打开"宝贝打折设置"对话框，在其中输入折扣"8"后，最后单击 [确认] 按钮，如图6-11所示。

图6-10 设置商品优惠

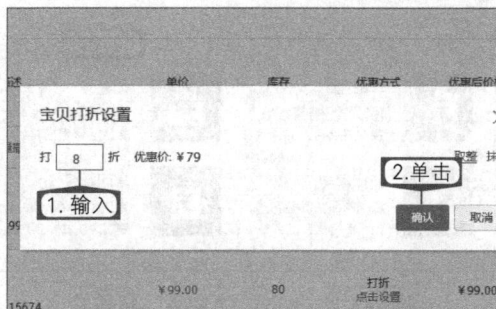

图6-11 宝贝打折设置

步骤 07 返回"设置商品优惠"页面，将另一个商品的折扣设置为"8.5"折，并取整，然后单击 保存 按钮，如图6-12所示。

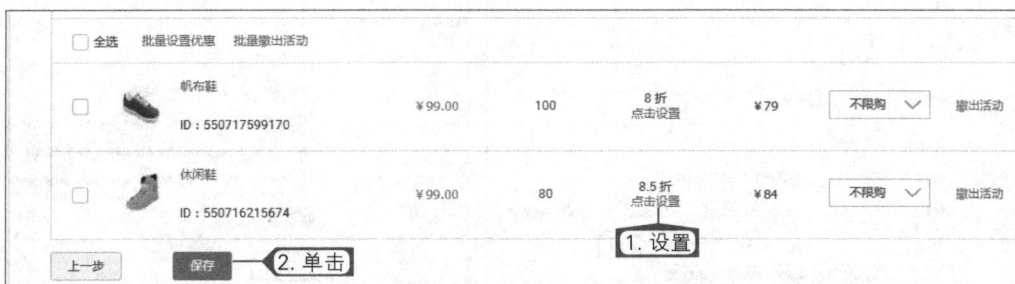

图6-12 设置其他商品折扣

步骤 08 返回"单品宝"选项卡，在"活动管理"页面中显示了新创建的活动信息。如果对设置的活动不满意，想要重新修改，可以单击"修改活动"超链接进行重新设置，如图6-13所示。

图6-13 显示新创建的活动信息

↘ 6.1.4 优惠券

优惠券是一种虚拟电子券。发放优惠券也是商家最常用的促销方式之一。淘宝网中的优惠券有两种形式，一种是店铺优惠券，另一种是商品优惠券。这两种优惠券的应用范围不同，但设置的基本操作方法是一样的。下面以创建店铺优惠券为例介绍其设置方法，其具体操作如下。

步骤 01 登录淘宝网，在千牛卖家中心页面单击"店铺营销工具"超链接，在打开页面的"优惠促销"栏中单击"优惠券"超链接，如图6-14所示。

步骤 02 在打开的页面中单击店铺优惠券对应的 立即创建 按钮，如图6-15所示。

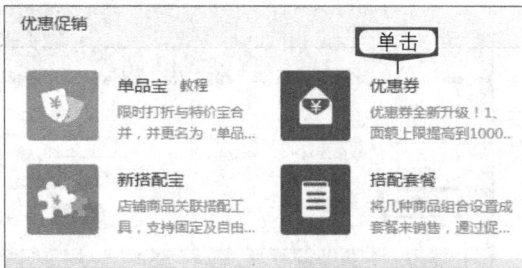

图6-14 单击"优惠券"超链接

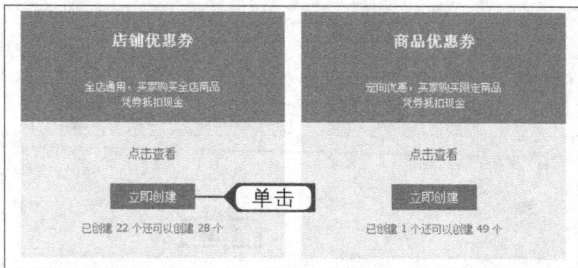

图6-15 创建店铺优惠券

步骤 03 在打开的"新建店铺优惠券"页面中分别设置基本信息和推广信息，然后单击 保存 按钮，如图6-16所示。

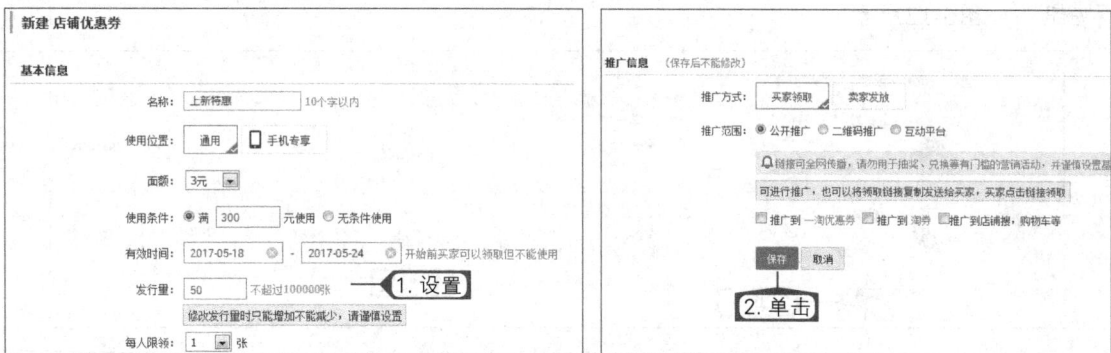

图6-16 设置优惠券的基本信息和推广信息

步骤 04 返回"淘宝卡券"选项卡，其中显示了新创建的店铺优惠券。创建后可以修改和删除卡券，也可以复制链接给消费者，如图6-17所示。

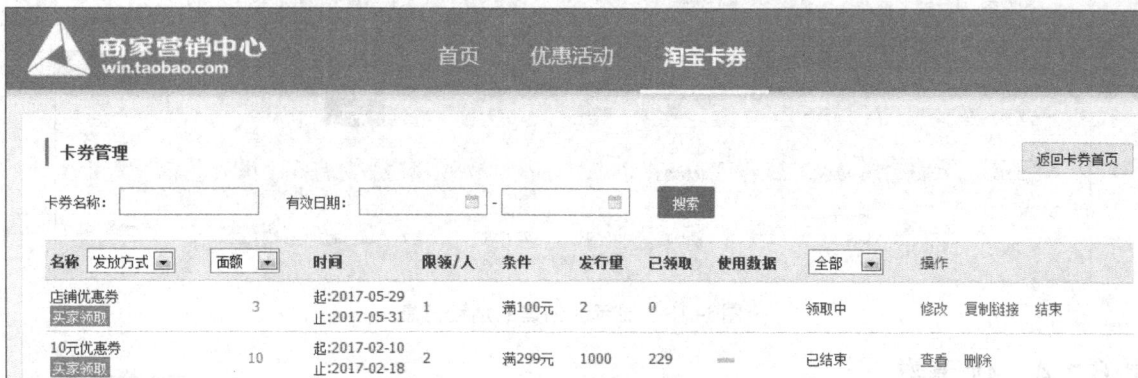

名称 发放方式	面额	时间	限领/人	条件	发行量	已领取	使用数据		操作
店铺优惠券 买家领取	3	起:2017-05-29 止:2017-05-31	1	满100元	2	0	领取中		修改 复制链接 结束
10元优惠券 买家领取	10	起:2017-02-10 止:2017-02-18	2	满299元	1000	229	已结束		查看 删除

图6-17 查看新创建的店铺优惠券

经验之谈

　　一个消费者最多只能拥有同一个店铺尚未消费抵用的5张店铺优惠券。同时，消费者的一笔订单仅限使用一张店铺优惠券；如果消费者产生多笔订单，且均符合使用要求，则可以分别使用。

6.2 淘宝必备推广工具

除了以上几种常见的促销推广方式外，实力较强、资金较为充裕的商家还可选择通过直通车、智钻和淘宝客等工具来进行推广。这3种工具是淘宝店铺营销推广中不可缺少的，同时也是引流与打造爆款不可缺少的工具，其推广形式更加直接，推广效果也更加明显。

↘ 6.2.1 直通车

淘宝直通车是为淘宝商家量身定制的推广方式。直通车按点击付费，可以精准推广商品，是淘宝网商家进行宣传与推广的主要手段之一。直通车推广不仅可以提高商品的曝光率，还能有效增加店铺的流量，吸引更多消费者。

1. 直通车展现方式

参加直通车推广的商品主要展示在以下两个位置。

- **关键词搜索结果页的展位：** 消费者搜索相应关键词时，在关键词搜索结果页中间、右侧以及底部的掌柜热卖区域将出现直通车商品。图6-18所示为搜索结果页底部的"掌柜热卖"栏，单击"更多热卖"超链接可进入直通车聚集页面。

图6-18　关键词搜索结果页底部的"掌柜热卖"栏

- **其他众多高流量、高关注度的展位：** 如PC端的阿里旺旺每日焦点掌柜热卖、我的淘宝首页（"猜我喜欢"）、我的淘宝（"已买到的宝贝"底部）、我的宝贝（收藏列表页底部）、我的淘宝（购物车底部），以及网易、新浪、搜狐、环球网、搜狐视频、爱奇艺和乐视网等大型媒体站的优质位置等。图6-19所示为"我的淘宝"底部"猜我喜欢"直通车的展示。

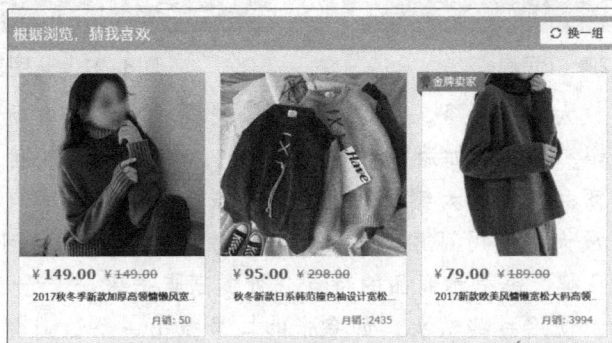

图6-19　"猜我喜欢"直通车的展示

📢 **经验之谈**

直通车的扣费公式为"单次点击扣费＝（下一名出价 × 下一名质量分）÷ 本人质量分 +0.01 元"。直通车的扣费最高额度为商家设置的关键词出价。当公式计算得出的金额大于出价时，将按照实际出价进行扣费。商家的质量分越高，需要付出的单次点击费用也就越少。因此，商家的质量分越高，不仅直通车排名会越靠前，所需要付出的推广费用也将越少。

2. 直通车引流的关键

直通车图能否快速打动消费者是直通车能否成功引流的关键，直通车图除了要求主体卖点简洁精确、构图合理和具有吸引力外，一般还可从以下5个方面着手。

- **分析消费者的心理需求**：为了确保主体卖点紧扣消费者诉求，在确定主体卖点时，就需要分析消费者的心理需求。消费者的心理需求包括求实心理、求美心理、求便心理、炫耀心理、从众心理、占有心理、崇权心理、爱占便宜心理和害怕后悔心理等。例如，消费者具有爱占便宜的心理，看到超低折扣后不考虑是否需要而产生购买，1元购、免费试用、秒杀和清仓等营销手段和鲜明的折扣信息往往会吸引大量此类消费者。图6-20所示为1元购商品。

- **分析图片的差异化**：根据投放位置对临近展位的直通车图进行分析，充分研究直通车图的特点，包括素材选择、色彩、构图和文案等，找出它们的共性，然后走差异化路线。图6-21所示即为以堆叠的方式展现"量大"的特征。

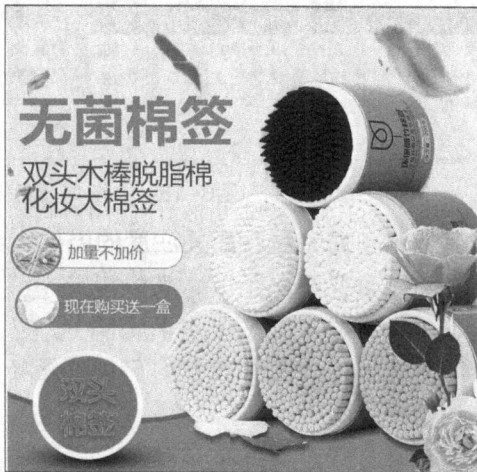

图6-20　1元购　　　　　　　　　图6-21　构图差异化

- **使用增值服务**：放大增值服务，如顺丰包邮、货到付款、终身质保、保修包换、上门安装以及赠送赠品等，可以增加消费者的购买兴趣，如"第2件半价送礼品"。

- **使用大众好评**：商品积攒的大销量和好评也会成为强有力的卖点。如果商家将文字好评的重点内容突出放大，利用可靠的论证数据和事实来，如"高回头率""4.99分超高评价""80年经典品牌"等揭示商品的特点，可提高点击率。

- **使用诱导的概念**：使用一些噱头，如夸张的口号喊出一个让消费者容易认可的卖点，可以增强商品图片的说服力。如矿泉水直通车中的"来自大山里的矿泉水"，核桃直通车中的"原生态、无漂洗、无添加"等。

3. 新建直通车标准推广计划

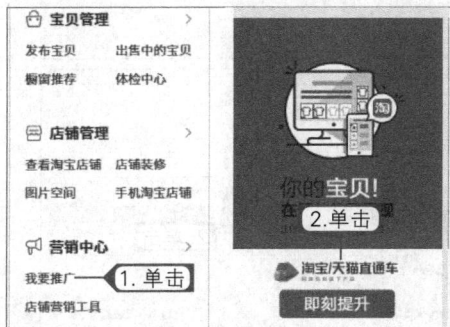

新建直通车标准推广计划主要包括3个环节:添加创意、买词出价和添加人群。下面介绍在淘宝网中制定直通车推广方案的方法,其具体操作如下。

步骤 01 登录淘宝网,进入千牛卖家中心,在"营销中心"栏中单击"我要推广"超链接,在打开的页面中选择"淘宝/天猫直通车"选项,如图6-22所示。

步骤 02 进入直通车推广页面,在"我的推广计划"栏中单击 新建推广计划 按钮,如图6-23所示。

图6-22 选择"淘宝/天猫直通车"选项

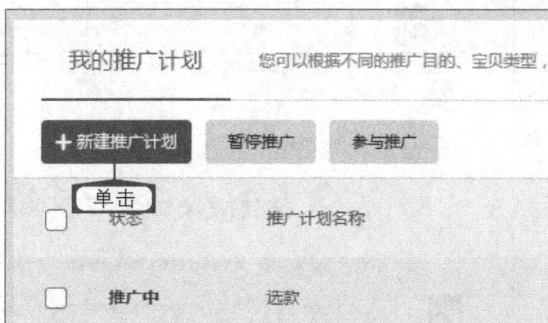

图6-23 新建推广计划

步骤 03 打开"新建标准推广计划"页面,在其中输入新建推广计划的名称,然后单击 提交 按钮,如图6-24所示。完成推广计划的新建后,单击"设置和管理标准推广计划"超链接,返回首页,查看新建的推广计划,如图6-25所示。

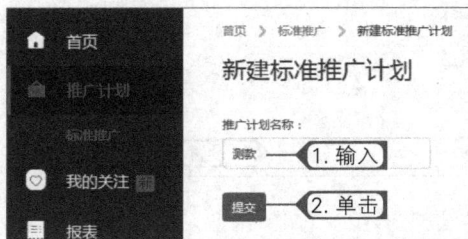

图6-24 输入新建推广计划的名称

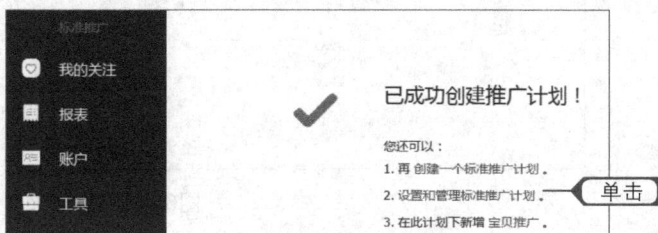

图6-25 查看新建的推广计划

步骤 04 在"新建推广计划"选项卡的"汇总"栏中单击"测款"超链接,为该推广计划添加推广宝贝并进行设置,如图6-26所示。

步骤 05 在打开的页面中单击 新建宝贝推广 按钮,新建推广宝贝计划,如图6-27所示。

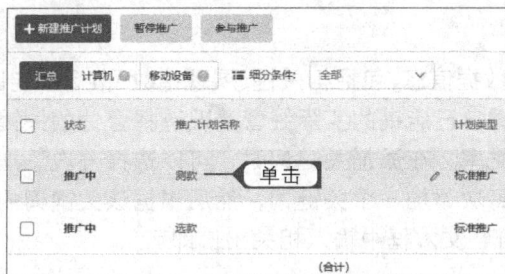

图6-26 单击"测款"超链接

图6-27 新建宝贝推广计划

步骤 06 打开"新建宝贝推广"页面，在"优选条件"栏中设置推广宝贝条件为"全部"，选择"自定义目标"选项，在"设置推广"栏中设置宝贝推广的方案、创意、标题和创意图片等，如图6-28所示。

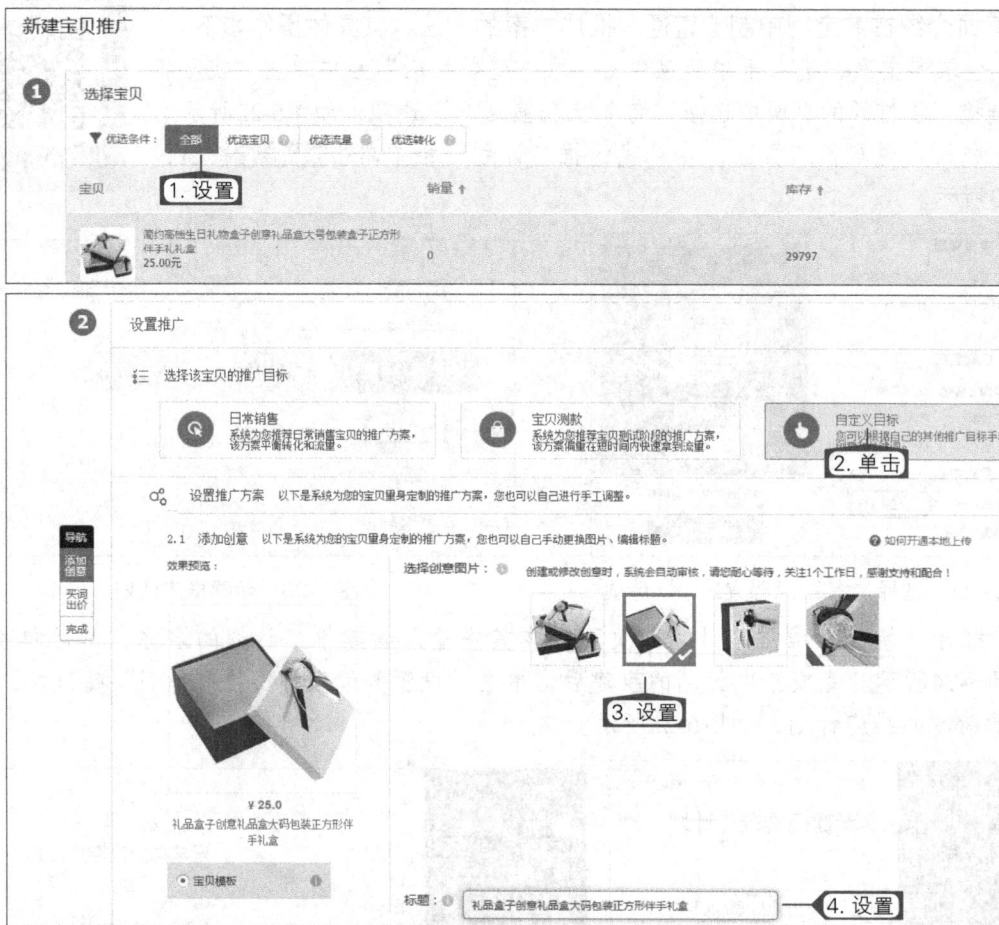

图6-28 自定义目标

步骤 07 在"买词及出价"栏中单击 ➕更多关键词 按钮，打开搜索和添加关键词页面，在右侧的关键词列表框中选择所需的关键词，将其添加到左侧列表框中。在"推荐理由"栏中单击"更多"按钮 ˅，可以添加更多的推荐词，也可以在"搜索关键词"文本框中输入相关关键词。添加完成后，单击 确定 按钮，如图6-29所示。

📢 **经验之谈**

　　商家选择关键词时，可以查看该关键词的数据信息，包括相关性、展现指数、市场平均出价、竞争指数、点击率和点击转化率等，商家应该根据自己店铺的实际经营情况选择合适的关键词，着重分析展现指数、竞争指数、点击率和点击转化率。在添加关键词时，可以选择一次添加多个关键词，也可以选择每次添加一个关键词。建议每次添加一个关键词，然后根据该关键词的竞争指数、市场平均出价进行出价，在"设置默认出价"文本框中输入相关出价即可。

图6-29 搜索相关关键词

步骤 08 返回"设置推广"页面，在"计算机出价"和"移动出价"栏中单击"编辑"按钮，可以更改关键词的出价。单击"匹配方案"栏中的 ∨ 按钮，可以更改关键词的匹配方式，如"广泛匹配"和"精确匹配"，如图6-30所示。

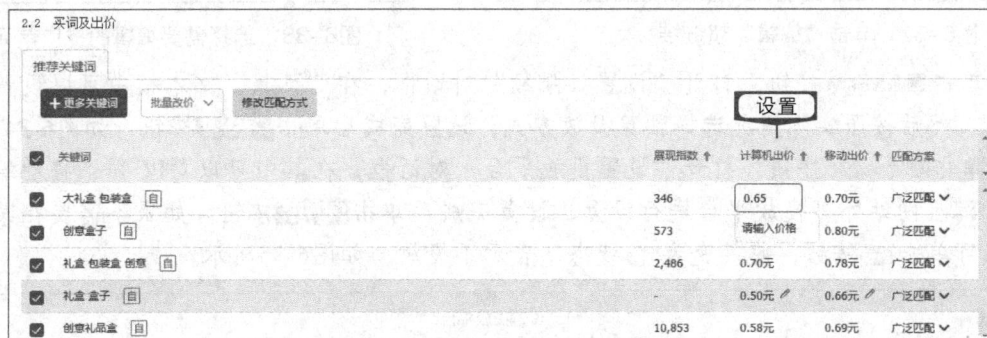

图6-30 编辑价格

步骤 09 在"添加精选人群"栏中设置精选人群，帮助商家更快聚焦流量，提升商品的转化率。设置完成后，单击页面下方的 完成推广 按钮，完成商品推广方案的设置，如图6-31所示。

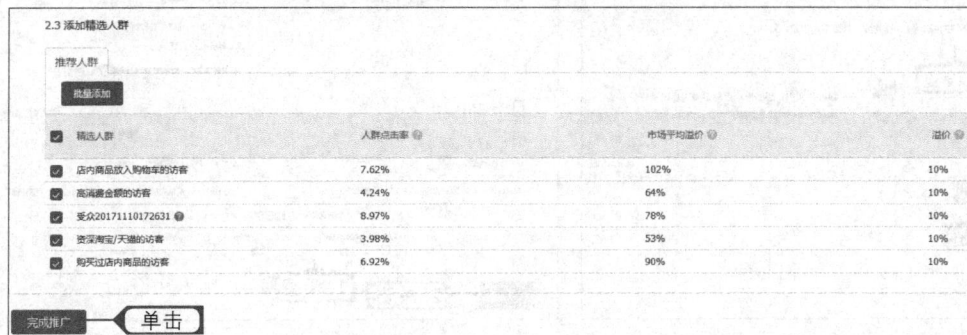

图6-31 设置推荐人群

4. 编辑直通车投放计划

在完成了直通车推广计划的创建后，根据商品的实际推广需要，商家还可以对推广的投放内容进行设置，如日限额、投放平台、投放时间和投放地域等。下面介绍编辑直通车投放计划的方法，其具体操作如下。

步骤 01 在直通车首页需要编辑的推广计划的"操作"栏中单击"编辑"超链接，如图6-32所示。

步骤 02 打开"新建宝贝推广"页面，在其中可以查看正在推广的单元。单击选中需要编辑的推广单元前的复选框，如图6-33所示。

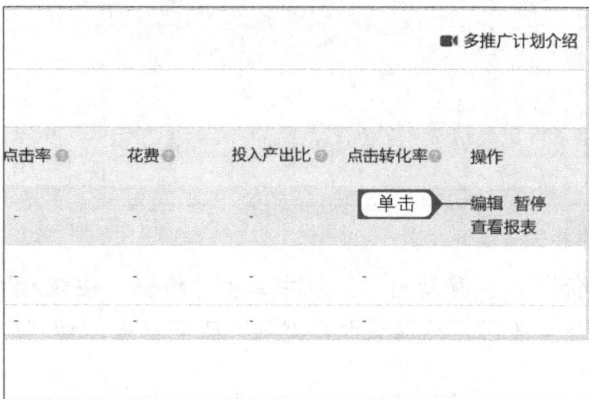

图6-32　单击"编辑"超链接

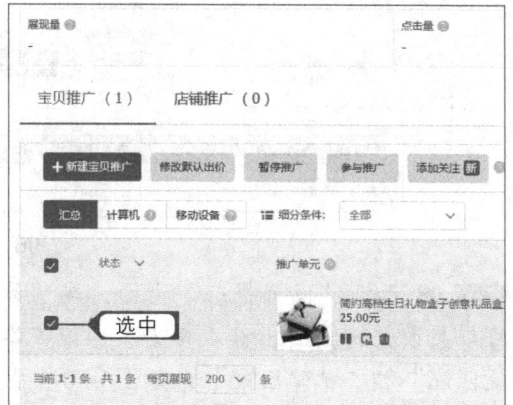

图6-33　选择需要编辑的推广单元

步骤 03 单击 设置日限额 按钮，打开"设置日限额"对话框，在"预算"文本框中可以设置每日的推广预算，然后按照实际情况选择预算投放方式，设置完成后单击 保存设置 按钮，如图6-34所示。

步骤 04 单击 设置投放平台 按钮，打开"设置投放平台"对话框，在其中可以对PC端、移动端、淘宝网站内和淘宝网站外等投放平台进行设置，设置完成后单击 保存设置 按钮。如果不需要在某平台进行投放，可单击 ● 按钮，使其变为 ⟩ 状态，表示不投放，如图6-35所示。

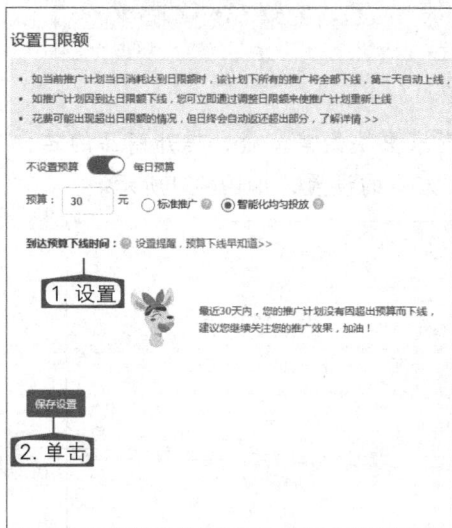

图6-34　设置日限额

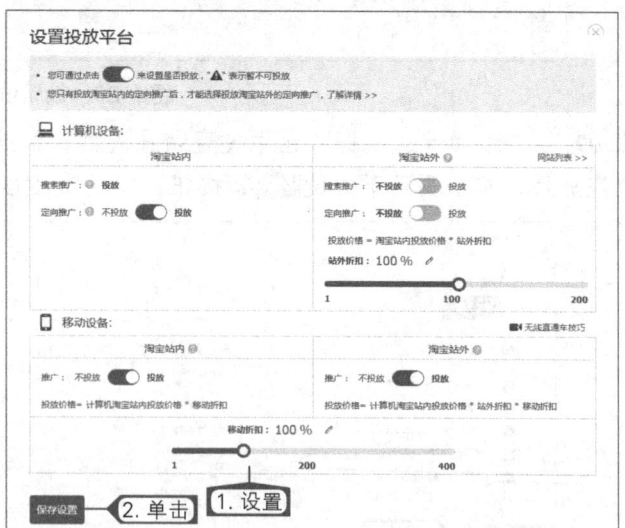

图6-35　设置投放平台

经验之谈

在"预算"栏中，"标准推广"是指系统根据商家的投放设置正常展现推广，如果预算不高的商家选择标准推广方式，可能出现当天预算提前用完从而后期缺乏展示的情况；"智能化均匀投放"是指系统根据流量变化和日限额度，在商家设置的投放时间内均匀展示推广，这种推广方式不会出现日限额提前用完的情况，比较适合预算不足的小商家。

步骤 05 单击 ① 设置投放时间 按钮，打开"设置投放时间"对话框，在其中设置直通车推广的投放时间，这里选择行业模板"饰品/流行首饰/时尚饰品新"，再设置行业在不同时段的折扣，如图6-36所示。设置完成后单击 保存设置 按钮。

步骤 06 单击 ② 设置投放地域 按钮，打开"设置投放地域"对话框，在其中可以设置投放地域。如果需要取消某个地区的投放，可取消选中该地区前的复选框。地域投放默认以省为单位进行显示，单击省份右侧的 ▼ 按钮，在打开的下拉列表中可设置市的投放，设置完成后单击 保存设置 按钮。

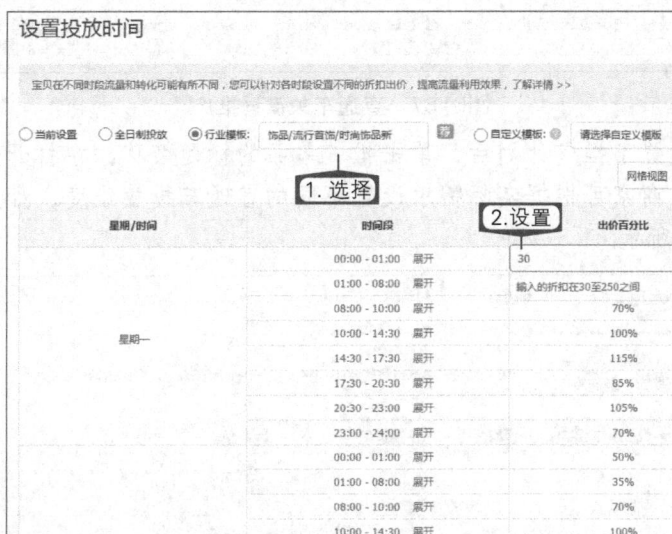

图6-36 设置投放时间

5. 直通车其他推广方式

除了采用默认的推广方式推广商品外，商家还可使用关键词推广和定向推广来实现更为精确的推广。

● **关键词推广**：设置了推广计划后，单击推广单品的标题名称，在打开的页面中选择"关键词推广"选项，可以查看关键词推广的相关数据，包括推广关键词、质量分、出价、排名、展现量、点击量、点击率和花费等。商家只需选择某个关键词，在上方的工具栏中单击相应的按钮即可进行修改匹配方式、添加关注、删除、复制和添加标签等操作，如图6-37所示。

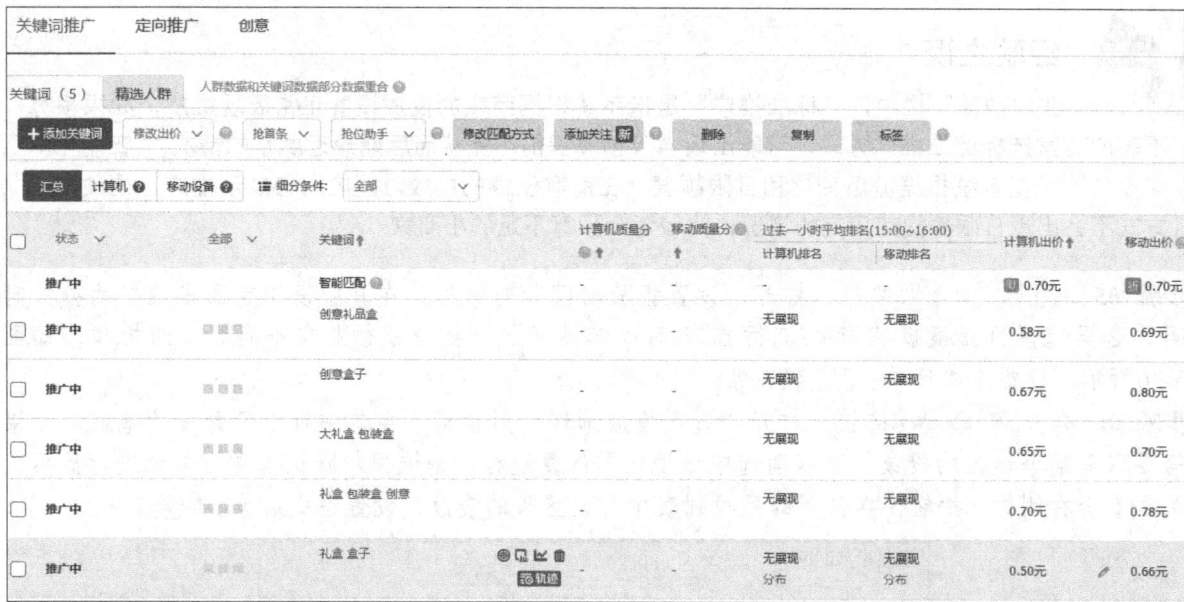

图6-37　直通车关键词推广

● **定向推广**：设置了推广计划后，单击推广单品的标题名称，在打开的页面中选择"定向推广"选项，商家可根据实际需求设置不同的直通车投放维度，如展示位置、投放人群等，如图6-38所示。

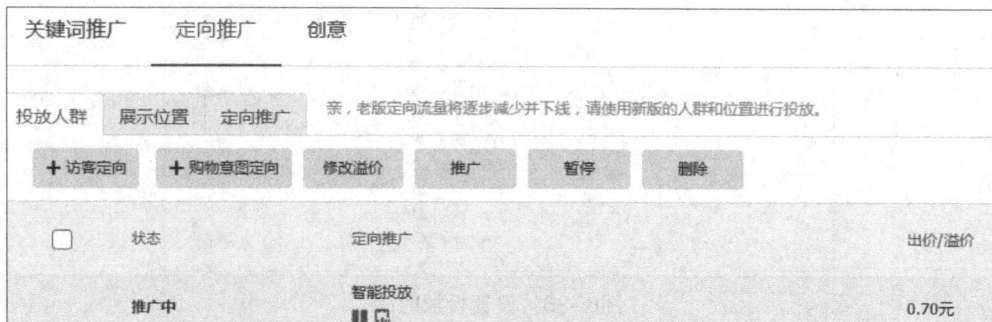

图6-38　定向推广的设置

6.2.2　智钻

智钻是淘宝网提供的一种营销工具，依靠阿里妈妈大数据平台对海量消费者的行为进行的大数据分析，可将某一消费者锁定为某种类型产品的潜在意向消费者，使商家可以通过智钻获取巨大流量。由于智钻的推广效果十分可观，因此比较受有一定实力的大商家的青睐。

1. 智钻的优势

智钻是通过投放智钻广告将广告展示给某部分消费者的一种定向推广方式。智钻推广与直通车推广不同，其面向的消费者的购物意向相对更低，但仍有很多优势。

● 智钻的投放位置非常多，包括淘宝网首页、天猫商城首页、移动端等站内资源位和各大视频、门户、社区网站等全网优质流量资源。图6-39所示为淘宝网首页的智钻展示位，该位置浏览的消费者多，流量大，是一个非常具有竞争价值的资源位。

图6-39　淘宝网首页的智钻展示位

● 智钻可以定向的人群更多，包括群体定向、访客定向、兴趣点定向等多种定向方式，能精确圈定目标客户，实现营销。

● 智钻拥有自身的数据分析与监控系统，方便商家全面监测数据，实时了解投放效果，对投放进行调整和控制。

● 智钻不仅适用于达成短期营销目标，也可作为实现长期营销目标的手段之一，从而使商家实现全面引流和提升品牌价值的目的。

经验之谈

　　智钻引流很适合对店铺活动进行造势。智钻引流具有预算庞大、占据位置多、持续时间短等特性，是一种爆发性的促销方式。使用智钻引流需要注意3点：一是素材要具有视觉冲击力；二是折扣要低；三是活动策划要环环相扣，这样就能引导消费者购买更多的商品。可见，智钻推广是通过在短时间内投放广告引入大量的流量，带来销售额，实现当期盈利的一种营销方式，但需要花费不少的广告费，因此商家需要通过精密的策划来实现促销行为。

2. 智钻竞价

　　智钻支持按展示付费（Cost Per Mille，CPM）和按点击付费（Cost Per Click，CPC）两种方式，每种方式的竞价原理和付费方式都不相同。其中，CPM指按照广告创意每1000次展现计费，即如果出价6元，广告被人看1000次收取6元，该方式按照竞价高低进行排名，价高者优先展现，出价最高的预算消耗完后，轮到下一位；CPC指广告创意按照用户点击次数计费。无论采用哪种竞价方式，商家都需要注意以下4点。

● **竞价需冷静**：找到适合自己店铺的广告投放位置后，商家需要计算自己能够承受的价位，若竞争该位置的人较多，能竞争到最好，如果超出预算则需查找是否有其他合适的位置。切忌为了一时冲动而不顾一切地出价抢广告位，这样商家即使得到了广告位，也可能不会为店铺带来更多的收益。

- **科学出价**：智钻与直通车不同，不是出价越高越好。直通车竞价是争抢商品排名，智钻只是获得优先投放的权利，即出价最高的广告先投放，然后是出价第二高的广告投放，至于广告展示多久与广告竞价高低无关，因此需要合理、科学地出价。
- **快速竞价**：每天整点前几分钟是竞价最激烈的时候，很多商家往往在前几秒进行出价或加价。因此，创建投放计划后，商家可利用创建快速竞价的功能迅速抢占位置。
- **选择投放时段**：购物高峰期的流量非常大，商家在做预算时可选择流量较大的时间段进行出价。

3. 创建营销目标与计划

智钻计划与直通车计划一样，需要商家根据情况进行创建和设置。智钻计划的创建过程主要包括选择营销目标、设置计划、设置单元和添加创意4个步骤，商家可按照智钻的操作向导依次进行操作。下面将介绍创建营销目标与计划的方法，其具体操作如下。

步骤 01 登录淘宝网，进入千牛卖家中心，在"营销中心"栏中单击"我要推广"超链接，打开淘宝推广页面，在其中选择"智钻"选项，在打开的页面中单击 进入钻展 按钮，进入智钻推广页面，如图6-40所示。

图6-40 进入智钻

步骤 02 在打开的页面中单击"计划"选项卡，再单击 + 新建推广计划 按钮，如图6-41所示。

图6-41 新建推广计划

步骤 03 打开"选择推广场景"页面，在页面中选择需要的营销目标，如"为店铺引流"，如图6-42所示。

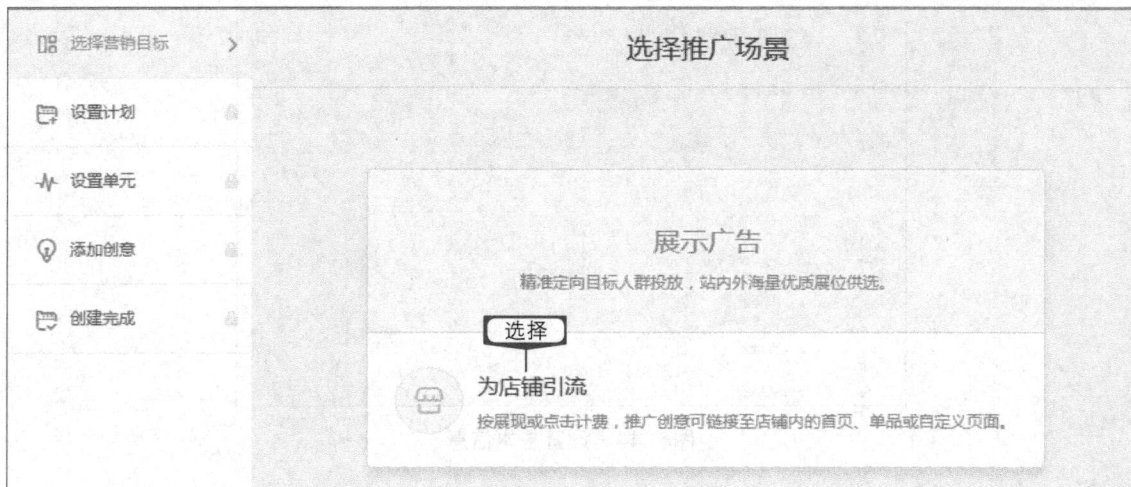

图6-42 选择营销目标

步骤 04 选择营销目标后将自动进入"设置计划"页面，在"设置营销参数"栏中可进行营销场景、生成方案的选择，如图6-43所示。

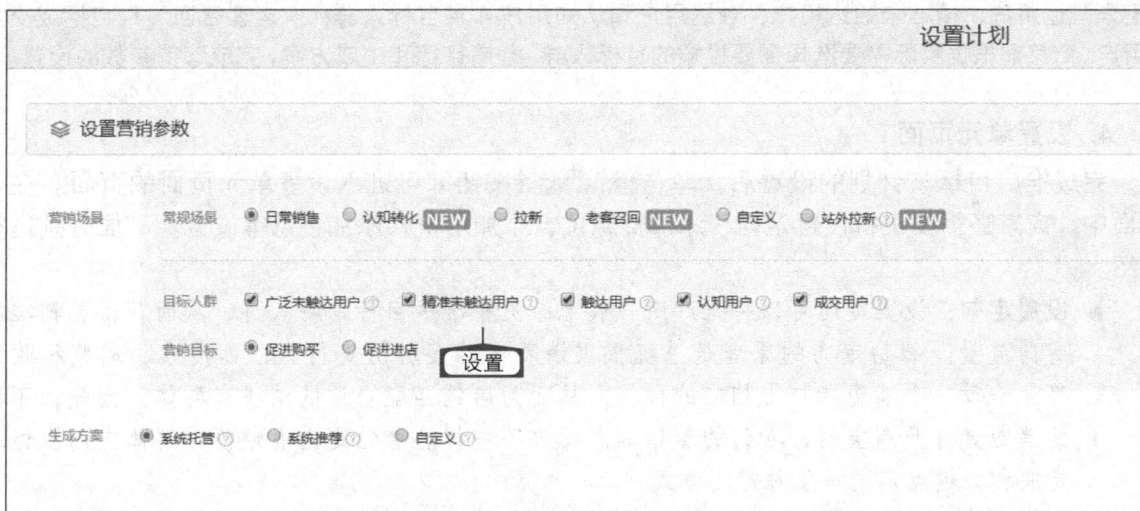

图6-43 设置营销参数

经验之谈

营销场景以广告主和消费者之间的关系模型为数据基础，将消费者分成广泛未触达用户、精准未触达用户、触达用户、认知用户和成交用户5种目标人群，并可按照不同的营销需求对需要的人群进行勾选投放，商家可以看到相应的效果数据反馈。

步骤 05 在"基本信息"栏中设置计划名称、付费方式、地域设置、时段设置、投放日期、投放方式、出价方式和每日预算等内容。图6-44所示为设置投放地域。

图6-44　设置基本信息

📢 **经验之谈**

　　选择的营销场景不同，目标人群的范围也不相同，如"日常营销""自定义"和"站外拉新"包括全部5种目标人群；"认知转化"包括触达用户和认知用户两种目标人群；"拉新"包括广泛未触达用户、精准未触达用户、触达用户和认知用户4种目标人群；"老客召回"只包括成交用户。商家需根据实际需要选择需要投放的目标人群、营销目标和生成方案，完成营销参数的设置。

4. 设置单元页面

　　完成推广目标与计划的设置后，单击 下一步，设置推广单元 按钮即可进入设置单元页面的页面。在该页面中，商家还需要进行设置定向、添加资源位、添加出价和添加创意等设置。下面分别进行介绍。

- **设置定向**：设置定向可以将推广广告展现给更精准的目标消费人群，从而获得更精准的定向流量。智钻定向的原理是系统根据消费者的多种历史行为，如搜索、浏览和收藏等，给每一个消费者打上相应的标签，从而为店铺匹配合适的消费者群体。因此，不同的消费者打开淘宝网，看到的智钻焦点图也不一样。智钻定向有通投、群体定向、访客定向和兴趣点定向等多种定向方式。

- **添加资源位**：完成定向的设置后，商家即可选择广告投放的资源位。智钻的资源位非常丰富，商家可按照网站行业、日均访问量、可裂变尺寸、资源位尺寸、创意类型和设备平台等来进行选择，如图6-45所示。

📢 **经验之谈**

　　资源位的选择非常重要，因为它关系着创意图片尺寸的大小与投放展现的效果。网站行业中的"网上购物"为淘宝网站内资源位，建议新手商家选择该类型的"网站行业"进行投放。选择好位置后，在下方即可看到资源位的详细信息，商家需要重点关注媒体、日均可竞流量、点击率和行业推荐指数等数据，建议选择流量大、点击率高的资源位。

- **添加出价**：出价一般参考每个资源位的建议出价即可。在投放过程中，商家可以按照获取流量的多少来调整。一般来说，出价低和流量少与出价高、流量多、预算花费太快这两种情况都需要适当进行调整。由于兴趣点定向流量相对较大，建议商家不要将系统推荐的所有兴趣点都添加，一般来说添加与所推广商家最相关的2个或3个兴趣点即可。

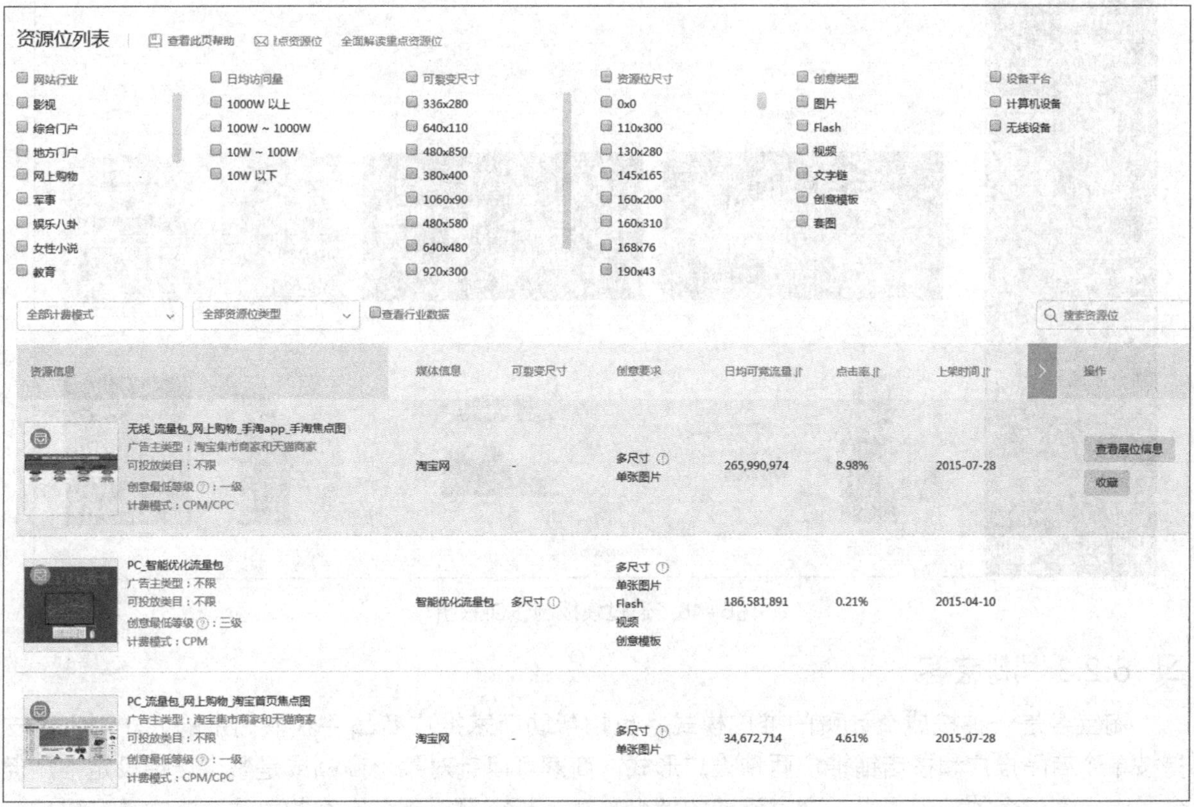

图6-45 资源位选择

- **添加创意**：创意是指通过图片制作软件设计出的放置在网页上的图片，以给访问者留下视觉印象，传达店铺理念、商品及品牌信息等。在添加创意之前，商家首先需要根据所选择的资源位的相应尺寸制作创意图片，不符合要求的创意图片即使审核通过，也无法投放到所选资源位。在智钻后台"创意模板"页面中选择左侧导航栏中的"创意快捷制作"选项，系统会自动为店铺推广的商品应用快捷模板，选择"创意模板库"选项，可查看和自己行业商品相关的模板，如图6-46所示。

图6-46　通过模板制作创意图

6.2.3　淘宝客

淘宝客是一种按成交计费的推广模式，也指帮助商家推广商品并获取佣金的人。淘宝客支持按单个商品推广和按店铺推广两种推广形式。商家可以针对某个商品或是整个店铺设定推广佣金。淘宝客佣金的范围很大，商家设置的佣金越高，越容易得到淘宝客的关注。当交易完成后，系统会根据佣金设置情况从交易额中扣除佣金给淘宝客。

1. 淘宝客的推广优势

淘宝客具有信用好、消费者信任度较高等特点，因此备受淘宝商家的青睐。淘宝客推广具有以下5个方面的优点。

● 展示、点击与推广免费，只在成交后收取佣金，能随时调整佣金比例，商家可灵活控制支出成本。
● 拥有互联网上更多的流量，有更多人群帮助进行推广售卖，可以吸引更多的消费者。
● 数百万活跃推广者深入互联网各个领域，让推广更加精准。
● 投资回报较高，淘宝客推广的平均投资回报约为1:15。
● 成交计费的方式使店铺拥有更多被免费推荐的机会。

2. 淘宝客、消费者和商家的关系

商家可以自主寻找淘宝客帮助推广，也可以加入淘宝客推广，由淘宝客自己选择合作对象。商家在寻找淘宝客时，淘宝客也会对商家的商品进行评估，并对商品进行挑选，这也是一个双向选择的过程。淘宝联盟是一个淘宝客挑选推广对象的站点，大部分淘宝客都会登录淘宝联盟网站。进入淘宝联盟后，淘宝客会根据关键词或类目搜索商品，大部分人会按照30天推广量进行排序。由于很多淘宝客并非该领域专业的销售人员，对推广商品的筛选也不熟悉，选择商品时便有从众的心理，通常会选择推广量高或佣金支出额大的商品，因此排在前面的商品被推广的概率比

其他商品大。

商家加入淘宝客推广，对推广的商品设置佣金，淘宝客便可在阿里妈妈淘宝联盟平台找到该商品。淘宝客找到商品后，便可将普通的图片商品生成链接，使用自己的方式进行推广，如微博、微信、论坛和社区等，有技术的淘宝客还可自行制作导购型的网址，将商品代码导入网站。当消费者点击链接进入店铺购买商品并确认收货后，商家将会支付淘宝客佣金，但佣金是先支付到对应淘宝客的阿里妈妈账号，阿里妈妈平台会在每月20日给淘宝客进行佣金结算，然后淘宝客才可进行提现。

3. 淘宝客推广计划

为了满足不同类型店铺的需求，淘宝客提供了多种推广方式，如营销计划、定向计划、淘宝客活动、如意投和阿里妈妈推广券等，如图6-47所示。商家可根据实际需求设置推广计划。

图6-47　淘宝客推广计划类型

- **营销计划**：营销计划是商家在淘宝联盟后台进行单品推广的新计划。该计划将支持推广单品管理、优惠券设置管理、佣金管理、营销库存管理和推广时限管理等商家推广所需的基本功能，并可支持查看实时数据及各项数据报表。这可让淘宝客便捷地获取链接推广，获得更多流量，了解商品实时推广效果，淘宝客将优先推广加入营销计划的商品。
- **定向计划**：定向计划是商家为淘宝客中某一个细分群体设置的推广计划，是一种自选淘宝客的计划，可以自动或手动筛选通过申请的淘宝客，佣金设置最高达70%。定向计划的流量相对较低，但精准度和转化率相对较高，可以让商家获取较大的有效流量。在淘宝客首页单击 ＋新建定向计划 按钮，即可创建定向计划。定向计划最多可添加10个，其设置流程包括设置活动标题、设置计划类型和审核方式、设置计划时间、设置类目佣金和设置计划描述。在设置活动标题时，商家可以直接将佣金加入标题中，以吸引更多优质淘宝客的关注。在设置审核方式时，商家可选择淘宝客的等级，如果佣金较低，可选择自动审核。如果佣金较高，可手动审核。对于手动审核的计划，商家可在"计划详情"的"淘宝客管理"中进行查看和审核，同时还可查看淘宝客近期的推广情况。在设置完计划的整体佣金后，商家也可设置单品佣金，其设置方法与通用计划类似。
- **淘宝客活动**：在淘宝客首页左侧选择"淘宝客活动广场"选项，即可进入淘宝客活动广场，商家可选择适合的活动进行报名。在淘宝客活动广场中，每个活动的要求都不一样，只有符合活动要求的商家才可进行报名。淘宝客活动广场具有官方优选淘客资源、报名简单、效果数据可查询和可长期稳定报名等优点，佣金比例一般较高，适合推广高利润的畅销产品。
- **如意投**：进入淘宝客首页之后，在"如意投"选项的"操作"栏中单击"查看"超链接，即可对如意投计划进行设置。如意投是系统根据商家的如意投设置将商品展现给站外消费者的一种推广方式，按成交计费，商家推广风险较低。参加如意投的商品，系统会根据综合评分进行排名，由阿里妈妈平台为商家寻找淘宝客进行推广，而不需商家自己寻找。如意投具有系统智能、精准投放、管理省心、渠道互补和流量可控等优点，主要展示位置包括中小网站的站外橱窗推广位和爱淘宝搜索页面。

- **阿里妈妈推广券**：阿里妈妈推广券是阿里妈妈官方唯一指定的淘宝客推广券（即优惠券），可支持淘宝客通过"优惠券+商品"的模式进行推广，有利于在站外推广中引入新购买人群，提高单品转化率。

4. 淘宝客佣金设置技巧

根据所选商品的不同，商家所设置的淘宝客佣金也有所不同。设置佣金时，商家可参考同类商品的竞争情况，淘宝客佣金设置的基本范围为5%~50%，商家可以在这个范围内任意调整。

- **分阶段设置佣金**：在推广初期，刚上架不久的商品有一定的基础销量与好评，能作为吸引淘宝客的主推商品，在定制佣金比例时，可考虑最大限度地让利淘宝客，以获得更多的推广，此时应适当提高佣金回报淘宝客，比如50%的佣金；在推广中期，随着销量的逐渐上升，此时商品有较大的市场占有率，商家可适当降低佣金比例，逐步实现利润；在推广后期，当市场销量比较稳定后，该商品推广的佣金也要稳定下来，不要轻易进行更改，以免流失淘宝客。
- **按客单价设置佣金**：低客单价商品与高客单价商品所参加的淘宝客推广方案是有所不同的，商家可以根据客单价设置淘宝客佣金。若商品单价较低，可以参加开心赚宝、卷皮网等第三方的淘宝客活动，这些淘宝客活动具有流量大、佣金低的特点，佣金一般为10%左右。相对于低客单价的商品，高客单价的商品需加大推广力度，其中获取精确的流量是关键，此时可尝试找商品相关的一些垂直媒体或者找达人做线下分享。如家居类店铺，商家可以找一些家居类的网站投放广告，或者找专门分享家居商品的淘宝客。此类淘宝客的流量定位精准、佣金较高，最高可设置到50%。
- **额外奖励**：淘宝客在挑选商品时往往会较多地关注佣金比例。相同的推广成本，佣金越高，收益当然越好。对于一些优质的淘宝客来说，商家除了提供高佣金给淘宝客之外，往往还要对其设置额外奖励，如成交10笔额外奖励5元等，以保持淘宝客和店铺之间的黏性，提高淘宝客的忠诚度，从而长久地维持合作关系，同时激励淘宝客之间的良性竞争，激发淘宝客的积极性。

6.3 淘宝活动推广

网上创业的市场竞争激烈，商家要想靠单一的方法来达到一劳永逸的效果是不可能的。只有熟知各种店铺的营销推广方法并进行合理搭配，才能维持店铺的正常运转，使店铺在众多竞争者中脱颖而出。在淘宝平台中，商家还可以通过活动推广来进行商品的营销推广，其中聚划算、淘金币和天天特价等都是常见的活动方式。下面分别进行介绍。

6.3.1 聚划算

聚划算是淘系规模中爆发力最强的营销平台，汇聚了数量庞大的用户流量，具有非常可观的营销效果。商家通过参加该活动，可以打造超过店铺日销量数倍的营销数据，获得更大的收益。淘宝商家必须熟知聚划算的各项知识，做好参加聚划算的准备。

1. 聚划算的参聚类型

聚划算主要包括商品团、品牌团、聚名品、聚新品和竞拍团5种类型。下面对这5种类型分别进行介绍。

（1）商品团

商品团是一种限时特惠的体验式营销模式，具有坑位数多、参聚概率相对较大、主团展示和流量稳定的特点，是最佳的爆款营销渠道和用户获取成本最低的方式之一，可以帮助商家快速规模化地获取新消费者。商品团的报名流程主要包括选择活动、选择商品、选择坑位、填写商品报名、商品审核、费用冻结和上团前准备7个阶段，如图6-48所示。

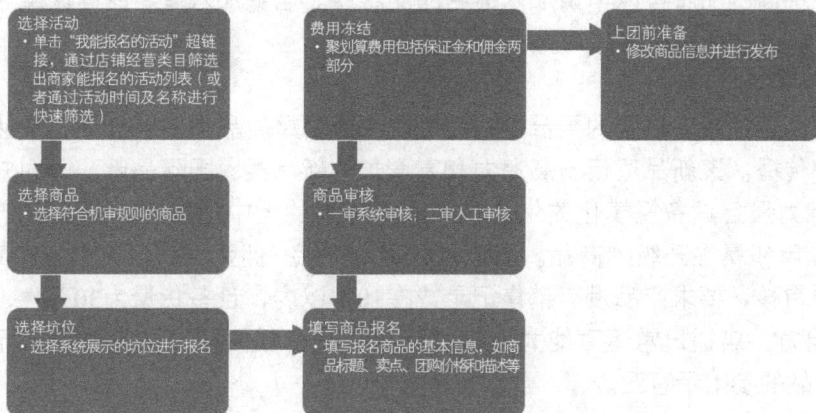

图6-48　商品团报名流程

经验之谈

聚划算商品团分为竞拍模式和佣金模式，展现位置均在商品团位置，但竞拍模式是以竞拍方式获得排期资格，是否得到坑位由商家自由竞拍决定，且取得坑位后排期不会被更换。参与竞拍的商家只能在有效出价时间内进行出价，竞拍结束后，按照出价高低和出价时间确定入围商家。竞拍模式的优点是自由竞拍，商家拥有更大的主动权和决定权。所以对于竞拍团来说，操作的重点不是报名，而是竞拍坑位。

（2）品牌团

品牌团是一种基于品牌限时折扣的营销模式。通过品牌团规模化出货，商家可以快速抢占市场份额，提升品牌影响力。品牌团的报名流程主要包括品牌报名、商品报名和上团准备3个阶段。

- **品牌报名：** 品牌报名包括商家报名、商家审核和素材提交3个流程。商家需要在每月的4—12日选取对应类目的品牌团报名入口进行报名，并在其中填写品牌名称、期望上团日期和报名类目等信息；商家审核的时间为每月13—15日，由系统根据商家分值进行排序，择优录取。审核内容主要包括日均店铺成交额、店铺3项DSR评分、历史参聚表现和旺旺响应速度等；素材提交主要包括品牌营销Logo、品牌营销Banner、品牌入口、流量入口图、无线Banner、新版品牌入口、品牌主题、品牌故事介绍（PC端）和品牌故事介绍（无线端）等内容。
- **商品报名：** 品牌团商品报名与商品团报名步骤一致，商品审核与商品团二审类似。若商品审核不通过，商家可在商品审核时间截止前重新补报商品。在品牌团进行商品报名时，建议参团商品数为6~80款。

● **上团准备**：品牌团上团准备工作与商品团一致。

（3）聚名品

聚名品是一种精准定位"中高端消费人群"的营销模式，以"轻奢、超in潮流、快时尚"为核心定位，聚集高端品牌，佣金收费方式较灵活，具有单品团、品牌团多种玩法。聚名品的招商对象为符合聚名品规则要求的天猫旗舰店、旗舰店授权专营店、天猫国际旗舰店、全球购（需认证）和淘宝集市店铺，适合参与聚名品的主要类目包括男装、女装、男鞋、女鞋、运动、户外、母婴童装、美妆、箱包、服装配饰、眼镜和家居等。

符合聚名品招商的品牌可以申请加入聚名品品牌库。店铺加入聚名品商家库后即可选择"聚名品"频道类型，选择所有聚名品可报名的活动。

（4）聚新品

聚新品是新品营销效率最高的平台之一，可以快速引爆新品类及新商品，快速积累新用户，形成良好的口碑传播。聚新品适用于高潜力和高增长的新品类、国际品牌、国内知名品牌和知名淘品牌，营销能力强且具备规模化的供应链和服务能力的大中型商家，以及创新设计、创意概念、创新技术应用和属性升级的商品。聚新品采用"保底+佣金+封顶"的收费模式，每月两次集中报名、集中审核，要求商品没有销售记录或在10件以内，且备货量为30万件、40万件，淘宝会根据品牌影响力、店铺日常运营能力、投放计划、销售预估和价格优势等指标进行选择。图6-49所示为聚新品的参团示意图。

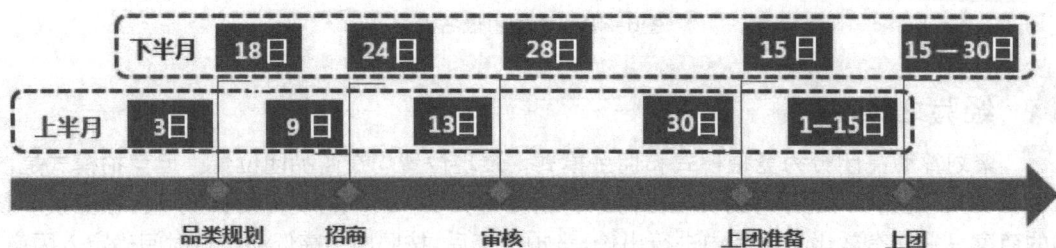

图6-49　聚新品的参团示意图

（5）竞拍团

竞拍团是一种适合中小商家快速参聚的营销模式，它通过市场化的竞价方式增加中小商家的参聚机会。参加竞拍团的商家需要通过聚划算首页进入竞拍报名阶段，找到竞拍坑位入口，然后选择店铺优秀款提交商品，进入提交商品的流程，并填写商品价格和数量。审核通过后，商品即为待排期状态，商家可进入竞拍大厅参与竞拍，对商品进行出价。竞拍成功后，商家可以在保证金页面或者商品管理页面支付保证金。

2. 聚划算的竞品准备

聚划算作为淘宝网的优质团购平台，对参选商品的甄选十分严格，因此商家在报名聚划算相关活动时，必须提前做好选品准备。下面将从多个方面来分析，帮助商家选择适合的商品参加竞争，提高参报成功的概率。

（1）适合参选活动的商品分析

商品价格、属性、流行趋势、转化和货源等都是参选商品应该考虑的要素。一般来说，检测商品是否符合参选条件，可以通过数据分析工具进行分析，如使用生意参谋先分析行业情况，再分析自己店铺的商品情况。

- **价格**：价格分析通常包括两个方面：一个是价格选择，一个是价格利润空间。价格选择需要分析当前类目下同类商品的主要成交价格和平均价格。比如女装T恤类目下，成交量最高的价格区间是50~100元，平均价格为65.7元，这个数据就表示50~100元区间的T恤价格销量更好，而平均价格低于65.7元的T恤更容易成功报上活动，也就是说报名活动的价格要低于行业均值。价格利润空间是指价格在满足低于行业均值的前提下，商品是否还具有利润空间。商家报名活动不仅是为了提高转化率和销量，也为了提高销售额。

- **商品属性**：分析商品属性实际上就是为了分析商品是否热销。依然以女装T恤为例，通过数据分析工具分析T恤在什么属性的成交量高，如材质、风格、版型、元素、领型和款式、面料和颜色、衣长和袖长等。与热销元素符合度越高的商品，消费者接受度就越高。

- **流行趋势**：如果当前时段某商品呈现某种流行趋势，则具备该趋势的商品会更容易被消费者所接受。比如美妆类目，一度十分流行泡沫洁面、气垫CC，那么该类型的商品就更容易被消费者接受。

- **转化率**：转化率是影响消费者购买的重要因素，有1人购买的商品和有100人购买的商品，后者更容易得到消费者的信任。也就是说，选择转化率较高的优势商品作为活动商品，更容易带动销量。

- **货源和客服**：充足的货源准备和客服准备都是引爆销量的必备条件，否则有消费者上门，但商品缺货或者客服反应不及时，都会直接造成消费者的流失。

（2）在店铺中选择适合参选的商品

为了保证销量，参选活动的商品一般选择店内的热卖商品、优势商品，同时还要满足应季、款式好、有利润和有足够库存等条件。如果从数据的角度分析，也就是商家应选择支付转化率高、点击率高和商品货源有保障的商品。

- **支付转化率**：支付转化率越高的商品，表示消费者下单的概率越大。活动商品通常应选择支付转化率高于行业均值的商品。

- **点击率**：选择点击率高的商品，是为了在活动中获得更多的流量。参与活动的商品，活动时间和活动流量有限，尽可能增加流量才能实现收益最大化。

- **商品货源有保障**：货源是活动商品必须要考虑的因素。一般来说，活动商品在货源选择上需要具备尺码标准、颜色符合商家喜好和质量好等特点。标准的尺码可以缓解客服压力，避免消费者咨询太多、客服回复不及时造成的消费者流失。颜色的选择一定要符合商品属性分析出的数据，即商品颜色应该是成交量最高的颜色或包含成交量最高的颜色。质量是活动商品需要重点注意的问题，商家参报活动的目的并不只是冲销量、提高销售额，还包括消费者的积累，质量好的商品不仅不会造成太大的售后压力，还能为店铺带来更多的回头客。

（3）活动商品备货

商家一定要保证参加活动的商品库存稳定。库存不稳定的商品将为店铺带来很多不利的影响，比如库存不足或发货时间无法保证，活动平台将根据规定取消商家的活动参与资格，并限制商家下次参报该活动的时间。此外，发货时间延误不仅要求商家对消费者做出相应赔偿，还会对店铺权重产生影响；如果活动商品缺货、缺码，会给消费者带来糟糕的购物体验，同时也不利于店铺营销活动的开展。因此，为了保证活动期间商品发货井然有序，商家需提前做好发货准备，这包括清点入库和质检打包两个方面。

- **清点入库**：清点入库主要是指清点商品的尺码和颜色，包括共准备多少件、各有多少件等，做到有备无患。
- **质检打包**：提前做好商品的质检和打包可以避免很多售后问题，节省发货时间，提高物流质量。其中在做商品打包时，商家可以分开设置不同的商品尺码和颜色，方便直接发货，这样即使发货量大，也能做到有条不紊。

3. 报名参加聚划算

做好充分的准备后，商家即可进入淘宝网聚划算官方网站报名聚划算活动，其具体操作如下。

步骤 01 登录淘宝网，在淘宝网首页的标签栏中单击"聚划算"超链接，进入聚划算平台，如图6-50所示。

步骤 02 单击右上角的"商户中心"超链接，如图6-51所示。

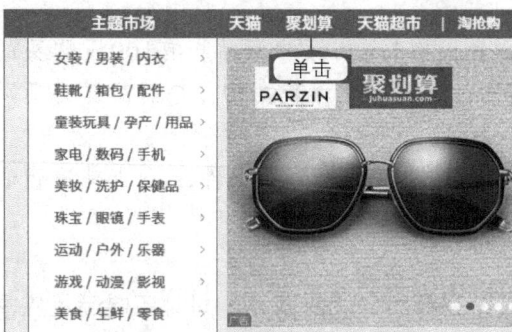

图6-50 进入聚划算平台

图6-51 单击"商户中心"超链接

步骤 03 跳转到商户中心首页，查看相关规则与招商公告等信息，单击"商户帮助中心"超链接可查看参加聚划算的条件、费用等信息，然后单击 我要报名 按钮，如图6-52所示。

图6-52 报名聚划算

步骤 04 在打开的页面中可查看聚划算的各种活动，对主营类目、频道类型和活动时间等进行选择后，聚划算会根据店铺的资质自动判别商家是否可以参加对应的活动，若不符合活动报名资质，将在页面右下角给予提示，如图6-53所示。

图6-53　查看聚划算的各种活动

步骤 05 单击对应活动中的"查看详情"超链接，在打开的页面中可查看活动介绍、收费方案、保证金规则、报名要求和坑位规则等信息。图6-54所示为单击"2018年聚划算年货节聚名品主题团报名入口"活动后的"查看详情"超链接所打开的页面，其中有对活动和费用、坑位规划和报名要求等的介绍。

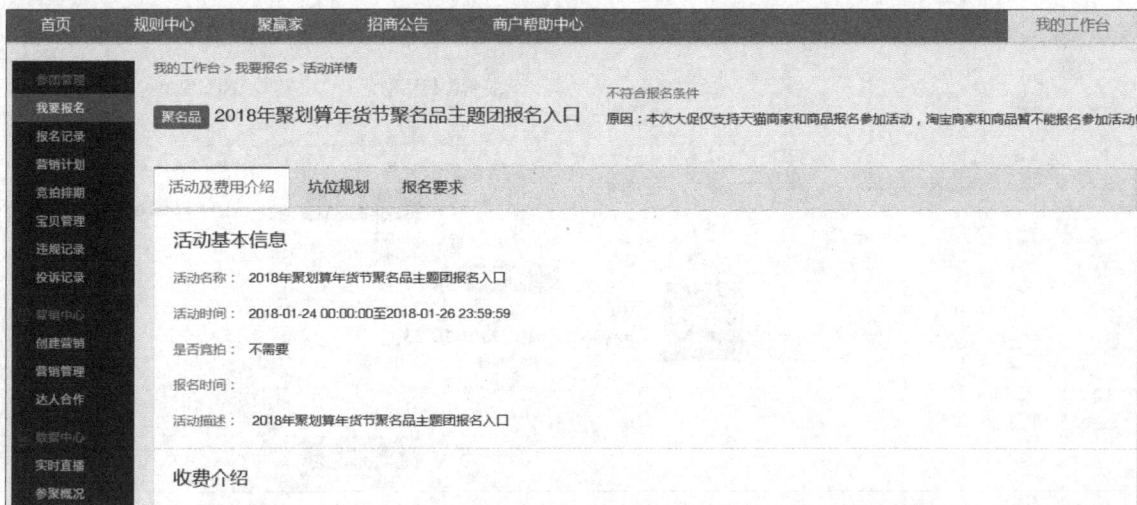

图6-54　"2018年聚划算年货节聚名品主题团报名入口"活动详情

步骤 06 若店铺符合报名条件，可直接在右上角单击 立即报名 按钮，在打开的页面中阅读协议，单击选中"本人已阅读并同意"复选框，单击"提交"按钮。

步骤 07 在打开的页面中将根据提示签署支付宝代扣协议，刷新页面，根据提示完成提交报名信息、等待审核、止付费用和提交商品（素材）等流程后就完成了报名，通过审核后即可发布商品参加报名的聚划算活动，如图6-55所示。

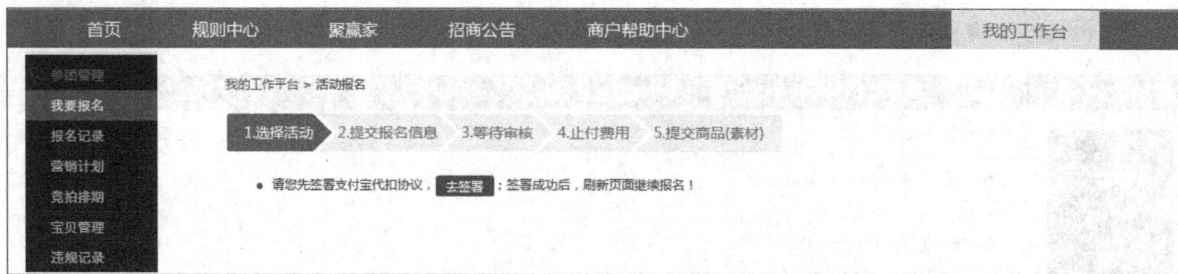

图6-55　根据提示提交报名信息、等待审核、止付费用和提交商品（素材）

↘ 6.3.2　天天特价

天天特价是淘宝网为集市店铺中小商家打造的扶持平台，用于扶持有特色货品、独立货源和有一定经营潜力的中小商家，为他们提供流量和营销等方面的支持。天天特价频道目前有类目活动、10元包邮和主题活动3大块。其中10元包邮为特色栏目，类目活动为日常招商，该频道中每周还会有不同的主题活动。天天特价类目活动只展示在类目详情页面中，并随机展示到首页。

淘宝商家参与天天特价活动的方法为：在千牛卖家中心中选择"天天特价"选项，打开"天天特价"页面，单击 我要报名 按钮，在打开的页面中选择报名日期和活动，如图6-56所示，然后单击 立即报名 按钮，在打开的页面中填写相关信息即可。

图6-56　报名天天特价活动

报名完成后等待淘宝网审核。活动开始前2~4天，系统会发送消息通知商家审核结果。审核通过后，商家需根据活动要求在正式活动开始前两天的15点前，对活动商品进行相关设置，包括完善商品的库存信息、恢复商品原价、取消其他平台的促销价格、对需要参加活动的商品图片进行必要的美化、设置商品全国包邮和保持商品在线状态等。

📢 **经验之谈**

参加"天天特价"的商品需在标题前添加"天天特价"，在活动前两天的 15 点后将锁定商品。商品锁定后，商家不得修改标题、主图、价格、库存及包邮信息，活动期间如果商品是未售罄就下架的，系统会自动屏蔽展示直到恢复上架，活动期间（包括预热）若使用其他优惠工具打折，价格不得低于"天天特价"活动价格。

↘ 6.3.3 淘金币

淘金币是淘宝网中的一种虚拟积分，是淘宝网用户的激励系统和通用积分系统。淘宝网平台向活跃的高质量用户奖励金币，用户在提供抵扣的商品交易中使用金币获得折扣，商家在交易中赚取金币，并通过花金币来获得平台流量，提升店铺用户黏性。

淘宝网商家通过淘金币活动，可以获得更多优质客户、稳定流量和超高转化，同时淘金币活动不需要投入成本，不限类目，所有商家都可参与，是淘宝网官方非常热门的一种推广方式。首次参加淘金币活动的商家需要先申请开通淘金币账户，其具体操作如下。

步骤 01 在淘宝网千牛卖家中心页面单击"店铺营销工具"超链接，在打开的页面的"优惠促销"栏中单击"淘金币抵扣"超链接，如图6-57所示。

图6-57 单击"淘金币抵扣"超链接

步骤 02 在打开的页面中将提示卖家还未开通淘金币，单击 立即申请淘金币账户 按钮，如图6-58所示。

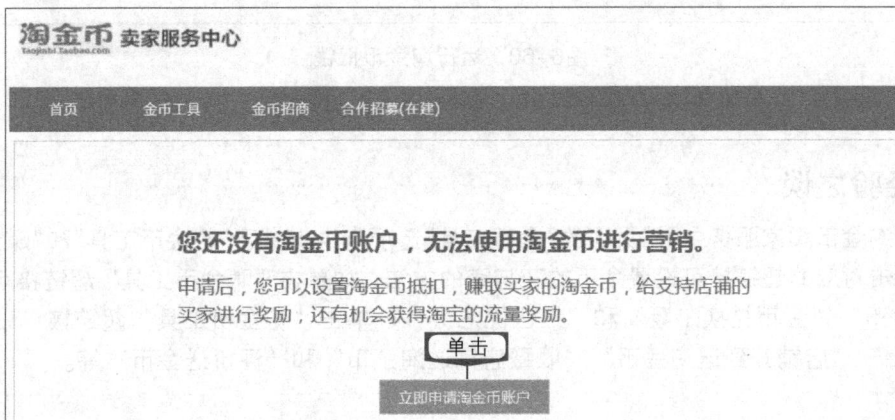

图6-58 申请淘金币账户

步骤 03 在打开的页面中将显示《淘金币账户服务协议（卖家版）》，单击 同意协议并申请账户 按钮，如图6-59所示。在打开的页面中单击 确定 按钮，完成申请。

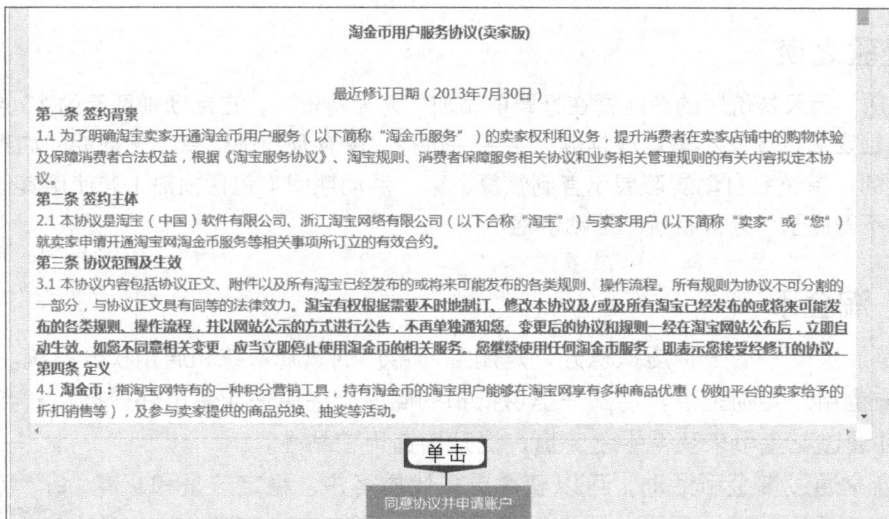

图6-59　同意协议并申请账户

步骤 04 当卖家申请淘金币账户并通过后，再次打开"淘金币抵扣"页面，再在"淘金币抵钱"栏中单击 立即运行活动 按钮，如图6-60所示。

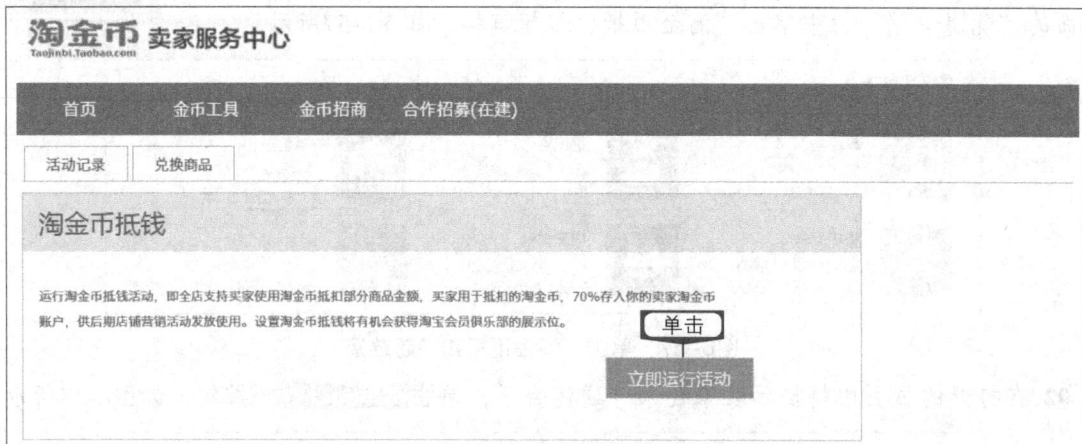

图6-60　运行淘金币抵钱

步骤 05 在打开的页面中可查看淘金币抵钱规则，如图6-61所示。

经验之谈

　　"淘金币卖家服务中心"页面的"金币工具"选项卡中提供了"花金币工具"和"赚金币工具"超链接，单击对应的超链接可设置金币的花与赚的方法，如单击"赚金币工具"超链接可设置"充红包得淘金币""金币兑换工具"和"红包优惠券"，单击"花金币工具"超链接可设置"金币换流量 Beta""店铺签到送淘金币""收藏店铺送淘金币"和"评价送金币"等。

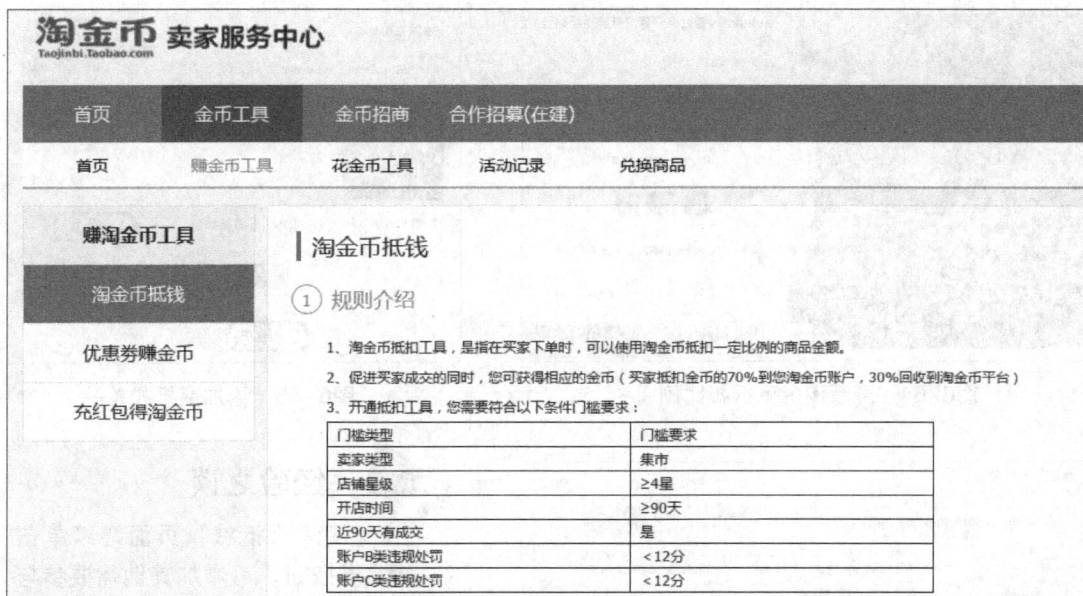

图6-61 查看淘金币抵钱规则

步骤 06 在"活动详情"栏中可设置活动时间和全店抵扣比例，在"全店抵扣比例"栏中单击选中"抵扣2%"单选项，设置完成后单击 开通抵扣 按钮，如图6-62所示。

步骤 07 此时将打开提示框提示淘金币抵钱活动已成功开通，单击 确认 按钮，确定淘金币在全店抵扣比例为2%，如图6-63所示。

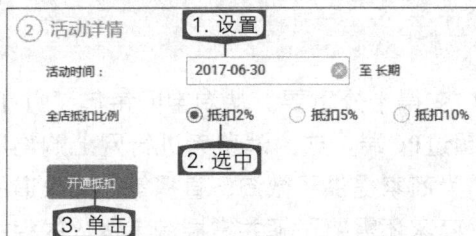

图6-62 设置活动时间与抵扣比例

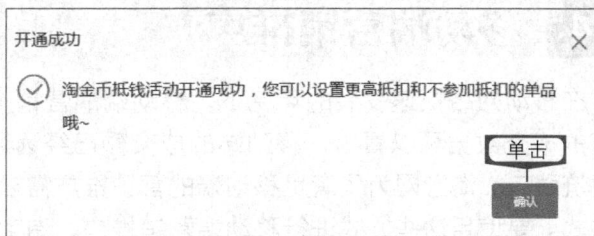

图6-63 提示淘金币抵钱活动已成功开启

步骤 08 设置成功后，全店商品的淘金币抵扣比例将显示为2%，如图6-64所示。

步骤 09 返回"淘金币抵钱"页面可继续进行高抵扣设置，只需单击"高抵扣设置"后的 添加单品 按钮，在打开的"添加高抵扣单品"对话框中输入高抵扣单品的地址，单击 校验 按钮进行校验，校验完成后设置单品抵扣比例，如设置单品抵扣比例为5%，表示该单品可用淘金币抵扣5%，单击 确认 按钮，如图6-65所示。

步骤 10 返回"淘金币抵钱"页面设置不参与抵扣的商品，在"不抵扣设置"栏后单击 添加单品 按钮，打开"添加不抵扣单品"对话框，在其中输入不抵扣单品的地址，单击 校验 按钮进行校验，校验完成后单击 确认 按钮。设置为不抵扣的商品将不参与全店的淘金币抵扣活动，如图6-66所示。

图6-64　查看淘金币抵扣比例

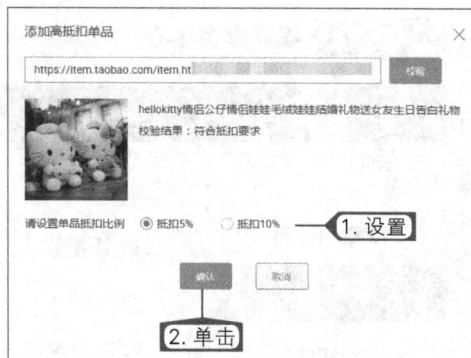

图6-65　添加高抵扣单品

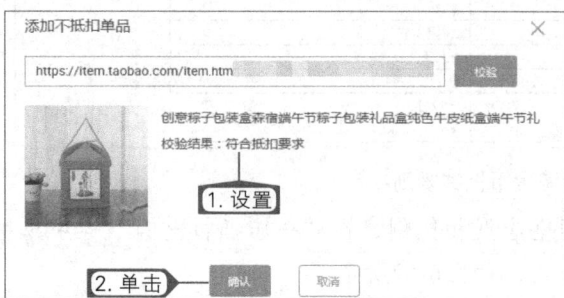

图6-66　设置不参与淘金币抵扣的商品

经验之谈

在"淘金币抵钱"页面继续单击 添加单品 按钮，可添加其他需要参与高抵扣活动或不参与抵扣活动的商品。在已添加的单品后单击"删除"超链接，可删除参加活动的商品。

6.4　移动端营销推广

在移动网络快速发展的环境下，移动端的营销推广变得十分重要。从淘宝网每年"11·11"发布的成交数据可以看出，移动端的成交额已经远远超过PC端，成为消费者进行网上购物活动的主流端口。淘宝网为了满足移动端的营销推广需求，为商家提供了微淘、直播等不同渠道的营销方式。要使用这些方式进行移动端营销推广，淘宝网商家还需要了解并掌握淘宝达人的相关知识。下面分别对淘宝达人推广、微淘推广和直播引流进行介绍，帮助商家进行全网营销推广，扩大营销推广的范围，实现全渠道覆盖。

6.4.1　淘宝达人推广

淘宝达人是一群活跃于淘宝网电商平台上的内容创作人。他们类似于导购，通过内容创作来吸引和留住潜在消费者，可以为店铺推广引流并实现流量变现。淘宝达人适合自由创作者进行内容创作、粉丝运营，并与商家开展合作。要成为淘宝达人，用户可在阿里创作平台中申请注册达人号。成功申请达人号后，即可通过发布优质内容来提升达人号的账号等级。账号等级是对达人号内容创作或内容组织能力、粉丝运营能力和账号健康度等进行综合评估的价值体系。等级越高，账号可以获得的权益和功能就越多，也能获取更多公域流量等平台奖励。

达人账号等级有L0、L1、L2、L3、L4、L5和L6共7个等级，不同的等级有不同的渠道和权限。达人要想通过淘宝网的内容入口获得更多价值，就一定要注重账号等级的提升。

● L0：在阿里创作平台完成账号入驻的新手达人。
● L1：在阿里创作平台有一定的内容创作积累，具备基础创作能力的新手达人。

- **L2**：在阿里创作平台持续发布优质内容，并拥有基础有效粉丝关注的进阶达人。
- **L3**：在阿里创作平台持续发布优质内容吸引粉丝关注和访问，具备一定转粉能力的进阶达人。
- **L4**：在阿里创作平台持续发布优质内容，与粉丝充分互动，形成粉丝持续回访的资深达人。
- **L5**：具备优秀的内容创作能力及粉丝运营能力，并具备一定账号影响力的资深达人。
- **L6**：具备优秀的内容创作能力及粉丝运营能力，有自己的个人IP，在某一领域下具有非常强的影响力的品牌IP达人。

经验之谈

　　除了达人号外，商家还可直接使用淘宝网开店的账号入驻成为商家号。商家号适合淘宝网商家进行店铺的内容创作、粉丝运营。另外，天猫商城品牌商家还可以天猫品牌入驻阿里创作平台，申请成为品牌号。品牌号是以知名品牌商为主体，提供内容生产、内容管理和内容投放等创作服务，以及品牌全链路内容交易服务的账号。

6.4.2　微淘推广

　　微淘是淘宝网非常重要的移动营销平台，它通过发布各种消息来维护与粉丝之间的关系，加强与消费者之间的互动，达到宣传店铺品牌文化、发布折扣活动、管理新老客户和定向推送优秀内容的目的。

1. 微淘的运营机制

　　微淘是在现有的店铺和商品之上新构建的一个信息层，每位消费者可以自由订阅自己关注的账号和感兴趣的领域，还可与运营者或粉丝产生互动。也就是说，当商家在微淘上发送信息后，关注该商家的粉丝即可看到他所发布的信息，并与商家产生互动。图6-67所示为微淘界面，通过"关注"栏目，粉丝即可看到所关注的微淘商家发布的内容。在其他栏目中，淘宝网用户可以查看其他达人或微淘商家发布的内容，并关注感兴趣的达人或微淘商家。

图6-67　微淘界面

📢 **经验之谈**

淘宝网商家在微淘中进行内容营销，相当于增加了一个有效的营销渠道来吸引粉丝、宣传店铺和商品，同时多了一个渠道触达消费者，引导转化。但要注意，微淘的运营效果并不能立竿见影，而是需要日积月累，只有慢慢积累起粉丝才能够发挥出理想的效果。

2. 微淘的发布

商家可以通过达人号或商家号发布微淘，以进行移动端的营销推广。微淘可以发布的内容有多种，包括帖子/清单、上新、短视频、图片、单品、互动、转发和买家秀等内容，其操作方法都比较类似，具体为：在淘宝网千牛卖家中心页面单击"自运营中心"栏中的"发微淘"超链接，打开"阿里·创作平台"页面，单击页面左侧的"发微淘"超链接，如图6-68所示。打开"发布新微淘"页面，在其中即可看到微淘的类型，选择需要发布的微淘类型，单击 立即创作 按钮，如图6-69所示。在打开的页面中进行内容的创作，完成后单击 发布 按钮即可。

图6-68 选择"发微淘"选项

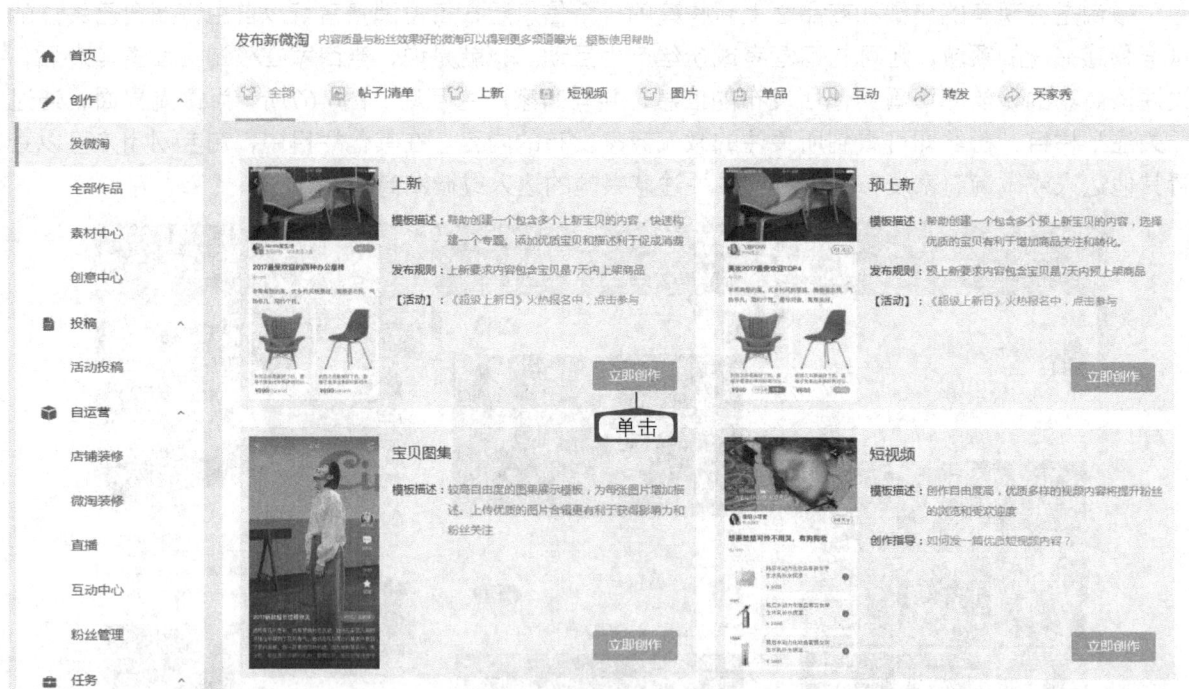

图6-69 选择需要发布的类型并进行创作

6.4.3　直播引流

淘宝直播是一个以"网红"内容为主的社交电商平台，它是通过场景式的方式对商品和品牌进行营销，以实现商家边直播边卖，消费者边看边买的营销目的。在直播中，消费者可以提出自己的疑问和要求，主播可以现场解答疑问，通过直播展示的信息也更加直观、真实，与消费者的互动更加紧密。直播是目前主流的电商营销方式之一。

1. 淘宝直播的推广方式

淘宝网商家要通过淘宝直播来进行内容推广。直播有两种模式可以选择，一是商家自己直播；二是商家找达人或机构直播。

● **商家自己直播**：商家自己开通直播权限进行商品的推广直播，其流程如图6-70所示。淘宝直播针对集市店铺和天猫商家有不同的开通标准。其中集市店铺的开通标准是：店铺一钻及一钻以上级别，店铺微淘层级L1及以上，具有一定的老客户运营能力，有一定的主营类目所对应的商品数和销量；天猫商家的开通标准是：微淘账号层级L1及以上，天猫商家发起直播通过预告审核后，默认有直播浮现权限。

图6-70　商家自己直播流程

● **商家找达人或机构直播**：商家可以挑选达人或机构来进行直播推广，其操作流程如图6-71所示。

图6-71　商家找达人或机构直播流程

达人或机构要成为淘宝直播的主播，必须要有一个绑定了支付宝实名认证的淘宝账号，根据账号属性的不同，要求也不同，具体如下。

（1）非商家且为个人主播，以下条件满足一条即可。

● 微博粉丝数要大于5万（含5万），最近7天内至少有一条微博的点赞数和评论数要过百次（明显"僵尸粉"和转发、评论水军的情况将取消申请资格）；或者其他社交平台的粉丝数大于5万（含5万），粉丝互动率高。

● 淘宝达人（不含有商家身份）粉丝数大于1万（含1万），最近7天内至少发布过一篇图文帖子。

满足以上任一条件，即可上传一份大小不超过3MB、时间在5分钟内的主播出镜视频，申请成为淘宝主播。视频内容要有较好的控场能力，口齿流利、思路清晰，与粉丝互动性强，要充分全面地展现自己，以提高审核通过的概率。

（2）如果为个人商家，要求微淘粉丝数1万以上，行业不同，对主播的要求也各不相同，以每个行业的要求为准，商家需要明确自己的所属行业。

（3）如果是经纪公司，旗下有大量主播，且在其他直播平台有过成功的合作经验，想要以主播运营机构身份加入淘宝直播，则要求引入的达人必须在微博等社交平台有一定粉丝影响力（粉丝基本门槛大于或等于2万，粉丝数高的优先），或者为某些专业领域的意见领袖、知名公众号、平台签约模特或艺人等；有影响力的达人优先通过。

2. 淘宝直播的组成

淘宝直播是基于淘宝网电商平台的一个可以直接变现的直播内容平台，它依托于淘宝系统的智能推荐，向消费者推荐符合他们需求和引起他们兴趣的内容和主播。淘宝直播向消费者推荐内容是分批次的，一般先在小范围内进行测试或推荐100个人观看。如果视频观看数据很好，就会持续加大推荐，展现到更多消费者的淘宝直播平台；反之则停止推荐。直播展现效果主要通过淘宝直播成交转化率、点赞数、评论数和用户观看时长等因素来判定。一般来说，成交转化率越高、点赞数和评论数越多、观看时长越长，能够获得的粉丝推荐量就越大。因此，淘宝直播要注重直播内容的质量，只有具有吸引力的优质直播内容才能让展现的数据更好。

对于淘宝网平台来说，一个完整的淘宝直播主要由直播主播、商品描述、观看时长和评论互动4部分组成。

- **直播主播**：淘宝直播的范围较为广泛，主要包括美食美味、潮搭攻略、珠宝类、美妆类、亲子乐园、生活家居、全球购和男人装等类目。不管是什么类目的主播，在进行直播时都必须要遵守淘宝直播平台对主播的要求，从着装、言论、动作行为和直播间环境4个方面进行约束，如着装整齐、干净、落落大方，不穿过于暴露的服装；不谈论政治话题、色情、敏感信息；不攻击、诋毁或谩骂他人；不传播不实报道；不泄露他人隐私；直播间环境简洁、大方、明亮，不花哨等。
- **商品描述**：不同于其他的营销直播平台，淘宝网、京东商城等交易型电商中的直播平台最重要的内容就是商品展示。在直播的过程中要清楚地向消费者展示商品的特点，解答消费者对于商品的疑惑。
- **观看时长**：淘宝直播的时间一般较长，建议一天直播两场，每场不少于4个小时。如果是新手主播，建议避开7:00—12:00、14:00—17:00和19:00—23:00等高峰时段，差异化竞争。
- **评论互动**：直播是一个双向互动的过程，商家直播时可以使用一些技巧，如制造冲突、设置悬念来引导消费者咨询商品或进行评论；也可以通过强烈的个人风格来提高粉丝的留存和转化率，如幽默等。

经验之谈

在进行淘宝直播时，首先，要求直播内容不能出现纯粹的商品推荐或广告推销、与直播内容毫无关系的商品、微信账号和其他平台账号等，不能涉及黄、赌、毒、烟、酒等违规内容；其次，主播不能在直播评论中使用小号添加自己的店铺或微信信息。

3. 淘宝直播的内容

淘宝直播中直播类型包括竖屏直播间和横屏直播间（手机端不支持横屏）两种。商家在填写直播开始时间、直播标题、本场直播的内容简介、直播封面图、直播位置和内容标签等信息后即可进行淘宝直播的发布。

- **直播开始时间**：若不在当前时间开始直播，商家需要发布一条直播预告。
- **直播标题**：直播标题需要在12个汉字以内，必须包含必要的内容亮点，如"带你发现××""××全攻略""今夏最××"等。
- **直播内容简介**：内容简介是对标题的解释或对直播内容的概括，建议在140字以内，内容要简单、不拖沓，可以是直播嘉宾、粉丝福利、特色场景、主播介绍或主打商品故事等，要从能够吸引消费者的角度来进行写作。
- **直播封面图**：直播封面图要求清晰、易懂，不能出现文字或其他拼接的信息；同时还要保证画面完整、主题突出、不花哨。
- **直播位置**：直播的地点可根据实际直播位置进行填写。
- **内容标签**：直播所对应的淘宝直通站内频道。

图6-72所示是标题为"和馨蜜蜡欢迎比货比价"的淘宝直播封面和直播展示。

图6-72 淘宝直播封面和直播展示

经验之谈

在正式直播前，建议主播发布直播预告。通过预告，消费者可以先对直播内容有一个直观的了解。同时，上传直播要分享的商品，可以更好地通过大数据匹配到对商品感兴趣的消费者，获得更加精准的流量，提高转化率。

6.5 思考与练习

（1）为店铺商品设置打折优惠，以促销商品并吸引消费者购买。

（2）为店铺设置淘金币抵扣活动的活动时间和抵扣比例。

（3）为店铺创建"满100元减5元""满200元减20元""满300元减50元"的店铺优惠券。

（4）为店铺新建直通车推广计划，对店铺中的商品进行推广。

（5）根据店铺情况，选择合适的商品报名参加"天天特价"活动。

（6）发布一篇微淘清单，推荐店铺内的商品。

（7）举办一场店铺商品直播活动，通过直播来吸引消费者关注。

CHAPTER

07

第7章　新媒体营销推广

　　在当下几乎人人都在使用新媒体进行社交的环境下，聪明的网上创业者会思考如何利用新媒体来推销商品，即新媒体营销推广。当然，这并不是让商家在各大新媒体社交平台上盲目推销，那样反而易引起受众的反感。有效率的新媒体营销推广需要商家精准地定向目标客户，选择适合自身实际情况的新媒体社交平台，并应用良好的渠道和营销方法。本章将对常见的新媒体营销推广方法进行介绍，包括新媒体营销推广的渠道和方式、朋友圈内容营销、社群营销、电商公众号营销和微店营销等。

- 新媒体营销推广的渠道和方式
- 朋友圈内容营销
- 社群营销
- 电商公众号营销
- 微店营销

本章要点

🛒 **案例导入**

"社交+电商"，成就电商新贵"拼多多"

作为网上创业大军中的一员，梁冰深知目前的创业环境竞争非常激烈，要想成功创业，必须熟悉消费者常用的新媒体渠道，并掌握在各个新媒体平台中进行营销推广的方法。

新媒体平台很多，梁冰斟酌再三之后，选择了比较适合他的方式。首先，梁冰通过微信申请开通了自己的微店，与淘宝网平台中的店铺相呼应，全方位网罗淘宝网、微信上的消费者。然后，他还将自己店铺中的热销商品和好评截图发到了朋友圈，在朋友圈中进行营销推广，长久下来在朋友之间形成了不错的口碑。为了给消费者提供更好的服务，他还开通了微信公众号，以发布微信公众号文章的形式定期推广店铺中的商品，并积极与消费者互动，增加了自己的忠实粉丝。

同时，梁冰还在微博上注册了店铺的官方微博账号，通过发布微博信息，推送商品信息、优惠信息和抽奖活动等，吸引消费者的关注，增加店铺的粉丝与流量。

此外，当消费者进入店铺购买商品后，梁冰还会邀请这些消费者进入自己组建的商品讨论群。感兴趣的消费者加入后，梁冰会在讨论群中分享关于商品、店铺的相关信息，这些信息可以作为消费者购物行为的分析数据，帮助梁冰更好地进行商品和店铺的定位，更好地进行新老客户的管理与维护。

通过在这些新媒体平台中进行营销推广，梁冰的店铺很快积累起了人气，并获得了大量的粉丝支持。甚至很多消费者购买了商品后，还会主动向其他消费者推荐，店铺赢得了良好的口碑并树立起了品牌形象，打下了不错的粉丝基础。

【案例思考】

梁冰结合当前的互联网环境，灵活应用了多种新媒体营销推广的方式，才使他的创业之路走得那么顺畅。那么，在当前环境下，新媒体营销推广的渠道都有哪些？它们的操作方法是怎样的？其他网上创业者也可以使用这些方式吗？

扫一扫

第7章案例解析

7.1 新媒体营销的渠道和方式

新媒体相对于报刊、广播和电视等传统媒体而言，是一种新的媒体形态，它涵盖了所有数字化的媒体形式。常见的微信、微博和贴吧等社交平台，优酷、快手等视频平台，豆瓣、天涯等社区，都属于新媒体的范畴。创业者要应用新媒体营销，就必须先了解新媒体营销的渠道与方式。

↘ 7.1.1 新媒体营销的渠道

由于新媒体营销的低成本优势，以及在商品与品牌推广、客户维护方面强大的推动力，新媒体营销在现代营销模式中扮演着日渐重要的角色。很多创业者开始步入新媒体营销行列，而能否筛选出合适的新媒体营销渠道是新媒体营销成功与否的第一步。筛选合适的新媒体营销渠道并非是指单一地通过某一种渠道进行营销，而是进行多渠道整合营销。当前主流的新媒体营销渠道主要包括以下6种。

- **微信**：微信的出现逐渐改变了人们的生活方式和习惯。微信是基于智能移动设备产生的，其简洁的界面、便捷的操作等特点使之成为一款渗透率高、覆盖率广的主流即时通信软件，积累了大量的活跃用户，并渗透到人们生活和工作的方方面面。微信营销正是建立在微信大量活跃用户的基础上的，其特殊的点对点营销模式、灵活多样的营销形式和较强的用户联系性，更是为微信营销提供了更多可能。微信营销主要有两种类型，个人微信营销和企业微信营销。个人微信营销是基于个人微信号所进行的营销，它可以与手机通讯录绑定，邀请手机联系人和微信好友进行交流，也可以通过朋友圈发布状态，与微信好友进行互动。企业微信营销更多地偏向于企业公众号、企业微信群的运营。

- **新浪微博**：微博较微信更为开放，互动更加直接，推送不受数量和时间的限制，形式多样，并且因其具有开放性而容易造成爆炸式的传播效果。微博的用户数量非常大，发布信息和传播信息的速度都非常快。微博博主通过每天更新微博内容、发布粉丝感兴趣的话题等，可以与粉丝保持良好的交流互动，培养起坚实的粉丝基础。如果微博博主拥有数量庞大的粉丝群，则发布的信息可以在短时间内传达给更多其他用户，甚至形成爆炸式的病毒推广效果。因此不管是企业还是个人，都会选择将微博作为主要营销平台之一。企业用户可以通过微博向粉丝传播品牌信息和产品信息，树立良好的企业形象，提升品牌影响力。个人用户也可以通过微博建立自己的粉丝圈子，打造个人品牌，开展各种营销活动。图7-1所示为利用微博进行下厨房App的推广。

图7-1　利用微博对厨房App进行推广

- **社交网站**：包括天涯社区、豆瓣、猫扑网和人人网等社区，这些网站有其对应的用户群体。在网站中发帖是在这类网站内推广的主要方式。需要注意的是，创业者不能一直发商品的介绍、商品推广和商品广告，这样效果甚微。在网站中推广比较适合的是发布比较长篇的、内容比较精辟的文章，可以适当将商品、品牌等信息融入文章中。这类文章容易被转发和扩散到微博、朋友圈和微信公众号上。

- **问答平台**：如知乎、分答等，这些平台重视内容本身，并且在站外搜索引擎上的权重较高。创业者经常在这些平台中与网民互动，可以增加自己的知名度，获得与自身理念相符的消费者群体。
- **视频网站**：如腾讯视频等视频网站，通过在视频网站发布展示和宣传视频可以更好地传播内容，同时通过弹幕等方式可以及时获取用户反馈，是目前非常流行的营销方式。
- **短视频平台**：如美拍和快手等，短视频符合受众要求，尤其在移动端上的营销效果十分明显。与传统视频网站相比，在传统视频网站进行推广，不仅有水印，还受到广告排期的限制，并且收费昂贵，而短视频就比较"人性化"，不仅允许创业者添加自己的标签与文字，用户点开即可观看，在短视频平台上还有大批活跃的粉丝，便于创业者进行推广。

7.1.2 新媒体多元化的营销内容

新媒体营销，其实质是内容与渠道的结合。新媒体营销的内容是多元化的，包括文字、图片和视频等。无论采用哪种形式的内容，达到营销的目的才是关键。如内容是针对某商品的，要让消费者看完后有购买的冲动。下面分别对常见的新媒体营销的内容形式进行介绍。

- **文字**：文字可以直观地描述创业者想要表达的内容，是最为常见的内容呈现形式。长文本重在塑造故事的生动性，短文本常常与图片搭配使用。
- **图片**：图片可以是照片，也可以是形状、卡通和动图等。恰当的、富有创意的图片可以以直观的视觉方式让消费者在瞬间记住其所要宣传的产品或思想。
- **音频**：音频不仅可以作为气氛渲染的工具，还可以加入旁白、植入广告，不需要占用消费者双眼即可以实现营销。
- **视频**：即在电视广告、网络视频、宣传片和微电影等视频中融入宣传的产品、品牌与思想等。
- **H5动态页面**："H5"是HTML 5的简称，其被广泛应用于活动运营、品牌宣传、产品介绍和总结报告等。H5动态页面以图、文、音频等形式进行展现。"图"的形式千变万化，可以是照片、插画和动画等，并通过翻页等简单的交互操作达到类似幻灯片的传播效果。H5动态页面考验的是高质量的内容本身和讲故事的能力，精彩的H5动态页面可以赚足眼球。图7-2所示为"美团517吃货节"推出的活动推广H5动态页面，其采用卡通风格，人物造型夸张，并以蓝色作为背景色，人物色系多彩，引人注目；在主题设计上，消费者通过点击相关文字与按钮即可出现对应的交互效果。

图7-2　H5动态页面

↘ 7.1.3　新媒体营销的方式

常见的营销方式有口碑营销、饥饿营销、事件营销、知识营销、互动营销、情感营销和会员营销等。而通过新媒体平台，创业者能够更好地整合这些营销方式，减少企业营销成本的投入，获得最佳的营销推广效果。

- **口碑营销：** "有口皆碑"一直以来都是所有品牌追求的结果。口碑营销是指通过好友、亲戚、同学和同事之间的口口相传，使自己的商品信息或者品牌得到传播。相比纯粹的广告、促销、公关、商家推荐和平台推荐等，口碑营销更容易获得消费者的信任。在新媒体环境下，创业者可以通过在网络媒体渠道如微博、朋友圈和QQ等社交网站中发布信息，更加快速地达到"滚雪球"的效果。

- **饥饿营销：** 饥饿营销是指故意制造一种"供不应求"的假象来促使消费者尽快下单。在日常生活和工作中，我们经常被这种营销模式所迷惑，如"限量版""秒杀""限时"等现象都属于饥饿营销。因此，创业者可通过媒体渠道设计并发布具有吸引力的促销活动，来刺激消费者的购买欲，最终实现商品销售的目的或树立高价值的品牌形象，为未来的大量销售奠定客户基础。

- **事件营销：** 事件营销大都精心策划，借助话题炒作后拥有超强的曝光率。例如支付宝策划的"集齐五福，平分2亿现金"活动，引得全民沸腾，消费者纷纷参与其中，使支付宝赚足了眼球和关注度。再如百雀羚《一九三一》一镜到底广告，如图7-3所示，描述了一则20世纪30年代老上海的美女刺客的故事，故事最后的百雀羚广告让人猝不及防。这则广告中引人入胜的故事仿佛是一场袖珍谍战片，一时间刷爆朋友圈，赚得了超高的关注度，之后引发了一连串的公关效应，如"哭了！百雀羚3000万+阅读转化不到0.00008""百雀羚广告侵权"等，使得百雀羚的关注度再次提高，最终实现商品的营销。

图7-3　事件营销

- **知识营销**：知识营销是指将对消费者有价值的知识总结概括起来，用于向消费者进行营销的行为。最基本的知识包括产品使用知识、产品保养知识和产品维修知识等。创业者可将专业研究成果、经营理念、管理思想以及优秀的企业文化等知识传递给潜在消费者，使其逐渐形成对企业品牌和商品的认知，最终购买企业的商品，转换为忠实消费者。知识营销适合以长文章的形式来进行分享式营销，通过高质量的知识内容来吸引消费者，从而获得更多阅读量和志趣相投的粉丝。如某药店公众号发布的名为"胃炎患者能喝酸奶吗？"的文章，从胃炎患者的身体状态和酸奶的成分出发向消费者分析，不仅让消费者受益匪浅，还拉近了与消费者的距离。
- **互动营销**：互动营销是指抓住买卖双方共同的利益点，并通过对沟通时机与沟通技巧的把握，将双方紧密结合起来，促进消费者的购买以及重复购买，有效地支撑关联销售，建立长期的客户忠诚从而实现双方利益的最大化的营销方式。例如，邀请消费者、粉丝参与促销活动、朋友圈回复、论坛微博回帖交流、通过直播与观众进行实时交流等，都是当前互动营销的表现方式。
- **情感营销**：情感营销就是把消费者个人情感差异和需求作为企业品牌营销战略的核心，利用情感营销的方式来获得消费者的共鸣，最终实现盈利的营销方式。在当今生活品质不断提高的时代，消费者是否购买商品不仅限于商品数量的多少、质量的好坏以及价格的高低，而是在此基础上增加了新的高层次的情感需求，如自我价值的实现需求和尊重需求等。因此很多品牌都打出"向往自由""追求极致""追求个性""自信自强""享受生活""青春""梦想"和"逆袭"等口号，并从亲情、友情、爱情等各个角度进行煽情。例如，YSL星辰口红营销案例中，将口红与爱情、自我价值实现等感情进行捆绑，火遍朋友圈，成功实现营销。再如从香奈儿的各类香水的广告可知，香奈儿其实不仅在卖香水本身，最重要的是在传递女性自信和魅力。图7-4所示为经典的香奈儿广告语。

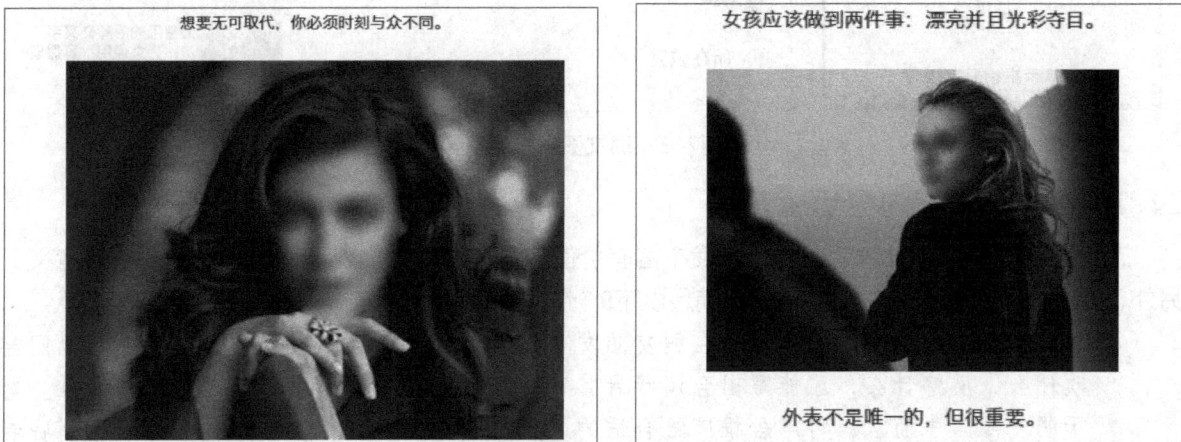

图7-4 经典的香奈儿广告语

● **会员营销**：会员营销是一种精确的营销方式，旨在培养长期客户，促进再购率，获得消费者忠诚度，是商家长期持续盈利、持续发展的常用营销手段之一。其营销方式一般表现为通过会员积分兑换、会员打折、会员优惠价和办理长期消费卡等手段绑定消费者，增加消费者的黏性和活跃度，延长消费者的消费周期。

7.2 朋友圈内容营销

朋友圈是新媒体微信渠道中十分重要的社交板块，用户可以通过朋友圈发表文字和图片，同时可通过其他软件将文章或者音乐分享到朋友圈。目前朋友圈的热度持续不减，是当前主流的社交渠道。下面从发布朋友圈信息、朋友圈内容运营、朋友圈广告植入和朋友圈活动运营4个方面剖析朋友圈营销的一些实用策略。

↘ 7.2.1 发布朋友圈信息

在电商急速发展的今天，朋友圈发布卖货信息不是会被忽视，就是会被屏蔽掉。因此，商家这时就不应仅发布卖货信息，更重要的是发布一些富有价值的内容，通过内容、互动和交流来传播知识和建立信任，先塑造个人品牌，然后再销售商品。商家在朋友圈可以根据需要发布文字、图片和视频等多种形式的信息，其方法是：进入微信朋友圈，点击页面右上角的相机图标，选择拍摄或从相册中选择图片和视频，完成照片和视频的拍摄或选取后，在打开的页面中可输入文案，点击右上角的"发表"超链接，即可完成图文信息的发布。图7-5所示为在朋友圈发布围巾系法的信息，好友可对发布的内容进行评论或点赞。需要注意的是，若长时间按右上角相机图标，可直接发布纯文本文案。

图7-5　朋友圈发布信息

7.2.2　朋友圈内容运营策略

商家在朋友圈发布信息时，要注意发布富有价值的内容。营销内容不能生硬冗长、毫无意义，另外，营销内容在发布的方式上还需要满足以下9个要求。

- **将广告推广给合适的人**：商家在朋友圈发布信息前，要站在消费者的角度去思考他们喜欢什么、反感什么，才能写出合消费者胃口的文案。高成交率来源于更精准的定位。对于朋友圈广告而言，将广告推广给合适的人更有利于商品宣传。商家通常可根据消费者的风格类型、与消费者的关系等进行广告的推广。如果某一条广告比较幽默诙谐，包含了很多网络现象和词汇，商家可以设置给指定分组的年轻人群进行查看，或者为刚结识不久的消费者推荐一些客单价不高的商品，而对于有了信任基础或交易记录的消费者，可以进一步推荐客单价更高的商品等。

- **把握推送时机**：为了保证推广效果，商家还可以分析一下目标客户在朋友圈的活跃时间，在他们查看朋友圈的高峰期进行推广。

- **拒绝广告刷屏**：对于那种一天发很多条朋友圈的商家，很多人都会选择屏蔽，拒绝看其发布的内容。很显然，这种商家的营销是失败的。因此商家在朋友圈发布信息时，发布的频率要适度，尽量不要在间隔较短的时间里频繁发布广告。

- **长度适度**：长度适度是指广告内容不宜过长，保持在120字以内比较合适，并尽量保证文字轻松有趣。文字太长会被折叠，被看完的可能性比较低。

- **数量适度**：这是指不要在一条朋友圈信息中添加太多商品信息，以免消费者需要花费更多的精力去阅读，不方便快速做出购买决策，反而使他们因为选项太多而放弃选择。

- **内容巧用热度**：互联网经济时代，热点新闻、热传段子的传播速度非常快，商家必须懂得利用这些热点，打造自己的商品热度。比如"freestyle"火遍全网的时候，麦当劳借"freestyle"的热度发布了朋友圈广告，快速获得了消费者的认同。在借助热点发布朋友圈广告时，商家还可以根据需要与消费者保持互动，消费者受热点吸引时对互动的参与度会更高。

- **文字配图吸睛**：同样的内容以不同的形式展现，其最后的转化率也可能会大相径庭。例如，图片的吸引度肯定比一段文字要高，而一张图片的展现程度远远高于若干张图片，因为一张图被缩略和裁剪显示的程度最低。

- **善用表情包**：表情包是互联网上很流行的交流方式，不少消费者都对它感兴趣，所以对表情包的运用也能吸引不少消费者对文案的关注。

- **适度的软广告**：软广告是一种委婉、真实又润物无声的广告形式，一般是用商品故事、人物生活等进行包装。例如，某微信号在朋友圈发布文字"看到这张图，你想对我说什么？"，然后搭配一张能引起话题的商品图片，这就属于软广告。

经验之谈

维持良好的关系是开展朋友圈内容营销的前提。良好的关系有助于商家快速获得好友、客户、亲戚及邻居的支持，使他们主动配合营销，并扩大营销的效果。总之，建立情感关系也是营销成功的基础。积极与客户交流，没事给客户问个好，发布内容后及时回复客户给予的评论或反馈，当客户发布朋友圈后，积极参与，积极点赞、评论客户，为客户提出更好的解决方法，这些都能加强与客户之间的情感链接。

7.2.3 朋友圈广告植入策略

很多人朋友圈中的好友连面都没见过，对于这种缺乏信任的好友，如果我们直接打出硬广告，收效甚微。此时，创业者就需要建立自己的品牌，让消费者在了解你、信任你的同时慢慢地接受你的商品。下面介绍在朋友圈植入广告的几种常见方法，引导商家在打造个人品牌的同时巧妙地植入广告。

- **分享积极健康的生活点滴**：商家在朋友圈可以把自己生活中的幸福时光和趣事、亲身经历的感悟，以及当下热门的话题、新闻、节假日等信息进行分享。因为微信账号代表着个人的风格与思想，人们通常通过账号所发布的内容来了解这个账号的持有人，从而去判断是否能与账号的持有人建立相互信任、相互欣赏的关系。在分享生活点滴时，商家有时候也可以在其中融入自己的商品，但不要太过生硬，最好有一种自然而然的感觉，从而树立购买商品的信心。图7-6所示是一个微信代理商发布的关于健身俱乐部的朋友圈内容，这种表达方式很容易被消费者接受。

图7-6 融合商品的朋友圈分享

- **分享专业知识**：一个在朋友圈进行商品营销的商家首先需要有非常专业的商品知识，因为没有人会愿意购买连商品都介绍不清楚的人的商品；其次是分享使用方法、使用技巧或产品功用等专业知识，以帮助消费者解决一些实际的问题。即使解决不了，消费者也会感受到商品和商家的专业，为商家以后的销售打下坚实的基础。图7-7所示为介绍商品使用方法的朋友圈分享。

- **分享店铺动态**：商家最重要的事还是推销商品，所以可以适当地在朋友圈中晒一晒自己商品的上新信息、商品详情信息、促销活动和发货情况等。但是不能太频繁，一天一次或两天一次为最佳，这样的分享不仅可以让消费者了解到商品与店铺概况，也会刺激一些潜在的消费者产生购买的冲动。图7-8所示为分享店铺活动结束时间的朋友圈。

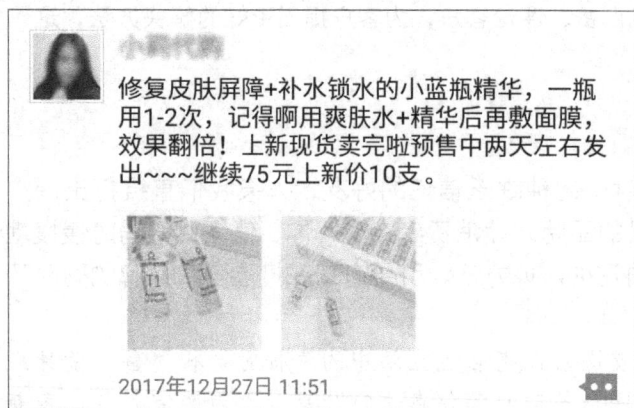

图7-7　分享商品使用方法

图7-8　分享店铺活动结束时间

- **分享自己试用**：介绍一个产品的好，最有说服力的莫过于自己用过并且还在用。分享使用前后的效果，无疑可以让消费者感觉亲切，感觉买了不上当。
- **分享工作过程与环境**：分享工作过程与环境，如大量包裹单、生产基地和原料采集等，会在无形中为产品的质量加分。
- **分享消费者的消费评价**：分享一些消费者使用商品后的照片，或使用后的评价和感受，也是常用的一种营销方式，有利于增加消费者的信任度。商家在微信朋友圈营销的过程中，也需要像在网络上销售商品一样，进行物流信息跟踪，当物流显示到达消费者手中的时候，还需要向消费者确认。而当消费者使用之后，商家通常需要消费者分享一下使用感受，或者要一些反馈图。有时候，为了让消费者在朋友圈中分享使用感受，商家可能需要赠予消费者一些赠品，等他们下次购买的时候一起邮寄过去，一举两得。图7-9所示为分享消费者的评价及消费者使用后的需求。

经验之谈

朋友圈广告植入的前提是诚实。不管采用哪种方式进行商品的宣传，商家都要保证不欺骗消费者，不以虚假信息来吸引消费者，否则容易影响自己的口碑，轻则造成粉丝的取关，重则形成负面的口碑传播，让人避而远之。

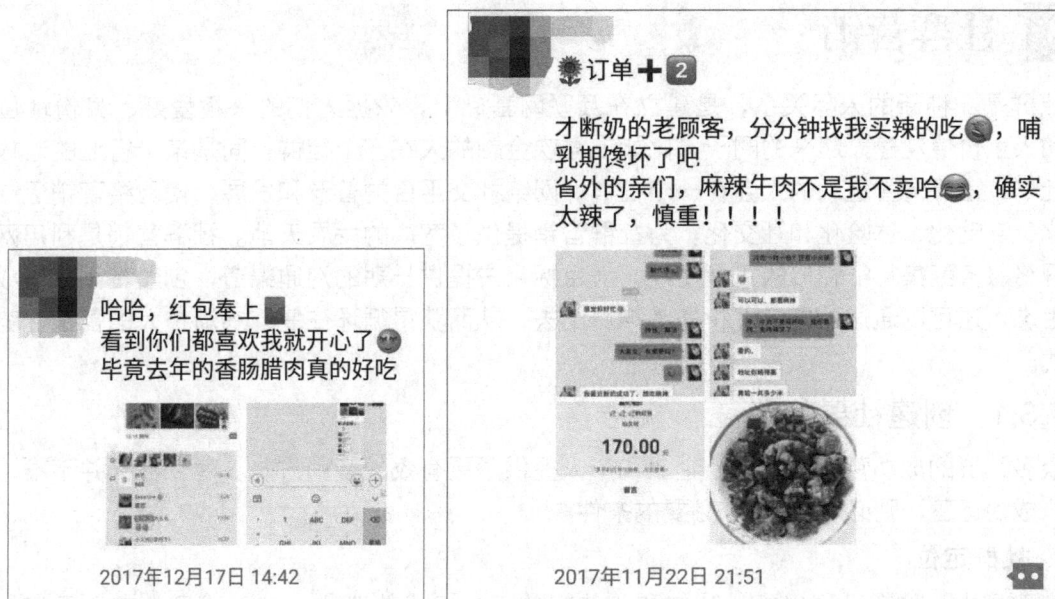

图7-9 分享消费者的消费评价

7.2.4 朋友圈活动运营策略

商家除了可在朋友圈直接发布与营销相关的内容外，还可设计互动活动邀请好友参加，如转发、点赞、试用和互动等，其中转发和点赞活动比较常见，多表现为转发、集赞，获得折扣、奖品、优惠券和现金等福利，如"转发图片至朋友圈参与活动，即有机会免费获得价值××元的丰厚礼品。""转发并集齐××个点赞，即可获得××现金红包，截图有效哦！"图7-10所示即为朋友圈转发集赞活动。试用是指消费者免费试用产品，提交试用报告即可返还邮费和产品费用等。互动也是一种比较常用的推广形式，一般表现为游戏互动，如"第××个点赞的人可以获得××。""这条微信如果点赞达到××，就抽取两名朋友免费赠送××，截止××时间，截图为证。"等。如果技术允许，商家还可以在朋友圈发布一些有意思的小游戏，吸引消费者参与和转发。在设计朋友圈活动时，商家可通过配图的形式来说明活动的相关信息，如活动时间、参与条件和参加流程等。

图7-10 朋友圈转发集赞活动

7.3 社群营销

社群是一种新的人际关系，是建立在互联网基础上，依据人们的兴趣爱好、身份地位、审美观和人生价值观建立起来的圈子，比如说喜欢金融的人在一个社群，同是某个行业的老板会在一个社群，喜好滑雪运动的人会在一个社群。网络社交平台的普及和发展，使网络营销逐渐走向平台化、互动化、体验化和社交化，为社群营销提供了宽广的发展天地。社群营销是利用网络平台、网络服务聚集特征相似的目标用户，为目标用户提供长期的沟通渠道，创建基于社群成员的商业生态，还可以通过社群口碑将品牌推广出去，从而获得循环往复、逐渐扩大的营销优势的营销方式。

7.3.1 创建社群营销

众多社群的成功营销案例也为企业和个人提供了更有效的营销方向。建立社群并不难，但要让社群成功运营，则必须具备4个必要的条件。

1. 社群定位

社群是由一群有共同兴趣、认知和价值观的用户组成的群体。社群成员在某方面越相似，越容易建立感情联系。因此，在建立社群之前，运营者必须先做好社群定位，明确社群要吸引哪一类人群。比如小米手机的社群，会吸引追求科技与前卫的人群；罗辑思维的社群，会吸引具有独立和思考标签的人群；豆瓣的社群，会吸引追求文艺和情怀的人群。当社群有了精准的定位之后，运营者才能推出契合用户兴趣的活动和内容，不断强化社群的标签，让社群用户产生共鸣。

为了更好地进行社群的定位，在建立社群之前，运营者可以先考虑一下建立社群的目的。每一个社群可能有不同的价值，但其目的大多比较类似，如销售商品、提供服务、拓展人脉、打造品牌和提升影响力等。确定了建立社群的目的，运营者可以更方便地进行社群的定位。

2. 吸引精准用户

企业要想进行精准的营销，必须拥有精准的用户。任何营销推广的前提都是对精准用户的细致分析，了解目标用户的消费观念、地域分布、工作收入、年龄范围、兴趣爱好和工作环境等。了解用户与社群定位相辅相成，了解用户更方便社群定位，准确的社群定位更有利于吸引精准的用户人群。

3. 维护用户活跃度

社群成员之间的在线沟通多依靠微信、QQ、YY等社交群组，也可用微信公众号、自建App或网站。对于社群运营而言，能否建立更加紧密的成员关系直接影响着社群最终的发展成果，因此，社群活跃度也是衡量社群价值的一个重要指标。现在，大多数成功的社群运营已经从线上延伸到线下，从线上资源信息的输出共享、社群成员之间的优惠福利，到线下组织社群成员聚会和活动，其目的都是为了增强社群的凝聚力，提升用户活跃度。

4. 打造社群口碑

口碑是社群最好的宣传工具。社群口碑与品牌口碑一样，都必须依靠好商品、好内容和好服务进行支撑，并经过不断的积累和沉淀才能逐渐形成。一个社群要打造良好的口碑影响力，运营者必须先从基础做起，抓好社群服务，为成员提供价值，然后逐渐形成口碑，带动会员自发传播社群，逐渐建立以社群为基点的圈子，社群才能真正得到扩大和发展。

7.3.2 创建微信群

社群有很多种，如QQ群、微信群，以及一些线下的社群。其中，微信社群依托微信强大的用户资源平台，具有容易加好友和营销成本低等优点，是一种十分常用的社群。除了通过被邀请或主动扫码等方式加入微信群外，用户可创建自己的微信群，其方法是：登录微信账号，登录后进入首页聊天窗口，点击右上角的"+"按钮，在打开的下拉列表中选择"发起群聊"选项，在"选择联系人"页面选中要加入群的联系人，完成后点击右上角的"完成"超链接，即可完成微信群的创建，如图7-11所示。

图7-11 创建微信群

经验之谈

创建社群后，运营者进入群聊天页面，点击右上角的群图标，在打开的页面中可查看群成员，或修改群名称和群公告；或查看微信群的二维码，将二维码保存为图片，并分享到其他社交平台，或张贴到墙上，方便其他用户通过扫描二维码加入该群。在群成员后面会显示一个加号和一个减号，若点击加号，可添加好友到群中；点击减号，点击好友头像左上角的减号，可将该好友踢出该群。

7.3.3 组织社群推广活动

策划并开展社群推广活动是保持社群活力和生命力的有效途径，也是加强社群成员感情联系、培养社群成员黏性和忠诚度的有效方式。社群活动十分多样化，分享、讨论、签到、红包、福利和线下聚会等都是社群活动的常见形式。组织社群推广活动，可以不同程度地活跃社群，提高社群成员的积极性。

● **社群分享**：社群分享是指分享者面向社群成员分享一些知识、心得、体会和感悟等。专业的分享通常需要邀请专业的分享者，当然也可以邀请社群中表现杰出的成员进行分享，刺激其他成员的参与积极性。一般来说，在进行社群分享时，分享者需要提前做好相应的准备，如确定分享内容、提前通知社群成员、设计分享互动、设计提供福利等。

- **社群交流**：社群交流是发动社群成员共同参与讨论的一种活动形式。运营者可以挑选一个有价值的主题，让社群的每一位成员都参与交流，通过交流输出高质量的内容。
- **社群福利**：社群福利是激发社群成员活跃度的一个有效工具。一般来说，不同的社群通常会采取不同的福利制度，也可以采取多种福利结合的形式，如物质福利、现金福利（红包）、学习福利、荣誉福利和虚拟福利（积分）等。

经验之谈

发红包也是一种活跃社群气氛的方式，但红包也不能随意发，否则无法达到理想的效果。一般来说，新人入群、活跃气氛、宣布喜讯、发布广告和节日祝贺等情况，运营者可以适当发红包。需要注意的是，发红包最好有一个理由，频繁发红包不仅无法激活成员的积极性，还容易使群沦为一个红包群。此外，发红包最好选择合适的时间段，工作时间段的红包引起的关注度相对要低一些。

- **社群打卡**：社群打卡是指社群成员为了养成一种良好的习惯，或培养良好的行为而采取的一种方式，用于监督并激励社群成员完成某项计划，因此打卡型社群通常具有激励成员不断进步的作用。一个打卡社群，如果没有设置严谨的规则，就很难持续运营下去、获得良好的效果。一般来说，运营者可以通过设置押金规则、监督规则、激励规则和淘汰规则等，来保证社群成员坚持打卡，积极实现个人目标。为了保持社群成员持续打卡的积极性，建议定期或不定期地对规则进行优化和升级，总结每一次打卡的情况，增加体验感更好的规则，取消效果不好的规则，以保持社群成员持续的新鲜感。
- **开展社群线下活动**：在O2O时代，线上线下相结合才是顺应潮流的营销方式，社群营销也不例外。线上交流虽然限制更少，更轻松自由，但线下交流更有质量，也更容易加深感情。一个社群中的成员，在从线上走到线下的过程中，才能建立起成员之间的多维联系，让感情联系不再局限于社交平台和网络，而进一步连接到生活群、兴趣圈、朋友圈和人脉圈等；联系越多，关系越牢固。社群的线下活动根据规模的大小，会具有不同的组织难度。因此，为了保证活动的顺利开展，运营者在活动开始之前必须有一个清晰完整的活动策划，如活动计划、策划统筹、宣传推广、对外联系、活动支持和总结复盘等，以便组织者更好地把控活动的全局，做到有计划、有目的、有质量。

7.4 电商公众号营销

随着流量获取成本逐年上升、流量获取技术的要求越来越高，很多商家开始打造电商公众号。电商公众号其实就是把企业和消费者联系在一起，企业可以通过公众号将商品直接销售给消费者。与传统电商平台相比，公众号的优势在于减少了中间环节、节省成本、互动性强和复购率高等，但公众号粉丝增加难是普遍存在的问题。下面从公众号对于电商的价值、申请微信公众号、发布公众号消息、自定义菜单和公众号吸粉等方面对打造电商公众号的方法进行讲解。

162

↘ 7.4.1 电商公众号的价值

企业为什么要做公众号营销?面对这个问题,很多人的答案是利用公众号可以卖商品、与粉丝互动、搞好客户关系等。其实电商公众号的价值不仅限于此,它的价值几乎涵盖了企业所有的需求。下面以微信公众平台为例,介绍公众号所具备的商业价值。

- **宣传成本低**:微信公众号可以免费发布宣传信息,与制作宣传单相比,成本更低,送达精准消费者的效率更高。
- **可以实现精准营销**:关注公众号的多数为有消费需求的消费者,通过对他们的消费需求的挖掘,企业可以有针对性地进行营销,增加销售额。
- **可以实现O2O营销的闭环**:通过公众号可以将线上与线下营销结合起来,如线下活动线上宣传、线上奖品线下领取及门店扫码关注公众号等。
- **便于进行商品调研**:商品调研是企业制订经营策略的必要环节,各个企业一般是通过问卷调查、电话回访等方式进行商品调研。而通过微信公众号,企业可以直接触达粉丝用户,通过微信粉丝用户实时的反馈以及与粉丝用户的交流互动,不仅可以了解真实的商品体验,还可以对服务体验、品牌体验和物流体验等各个环节的体验情况进行了解,从而及时调整运营战略,对各个环节进行优化提升。
- **方便快捷的信息获取渠道**:在移动电商时代,消费者到PC端的官方网站进行信息查询,或通过百度搜索及输入网址来访问,都较为麻烦;若消费者记住了企业昵称,搜索微信公众号,就可以快速获得企业介绍、商品服务和联系方式等信息。若消费者关注了企业公众号,微信公众号能及时、快捷地把商品或服务信息以及最新的促销活动信息送达粉丝,促成交易,增加互动,从而深化品牌的传播。
- **提高移动端用户体验**:微信公众平台已经成为企业移动电商的渠道之一,它尽可能地让消费者能随时随地购买到商品。消费者无须通过下载App或跳转到相关网站进行购买,在玩微信的同时就能在微信上实现下单、支付交易、物流查询和客户服务等。

↘ 7.4.2 申请微信公众号

常用的微信公众号目前有两类,分别是服务号和订阅号。服务号的目的是更多地与消费者进行互动,为其提供多元化的服务;而订阅号是指通过该公众号发布消息,引导消费者订阅,一般用于品牌宣传和营销推广。个人或企业可选择合适的微信公众号类型进行申请,这里选择申请适合个人和组织的订阅号,其具体操作如下。

步骤 01 进入微信公众号登录页面,在其中输入微信公众号账号和密码进行登录。如果没有微信公众号,单击页面右上角的"立即注册"超链接,如图7-12所示。

步骤 02 打开微信公众号注册页面,选择要注册的账号类型,这里选择"订阅号"选项,如图7-13所示。

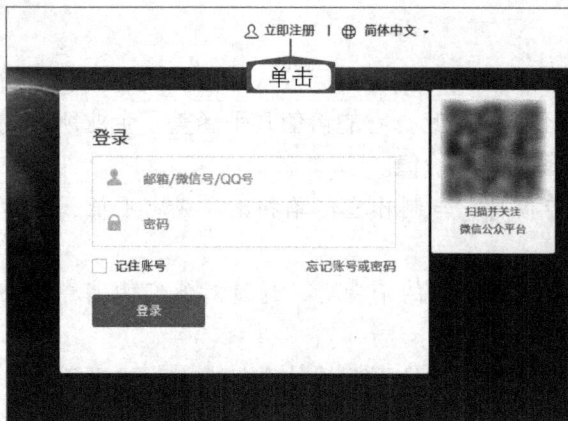

图7-12　注册微信公众号

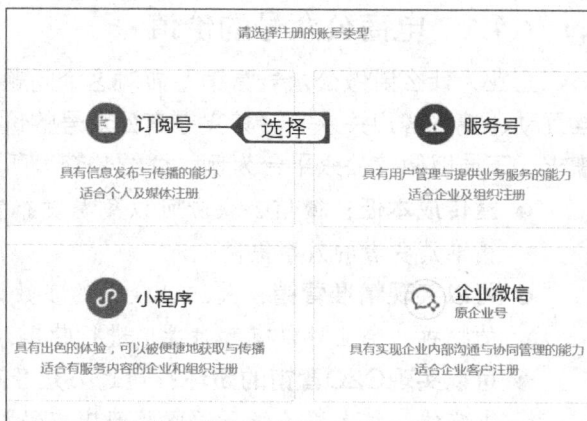

图7-13　选择公众号类型

步骤 03 打开邮箱注册页面，输入注册邮箱，单击右侧的 激活邮箱 按钮，注册平台将向注册邮箱发送验证码；进入邮箱查看验证码并返回邮箱注册页面，填写至"邮箱验证码"文本框中，完成后继续设置微信公众号的账号密码，并单击选中"我同意并遵守《微信公众平台服务协议》"复选框，然后单击 注册 按钮，如图7-14所示。

步骤 04 打开账号类型设置页面，继续设置账号类型，这里在"订阅号"下方单击"选择并继续"超链接，如图7-15所示。

图7-14　验证邮箱

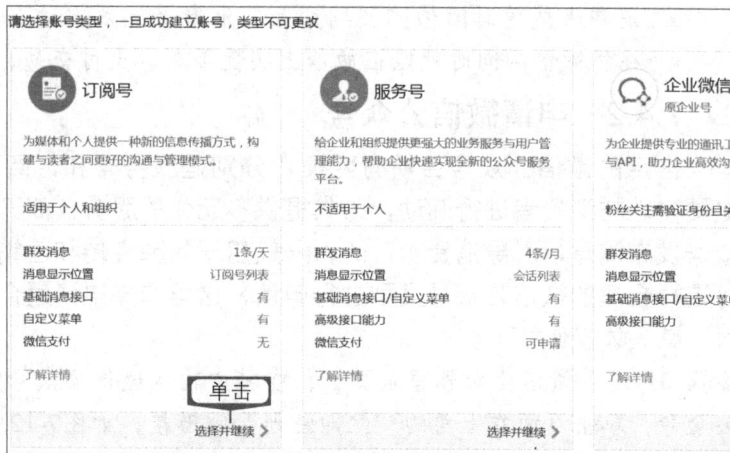

图7-15　选择账号类型

步骤 05 打开提示对话框，提示账号类型选择后不可更改，单击 确定 按钮。打开"信息登记"页面，在该页面中选择订阅号的主体类型，这里选择"个人"，如图7-16所示。

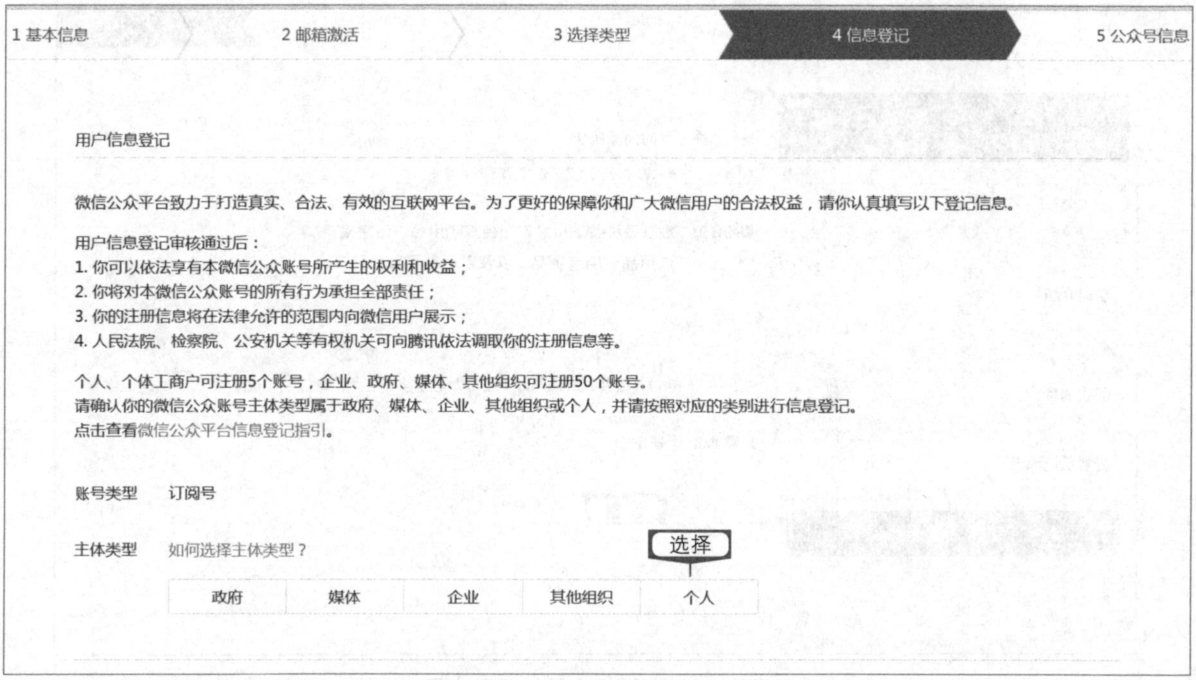

1 基本信息	2 邮箱激活	3 选择类型	4 信息登记	5 公众号信息

用户信息登记

微信公众平台致力于打造真实、合法、有效的互联网平台。为了更好的保障你和广大微信用户的合法权益，请你认真填写以下登记信息。

用户信息登记审核通过后：
1. 你可以依法享有本微信公众账号所产生的权利和收益；
2. 你将对本微信公众账号的所有行为承担全部责任；
3. 你的注册信息将在法律允许的范围内向微信用户展示；
4. 人民法院、检察院、公安机关等有权机关可向腾讯依法调取你的注册信息等。

个人、个体工商户可注册5个账号，企业、政府、媒体、其他组织可注册50个账号。
请确认你的微信公众账号主体类型属于政府、媒体、企业、其他组织或个人，并请按照对应的类别进行信息登记。
点击查看微信公众平台信息登记指引。

账号类型　订阅号

主体类型　如何选择主体类型？　　　　　　　　　　　　　　　　选择

政府	媒体	企业	其他组织	个人

图7-16　选择账号的主体类型

步骤 06 在打开的页面中填写公众号注册信息，包括姓名、证件号码和手机号码等，并对运营者身份进行验证，然后单击 继续 按钮，如图7-17所示。

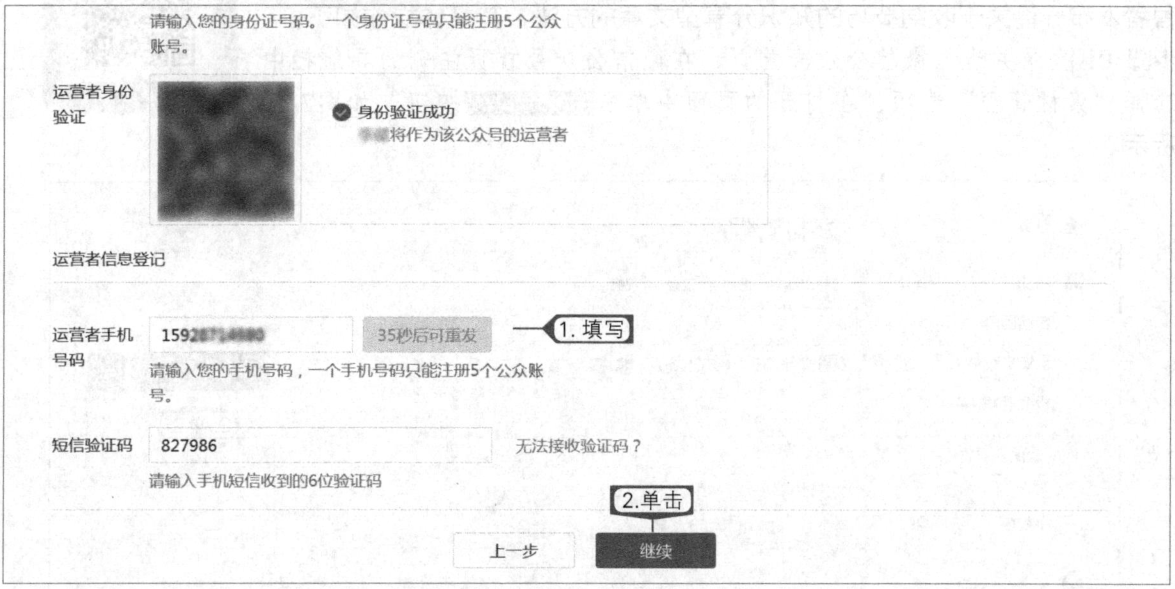

运营者身份验证　请输入您的身份证号码。一个身份证号码只能注册5个公众账号。

　　　　　　　　　✓ 身份验证成功
　　　　　　　　　　将作为该公众号的运营者

运营者信息登记

运营者手机号码　159████████　　35秒后可重发　——1.填写
　　　　　请输入您的手机号码，一个手机号码只能注册5个公众账号。

短信验证码　827986　　　　无法接收验证码？
　　　　　请输入手机短信收到的6位验证码

　　　　　　　　　　　　　　2.单击
　　　　　上一步　　　继续

图7-17　填写公众号注册信息

步骤 07 打开提示对话框，提示主体信息填写后不可更改，单击 确定 按钮。打开"公众号信息"页面，填写"账号名称""功能介绍"等内容，如图7-18所示。设置完成后，即可进入微信公众号首页。

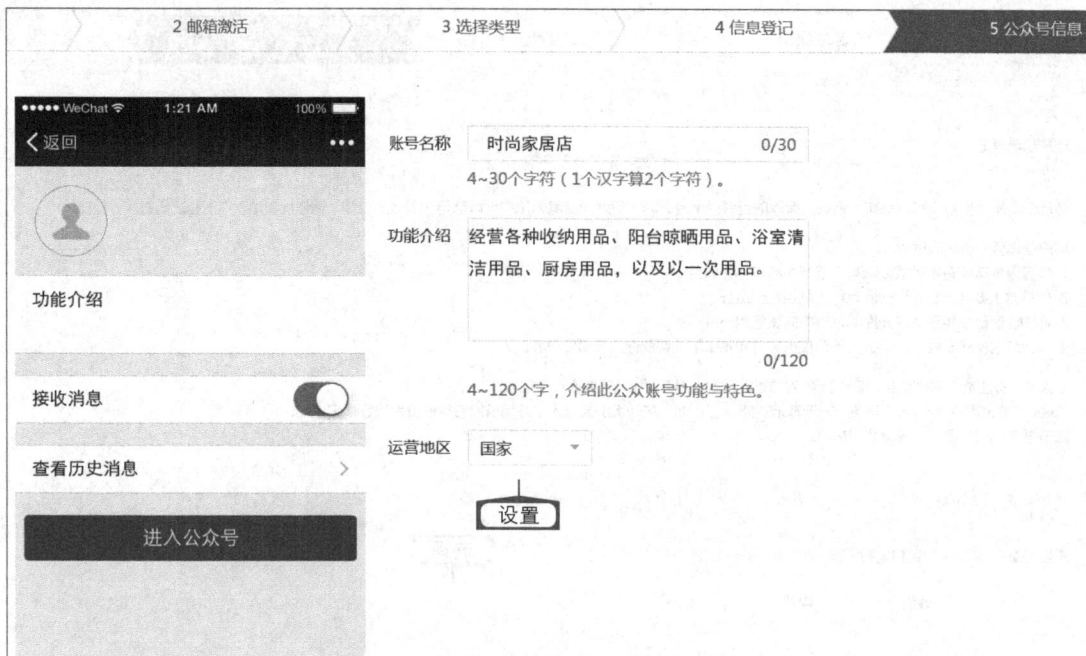

图7-18　填写公众号名称和介绍

↘ 7.4.3　发布公众号消息

一个公众号的个性和形象主要通过推送的消息体现出来。下面介绍运营者发布一篇关于收纳技巧的知识分享型文章的方法，其具体操作如下。

步骤 01 登录并进入微信公众号首页，在微信公众号首页左侧的导航栏中选择"素材管理"选项，在打开的页面中单击 新建图文素材 按钮，如图7-19所示。

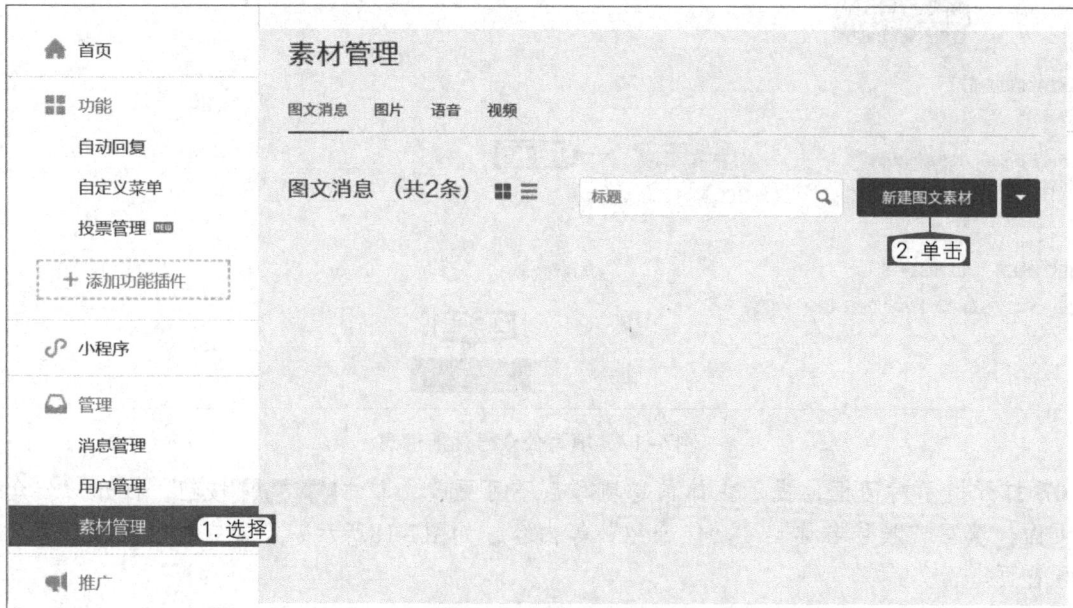

图7-19　素材管理

步骤 02 打开"素材库/新建图文消息"页面，在其中输入标题和内容，然后在该页面右侧选择"图片"选项，在文章中插入图片，如图7-20所示。

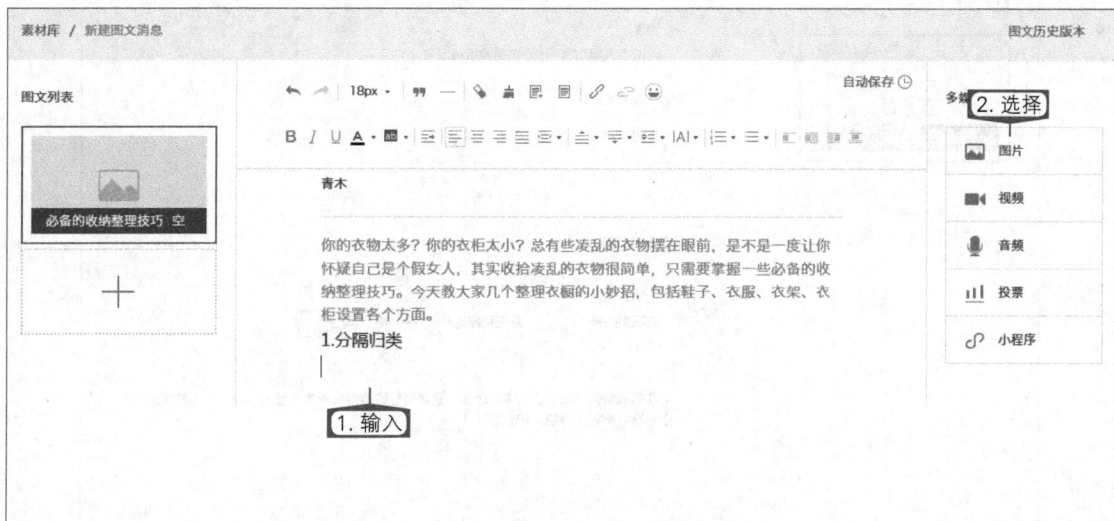

图7-20 新建图文信息

步骤 03 打开"选择图片"对话框，单击 本地上传 按钮，打开"打开"对话框，在其中选择需要插入的图片，单击 打开(O) 按钮，返回"选择图片"对话框，在其中查看上传的图片，然后选择需要插入文章中的图片，单击 确定 按钮，如图7-21所示。

步骤 04 返回文章编辑页面，在其中查看插入图片后的效果，如图7-22所示。

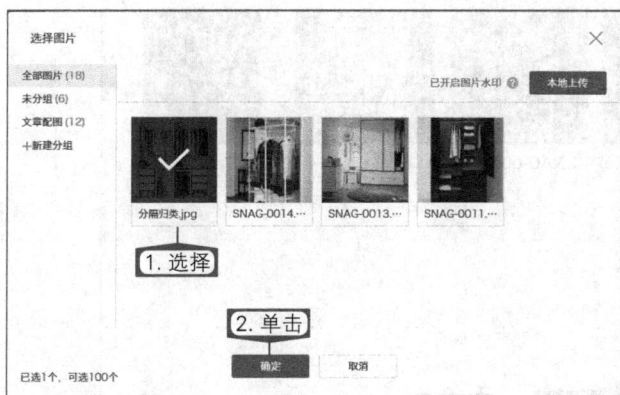

图7-21 插入图片

图7-22 查看插入图片后的效果

步骤 05 在"素材库/新建图文消息"页面下方的"封面"栏中单击 从图片库选择 按钮，如图7-23所示。

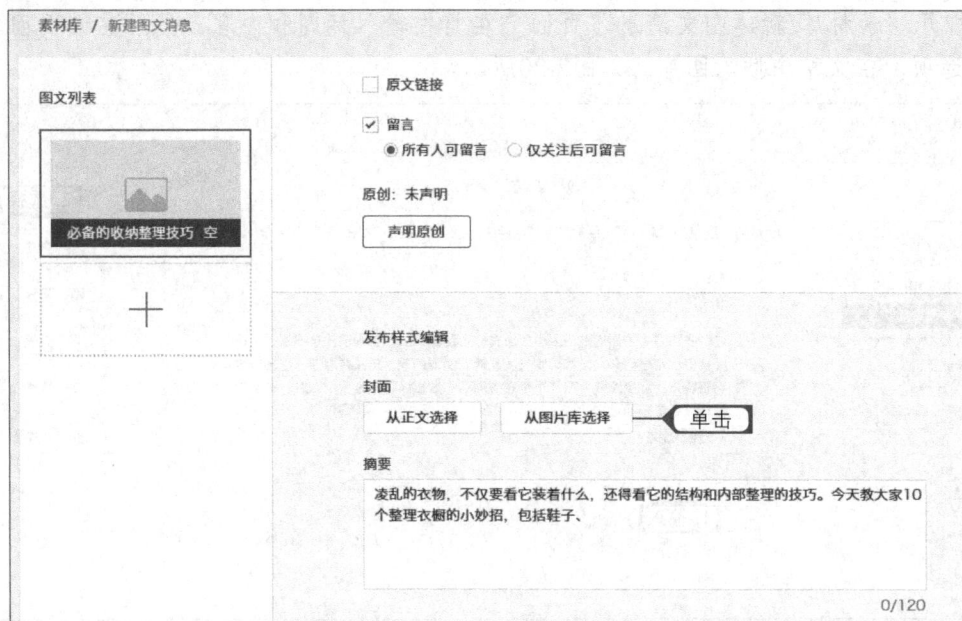

图7-23　设置封面

步骤 06 打开"选择图片"对话框，上传封面图像，在其中选择一张图片设置为文章封面，单击 下一步 按钮，如图7-24所示。

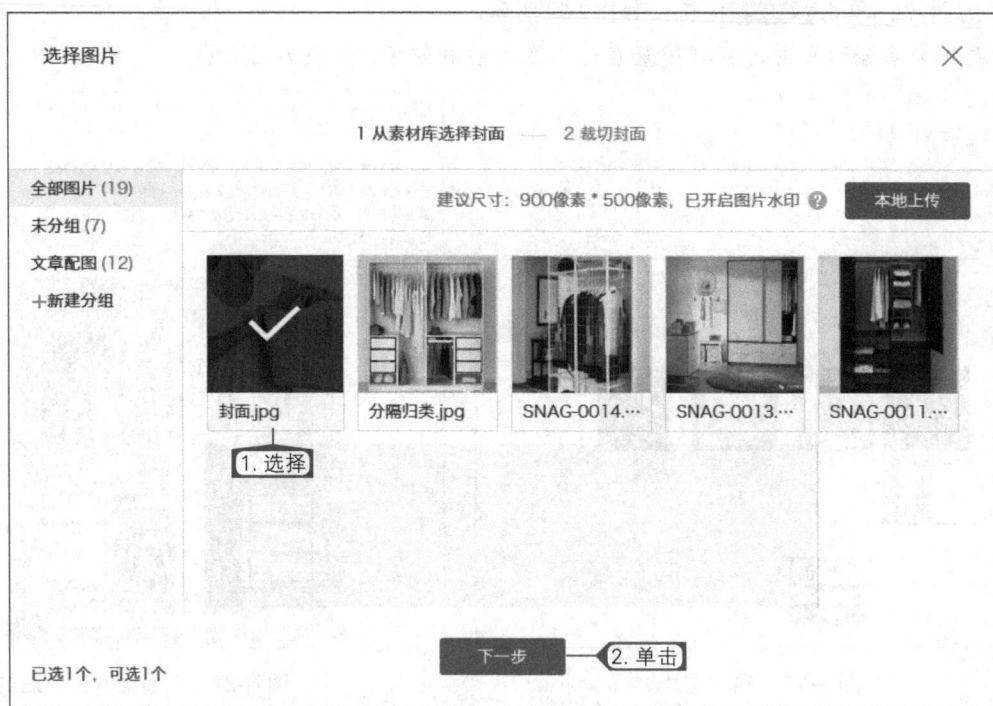

图7-24　选择封面图片

步骤 07 打开"裁切封面"页面，框选需要作为图片封面的区域，单击 完成 按钮，如图7-25所示。

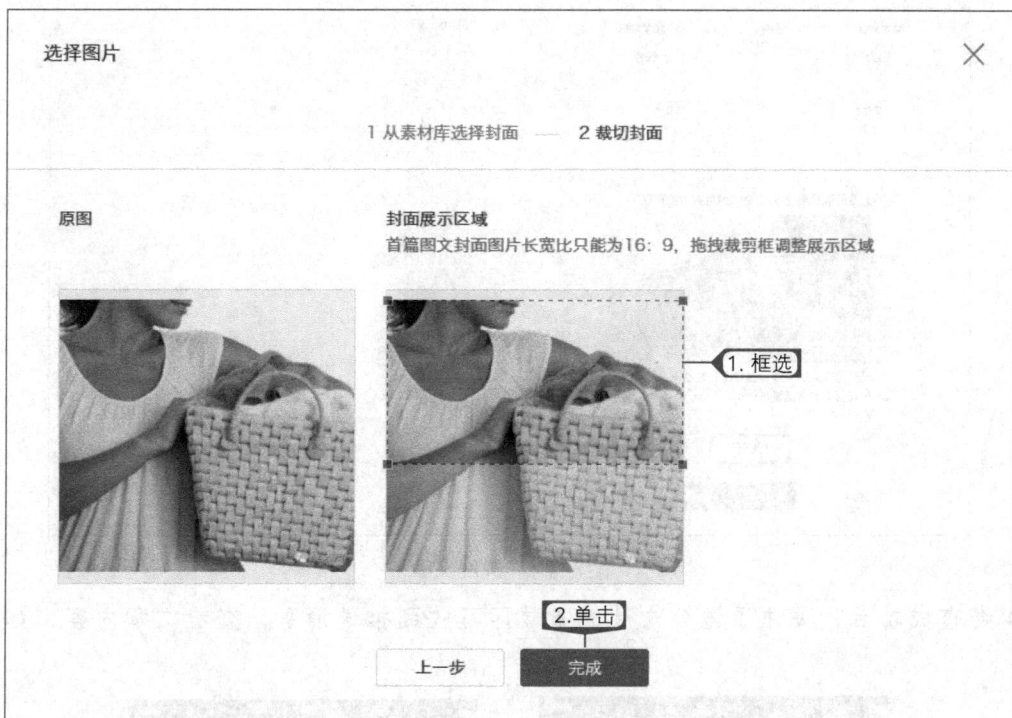

图7-25 裁切封面

步骤 08 返回文章编辑页面，单击 保存并群发 按钮，即可保存并发布公众号文章，如图7-26所示。

图7-26 保存并群发文章

步骤 09 打开"新建群发消息"页面，在该页面中可设置群发对象和地区，单击 群发 ∨ 按钮发布文章，如图7-27所示。此时，将打开提示框，提示群发无法撤销，单击 确定 按钮。继续打开提示框，要求运营者确认发布，并通过扫描二维码确认。

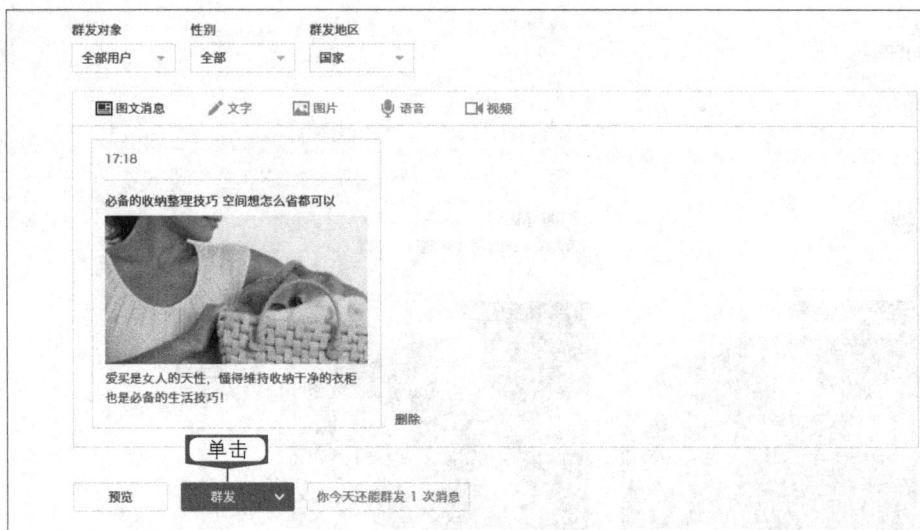

图7-27　群发文章

步骤 10 发布成功后，关注了该公众号的账号即可收到推送消息，查看文章内容，如图7-28所示。

图7-28　查看公众号发布的信息

↘ 7.4.4　自定义菜单

微信公众号的推送内容一般为图文结合的形式，因为图文结合的文章更容易吸引人阅读。此外，运营者在微信公众号中可以根据实际需要设置自定义菜单，如设置"会员中心""在线购买""售后服务"等，并可在菜单中分别设置相关的子菜单，为消费者提供相关查询服务。设置自定义菜单的方法为：在微信公众号页面左侧的导航栏中选择"自定义菜单"选项，在打开的页面中的自定义菜单区单击"添加菜单"超链接。然后设置菜单名称和菜单内容,完成后可继续单击菜单上方的 + 按钮,继续添加子菜单,再在右侧进行子菜单名称、菜单内容的编辑即可,如图7-29所示。若不添加子菜单,可直接编辑菜单内容。子菜单可添加多个,若单击菜单右侧的 + 按钮,可继续添加其他菜单内容。完成自定义菜单的编辑后,当消费者选择某个菜单后,即会自动向其发送对应的自定义菜单内容或跳转到对应的网页或小程序中。

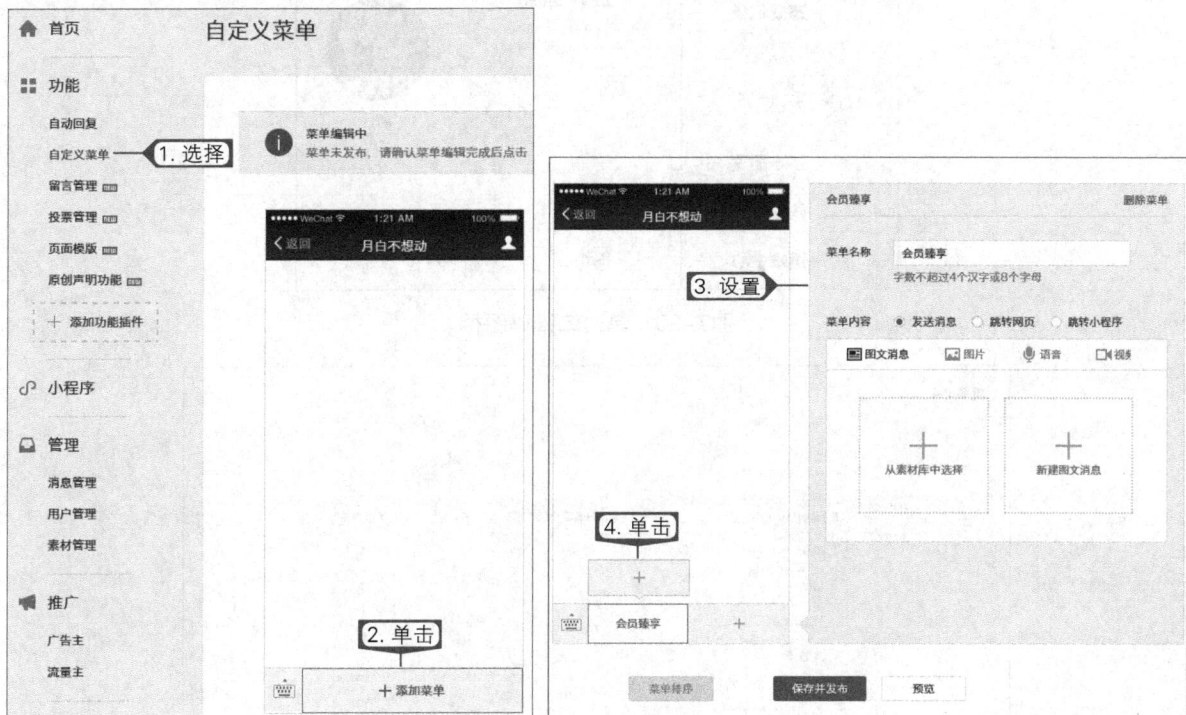

图7-29 自定义菜单

↘ 7.4.5 公众号吸粉的方法

粉丝是一切运营的基础,公众号运营也不例外。为了帮助更多的创业者运营好微信公众号,吸引更多的粉丝,下面介绍一些公众号吸粉的方法。

● **通过门店扫码增粉:**店铺每天都会有固定的人流量,商家可以通过扫描公众号二维码的方式将进店的人都吸引到自己的微信公众号中来。如何使消费者愿意扫码关注公众号,就需要一些小技巧,可以通过扫码送礼品、扫码领积分和扫码打折等方式加以激励。若要在门店张贴公众号二维码,需要先下载公众号二维码,然后打印到纸张上。下载公众号二维码的方法是:在公众号管理中心左侧的"设置"栏中选择"公众号设置"选项,打开公众号设置页面,在公众号头像下方单击二维码图标,如图7-30所示。在打开的"更多尺寸"页面中会呈现常用的二维码尺寸以及建议扫描的距离。根据需要单击右侧对应的"下载链接"按钮👆进行下载,即可获得相应的公众号二维码,如图7-31所示。最后打印二维码即可。

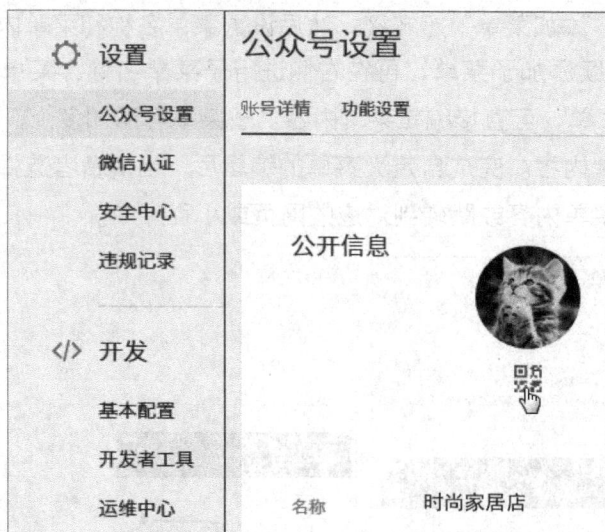

图7-30　单击二维码图标

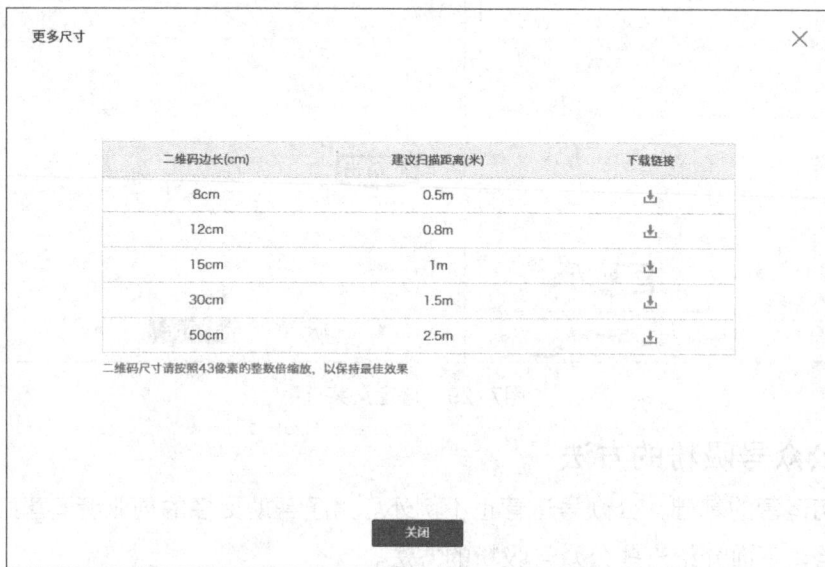

图7-31　微信公众号二维码下载

- **结合二维码投放广告增粉**：除了在各大网站投放广告外，创业者还可通过线下渠道发一些传单，或者贴小广告，并在传单或广告内容中附上二维码，为公众号吸引粉丝。

- **通过与别人互推来涨粉**：互推需要双方有一定的信任基础，并且双方的业务和内容应尽量不重叠。互推的方式一般为：分享和引用对方公众号的文章，或在文字中插入对方公众号的文章或图片的链接进行导流。需要注意的是，公众号在互推涨粉的同时，也应该考虑粉丝的体验，若过度互推或者过度营销，会引起粉丝的不满，甚至可能掉粉。在公众号文章中插入其他公众号文章的超链接的方法为：在微信公众号首页左侧的导航栏中选择"素材管理"选项，在打开的页面中单击 新建图文素材 按钮，单击"超链接"按钮，在打开的页面中设置公众号与文章，或者直接输入文章的地址，单击 确定 按钮即可在文章中插入其他公众号文章的超链接，如图7-32所示。

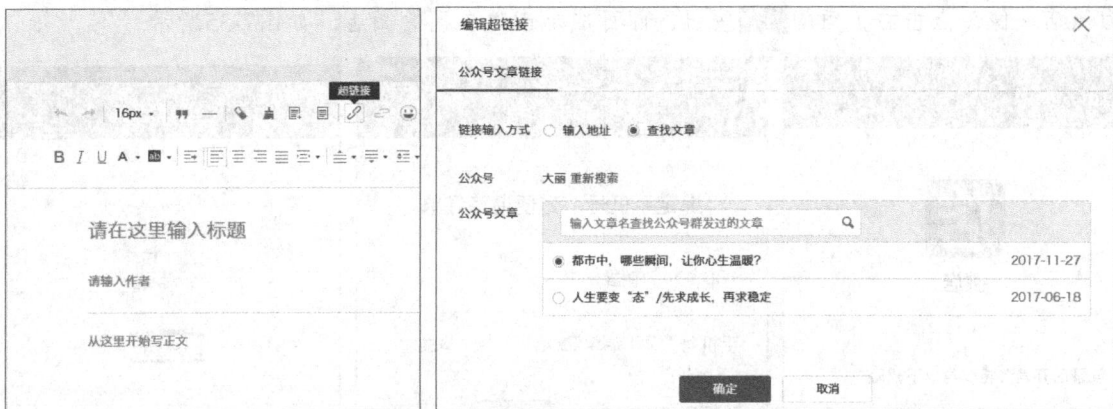

图7-32 通过与别人互推来涨粉

- **利用个人微信号为微信公众号增粉**：通过个人微信添加附近的人、"摇一摇"摇中的人和手机联系人等方式可以累积好友、培养粉丝，然后可以把公众号文章分享到个人账号的朋友圈，或把文章转发给好友或微信群，最终达到把用户引到公众号上的目的。转发和分享微信公众号文章的方法是：首先搜索并关注公众号，查看接收到的该公众号分享的订阅文章，最后点击手机右上角的按钮，在弹出的列表中选择"发送给朋友"或"分享到朋友圈"选项即可。

- **通过各大自媒体平台、网站推广增粉**：将公众号的内容发布到多个自媒体平台和网站，从不同渠道为公众号导流，如QQ、论坛、微博、百度贴吧和雅虎等。其操作方法比较简单，如打开公众号内容，点击手机右上角的按钮，在弹出的列表中选择"分享到手机QQ"选项，即可将公众号内容分享给QQ好友或分享到QQ空间；如选择在手机安装的浏览器中打开内容，可直接将公众号内容分享到微博等平台，也可把公众号内容或公众号内容页面的网址复制或粘贴到其他自媒体平台或网页中。

7.5 微店营销

　　微店是整合移动端、PC端、B2C和O2O等于一体的新商业模式，简化了用户开店的流程和营销成本，不仅能够满足企业移动端营销的需要，也为更多的个人用户带来了更为便捷的开店方式，是目前较为流行的移动电商运营平台。目前主流的微店有有赞微商城、口袋购物微店、微盟旺铺、中兴微品会、微信微店和京东微店等。下面以微信微店为例，对如何注册微店、如何通过微店管理与发布商品，以及如何进行微店促销等知识进行介绍，帮助创业者快速开设微店。

↘ 7.5.1 创建微店

　　创建微店的方法很简单，需要提前在手机上找到微店官网，下载微店App，并准备一个手机号码，进行店铺的创建，其具体操作如下。

步骤 01 打开微店，点击"微信登录"超链接，在打开的页面中点击 确认登录 按钮，如图7-33所示。

步骤 02 输入绑定的手机号码，点击"获取验证码"超链接，再输入手机上收到的验证码，单击 确定 按钮，如图7-34所示。

步骤 03 输入店铺名称，点击"微店头像"上方的 ＋ 按钮，设置手机中的图

扫一扫
创建微店

片为微店头像，点击右上角的 完成 按钮，即可成功创建自己的微店，如图7-35所示。

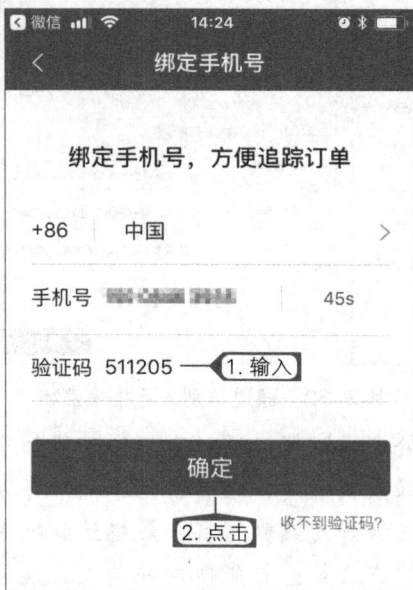

| 图7-33 微信登录 | 图7-34 绑定手机号 | 图7-35 设置店铺名称与头像 |

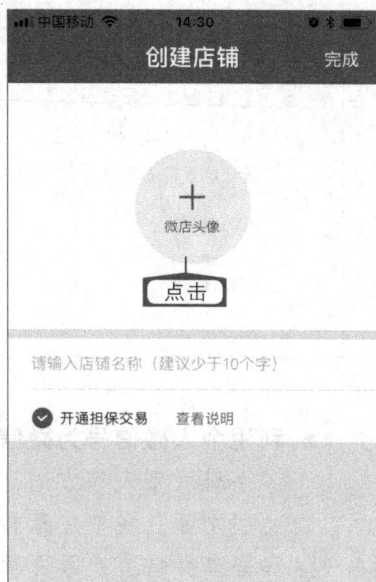

7.5.2　在微店中发布商品

成功创建店铺后，进入微店首页，此时创业者可以在微店中发布商品，其具体操作如下。

步骤 01 登录并进入微信公众号首页，点击头像下方的"创建商品"超链接，这时会提示实名认证；点击"去认证"超链接，在打开的页面中按要求设置认证信息，点击 实名认证并绑卡 按钮，在打开的页面中会提示"认证审核中"，如图7-36所示。

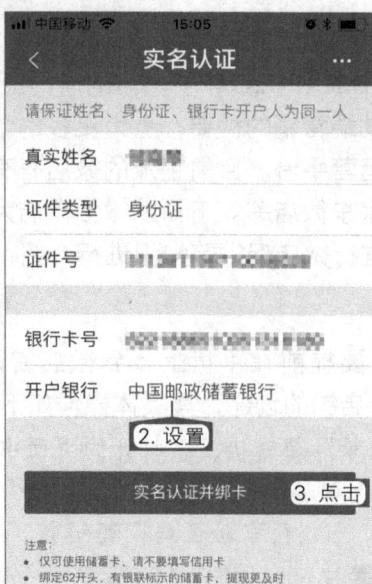

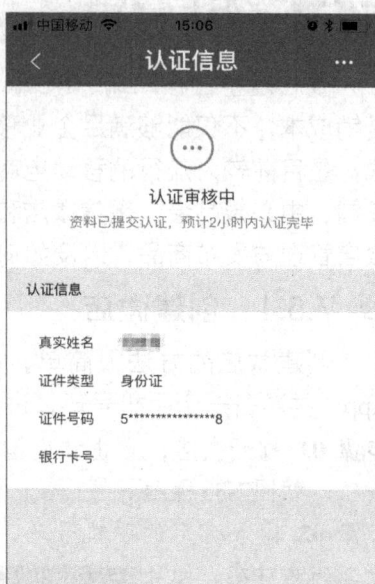

图7-36　实名认证

步骤 02 认证成功后会进入微信公众号首页，继续点击头像下方的"创建商品"超链接，打开"添加商品"页面，点击"添加商品图片"超链接添加商品图片，继续设置商品标题、类目、型号、价格、库存和分类等信息，如图7-37所示。

图7-37 添加并设置商品信息

步骤 03 选择"商品详情"选项，在打开的页面中点击 [+ 添加内容] 按钮，在打开的列表中可插入文字、图片、商品和视频等详情页素材模块，插入后点击模块上出现的"删除"按钮 🗑 可删除插入的内容，点击"上移"按钮 ↑ 可向上移动模块位置，点击"插入"按钮 + ，可在该模块下方插入内容，编辑完成后可点击右上角的 保存 按钮，如图7-38所示。

图7-38 编辑详情页

步骤 04 返回"添加商品"页面，点击右上角的 完成 按钮，打开"分享商品"页面，提示"成功添加商品"，在页面右上角点击 完成 按钮，如图7-39所示。在该页面中可对运费、开售时间等信息进行编辑，并可设置分享方式，如将其分享给好友，好友收到分享信息后，可直接打开商品页面下单购买。

步骤 05 返回微信公众号首页，点击"商品"按钮 ，如图7-40所示。

步骤 06 在打开的页面中可查看刚才发布的商品，点击底部的"添加商品"按钮 ⊕ 可继续发布商品，如图7-41所示。

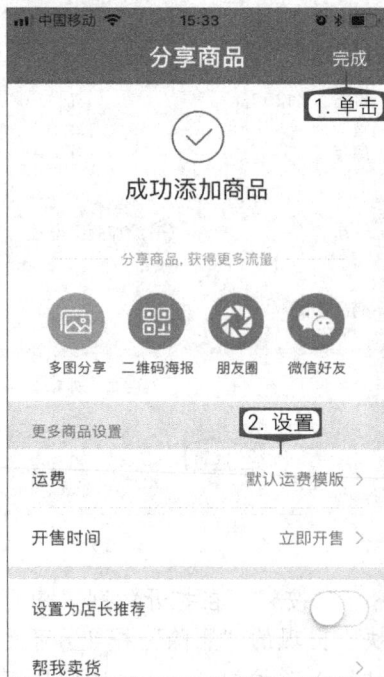

| 图7-39 分享商品 | 图7-40 点击"商品"按钮 | 图7-41 查看发布的商品 |

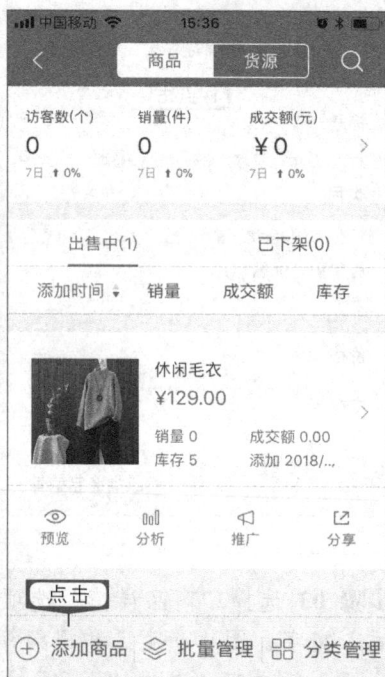

7.5.3 设置微店促销

在添加商品并通过分享将消费者引入微店后，最关键的就是成交率。微店提供了一些促销工具，下面以设置满减优惠为例介绍设置微店促销的方法，其具体操作如下。

步骤 01 返回微信公众号首页，点击"推广"按钮 ，进入营销推广页面，其中提供了"满减""限时折扣""店铺优惠券""满包邮"等多种促销方案，这里点击"满减"超链接，在打开的页面中点击底部的"添加满减"按钮 ⊕ ，如图7-42所示。

经验之谈

微店促销主要是指微店商家通过对商品设置相关的促销活动，刺激消费者的购买欲望，提升店铺的成交转化率。每项促销活动要想让消费者信服，产生兴趣，就需要一个理由，如"店庆""新店开业""庆祝销量突破100万台""新货上市"等都能作为促销活动的"噱头"。

图7-42 添加满减优惠活动

步骤 02 在打开的页面中设置满减活动的名称、开始时间、结束时间、满减范围和满减金额，点击 `添加下一级` 按钮，可设置其他满减条件与金额，点击 完成 按钮，即可成功设置满减优惠活动，如图7-43所示。使用相同的方法可继续创建其他营销活动。

图7-43 设置并查看满减优惠

7.6 思考与练习

（1）什么是新媒体营销？新媒体营销有哪些渠道？如何选择适合自己的新媒体营销渠道？新媒体营销的内容有哪些？如何策划新媒体营销方案？

（2）结合热点事件，为"蓝月亮"洗衣液写一篇微信推广文案。要求语言亲切自然，能够体现蓝月亮强大的去渍功能，并将该文案同时发布到微信朋友圈和微信公众号。

（3）为微店创建"满100元减5元""满200元减20元"和"满300元减50元"的店铺优惠券。

（4）进入微店，添加部分商品，为商品设置详情页文案与图片，增加商品的吸引力，提高商品的转化率，并下架部分滞销商品。

CHAPTER

08

第8章 资金、财务与企业管理

　　创业者开办企业后，要通过正确且合理的方法来管理企业，才能让企业以尽量少的劳动成本取得尽量多的经营成果，获得更多的经济收益。这就涉及资金、财务与企业管理方面的内容。首先，创业者需要有充足的资金才能正常开展运营；其次，企业运营过程中会产生各种成本费用，创业者要掌握必备的财务管理知识，才能更好地进行资金的管理与控制；最后，创业者还要不断完善企业的经营和管理体系，提升企业的综合竞争力，如基础管理、人力资源管理和营销管理等。

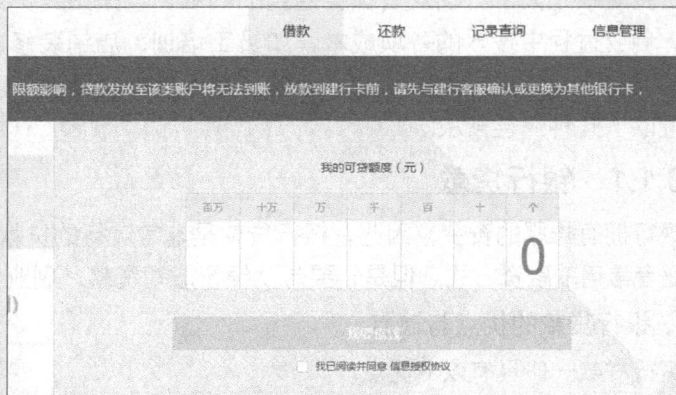

- 创业资金的来源
- 创业财务的管理
- 创业企业的管理

本章要点

案例导入

网上创业死在"融资"

小李是经营女装的成功电商创业者之一。发展至今，小李已经拥有上千名优质女性客户，日活跃客户上百人。然而在小李的创业历程中，艰难的融资之路使其格外感慨。

小李从创业之初到现在，经历了将近5轮融资，其中第一轮融资是最困难的。小李和自己的创业伙伴为经营女装的网上创业项目制作了一份计划书，内容包括资金需求、货源确定、市场预测和推广运营方式等。由于资金短缺，小李要想实现自己的创业计划，就需要寻求资金来源。可按小李的资金预算来看，仅仅向亲戚朋友借款是远远不够的，而银行、公司的贷款利率高，风险大，一旦失败，就可能负债累累。因此，小李决定寻找投资人。小李短时间内见了很多投资人，有的投资人听完创业项目和计划后非常赞赏，但始终没有投资的回应，当然也有投资人不太认同小李的创业项目和计划。原本小李认为只要项目好，项目思路清晰、目标明确，资金规划得当，就能受到投资者的青睐并融资成功，但屡次失败的经历让小李备受打击。好在小李并没有放弃，经过多番努力，终于获得了融资，开始着手执行创业计划。在创业过程中还会面临资金问题，若上一轮的融资花完了，而新一轮的融资还没谈妥，这种青黄不接的时期将成为创业最困难的时期。

融资是创业最大的难关之一，很多网上创业的公司最后都死在了融资上。只有拥有足够的资金和大量的用户，创业者才能不断扩张企业。当然，除了融资外，在创业过程中创业者还要学会节约资金，精打细算，充分、合理地利用资金，降低成本，才能获得更高的利润。

【案例思考】

除了融资外，创业者还会面临很多的困难，如人才缺失，技术、设备难以支持，成本过高等。此时网上创业者需要具备什么样的能力？若创业过程中资金匮乏，找不到投资者该怎么办？营销和人力成本太高，导致亏损怎么办？这些都是需要创业者解决的实际问题。

扫一扫

第8章案例解析

8.1 创业资金的来源

资金短缺是大部分创业者都会遇到的困难，也是始终贯穿在创业过程中、需要创业者解决的问题。创业过程中投入的各项成本，如员工培训、店铺装修、商品采购和运营管理等都需要数量不等的流动资金来支持，以维持企业的正常运转与持续发展。企业要想获取足够的创业资金，可以通过以下几种途径解决。

8.1.1 银行贷款

银行拥有雄厚的资金，因此，银行贷款是非常流行的贷款方式。银行贷款金额相对较大，是很多创业者常用的融资方式。但是，要想从银行成功贷款，创业者需要满足一定的条件。

1. 银行贷款的优点与缺点

银行贷款一般具有以下优点。

- **资金来源稳定**：由于银行资金雄厚，一般通过贷款审核并满足贷款发放条件的企业会很快获得贷款的资金。
- **筹资成本低**：相对于一些贷款公司而言，银行贷款利率整体较低，不容易出现高利贷等情况，贷款的具体利率视情况而定。如大企业贷款利率高于小企业贷款利率，信用等级低的企业贷款利率高于信用等级高的企业贷款利率；中长期贷款利率高于短期贷款利率等。

与其他融资方式相比，银行贷款的缺点表现在以下两个方面。

- **贷款门槛高**：很多电商、中型企业由于资产的匮乏，没有足够的抵押物来抵押，无法获得银行贷款。此外，银行考虑到资金安全问题，对企业的资质、信誉和成长性等方面要求高，很多电商、中型企业难以满足银行贷款要求的资质条件。银行贷款主要投放给大中型企业，小企业仅占20%左右，微型企业更难获得贷款。
- **贷款周期长、频率低**：银行贷款多是单笔授信、单笔使用、不可循环，并且审批时间长、放款速度慢，而电商企业的借贷频率高、资金周转快，对资金的需求迫切。

2. 成功获得银行贷款的方法

很多人想在银行贷款，却又不知道自己能否办理银行贷款。常见的银行贷款方式有抵押贷款和信用贷款两种。抵押贷款具有贷款期限长、放款额度高和利率相对较低的优点，但最基本的要求是必须要有抵押物；信用贷款是根据个人的信用情况进行评判发放的贷款，通常适用于小额资金需求以及短期使用等情况。不同的银行贷款方式，其贷款条件也不相同。下面整理一些个人在银行贷款所需满足的基本条件。

- **申请人要求**：申请人必须是18~65周岁且具有完全民事行为能力的自然人，借款人的实际年龄加贷款申请期限不应超过70岁。
- **征信良好，无不良记录**：在审核贷款时，银行一般会通过查看借款人的个人信用，了解其信誉情况后，决定是否进行下一步的贷前审查。按照多数银行的规定，若借款人两年内有连续3次或累计6次的逾期情况，通常很难获得贷款资格。
- **抵押物要求**：在进行抵押贷款时，抵押品通常包括有价证券、国债、各种股票、房地产以及货物的提单或其他各种证明物品所有权的单据，借款人到期不能归还贷款本息时，银行有权处理其抵押物来偿还贷款本息及相关费用。不同银行对抵押物也有不同的要求，如用于抵押的房屋必须产权明晰、变现能力较强。
- **收入稳定、工资高**：有稳定的收入和充足的银行流水，一般要求覆盖月还款额的两倍以上，证明自己有按期偿付贷款本息的能力。一般情况下，借款人申请贷款时，银行会让你提供一季度或者半年的银行流水。银行会以此来判断借款人在一段较长时间内工作是否稳定以及收入是否持续。
- **明确告知借款用途**：为了保证资金的安全性，银行一般要求借款人明确告知借款用途，并确保资金的使用在合理范围内。如很多银行规定，无抵押贷款和房屋抵押贷款可允许借款人将款项用于购车、装修、旅游、医疗及购买耐用品等消费领域，但不得将其用于购房和炒股等风险性投资。

3. 利用信用卡获得免息资金

随着信用卡的快速发展，各大银行都发行了各种类型的信用卡。信用卡有透支额度及免息期，即持卡人可先用钱，在还款日前还钱。目前信用卡最长免息期为50～56天。如果持卡人使用一张信用卡无法在日常消费中充分利用免息期，那么可以办理两张或者两张以上信用卡，将各张卡的账单日分开，多张卡替换使用即可。持卡人在免息期内使用信用卡消费，不仅没有手续费和利息，还能赚得不少积分，提升自己的信誉度和信用额度。创业者利用信用卡进行原材料、装备和货物采购等消费，可以为企业短期的运营提供周转资金。需要注意的是，创业者需及时偿还信用卡透支的资金，否则会面临高额的利息和信用受损的严重后果。申请银行信用卡可到当地的银行网点办理，也可直接在银行官方网站进行网上申请。图8-1所示为中国建设银行的信用卡申请页面。

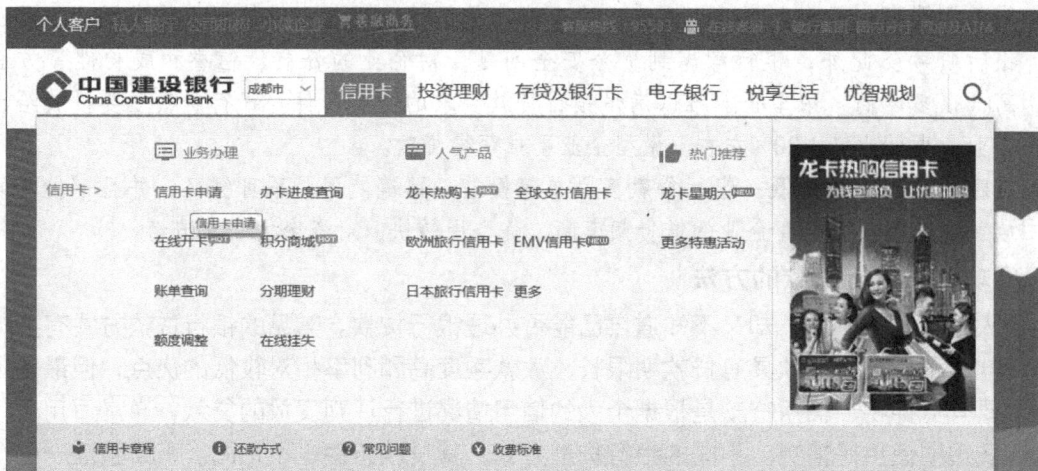

图8-1　中国建设银行的信用卡申请页面

📢 经验之谈

　　除了银行贷款外，目前小贷公司众多，由于受到政策的制约，小贷公司不仅贷款额度有限，大多数小贷公司对贷款条件也有一定的要求，如需要抵押、担保人，而且贷款利息高，特别是纯信用贷款利率更高，创业者临时周转使用尚可，长期使用难以负担。

↘ 8.1.2　亲友融资

　　在创业初期，通过亲友融资可以快速有效地获得借款，一般不需要抵押物。亲友融资是建立在亲密的关系上的。家人和亲友可以为创业者提供资金，可部分满足大多数创业者创业的资金需求，也有亲友不直接参与借款，而是在融资中扮演中间担保人，为创业者向其他人融资提供担保。

　　在创业初期，没有品牌和薪酬的优势，创业者很难招聘到合适的员工，此时亲友可以帮助自己分担部分工作，但是随着创业进展的加快，当亲戚朋友的管理水平不够时，创业者就需要合理并人性化地处理企业与亲友的关系，如按劳支付、进行经济补贴，最终将其剥离企业。

　　总之，亲友融资虽然具有筹措资金快、风险小及成本低等优点，但其缺点也十分显著，如筹措的资金有限，并不能完全满足创业者的资金需求。再者，若创业成功，关于利益分配等问题可能会使创业者与亲友产生争执，影响双方的关系；若创业失败，创业者无法及时还债，为亲友带来资金损失，最终也会影响双方的关系。因此，在进行亲友融资时，创业者需要考虑投资的正面与负面影响，通过对企业的严格管理，尽可能地降低对亲友关系的负面影响。此外，任何借贷都需要有明确的利率以及本金和利息偿还计划，亲友融资也不例外，这是获得亲友信任、维护亲友关系有力的保障。

8.1.3 政策创业基金

为了调节产业导向，各地政府每年都会提供创业基金，用于扶持大学生创业、返乡创业和下岗职工再创业等。

利用政策创业基金，不用担心投资方的信用问题，并且政府的投资在税收、培训和手续费等各方面都有优惠，降低了创业的融资成本。但政策每年的投入有限，政策创业基金的申请具有严格的程序要求，创业者需要面对众多融资者的竞争，申请成功的概率较小。创业初期缺乏资本的创业者不妨试着申请政府性扶持，一旦成功将可能享受创业扶持基金或免租金办公场所，资金和场地问题都迎刃而解。

8.1.4 风险融资

风险融资是指具有专门技术并具备良好市场发展前景，但缺乏启动资金的创业者向具备资金实力的投资者进行融资的过程。创业者主要通过出售部分股权给投资者来获得投资。当公司发展壮大后，可以进行下一轮的融资。这种融资方式可以有效帮助企业度过资金匮乏的艰难时期，并且创业者自己承担的风险小。若创业失败，投资人也要承担相应的损失。因此，风险投资人为了合理规避投资风险、提高收益，对创业者的筛选是必然的，他们关心的不仅是创业者的创业项目、技术，还会关注创业团队和盈利模式等，通过综合考查衡量。只有真正有潜力、有能力和有充分准备的创业者才能获得投资者的青睐。

8.1.5 网络贷款

网络贷款是随着互联网的发展而流行起来的一种贷款方式。网络贷款是指借助互联网优势，使申贷、审批、下款、支用和还贷等业务流程在网上完成，既省时省力，又快捷高效。下面对网络贷款的相关知识进行介绍。

目前，网络贷款主要分为P2P网贷平台贷款和电商平台贷款。

1. 1.P2P网贷平台贷款

互联网金融点对点借贷（peer to peer，P2P）是随着互联网的发展和民间借贷的兴起而发展起来的一种新的金融模式，其具体商业模式为将非常小额度的资金聚集起来借贷给有资金需求的人群，即一笔借款需求可能由多个投资人投资。这种商业模式不仅满足了个人资金需求以及发展个人信用体系的要求，还能提高社会闲散资金利用率。目前P2P行业鱼龙混杂，创业者要选择优质的P2P平台。

📢 **经验之谈**

与P2P平台相对的借款平台还有P2B平台。不同的是，P2P是个人对个人的一种贷款模式，借款人几乎都是个人或小微型企业；而P2B是个人对中小微企业的一种贷款模式。与P2P平台相比，P2B平台一般都有着更为专业的风控能力，并且会引进实力强大的第三方担保机构为本息做保证，在资金的操作上也更为透明规范。如芒果金融，其担保机构由央企、上市公司和国资担保公司等组成。这些担保能够为投资人进行全额本息担保，还会对借款企业进行尽职调查、征信评定、数据分析和实地考察等工作，符合要求后才在平台上发布借款企业的借款需求，因此平台风险控制力较强。

2. 电商平台贷款

电商平台贷款是依托互联网金融的一种全新的网络融资方式，其建立在互联网、云计算以及大数据等信息化高科技手段的基础之上，对长期积累的平台客户交易数据进行专业化挖掘和分析，平台通过与银行、网贷公司合作，向自己平台上的客户提供小额信贷服务。如阿里巴巴2017年年初公布的过去一年放贷成绩单中，累计发放了8 000多亿元贷款，其中蚂蚁借呗在推出后10个月时间内用户数高达1 000万，放款规模为3 000亿元。除了蚂蚁借呗外，电商平台贷款方式还有花呗、分期购和网商贷等。下面列举部分进行介绍。

- **蚂蚁借呗**：蚂蚁借呗是支付宝中自有的纯信用借贷产品，无抵押无担保，用户满足一定的芝麻信用积分就可以有申贷资格。芝麻信用积分可通过支付宝的"芝麻信用"查看，芝麻信用分综合考虑了个人用户的信用历史、行为偏好、履约能力、身份特质和人脉关系5个维度的信息。支付宝芝麻信用分越高，能享受的服务就越多。蚂蚁借呗目前一般有3种还款形式：先息后本（前期只需要还利息，到期还本金）、每月等额、到期还本息（到期一次性还本付息）。申请"蚂蚁借呗"贷款的方法很简单，进入支付宝页面，在"财富管理"栏中点击"蚂蚁借呗"超链接，即可进入"蚂蚁借呗"贷款的申请页面，点击 立即申请额度 按钮，输入学历、年收入、详细地址、联系人姓名与手机号等信息，如图8-2所示，然后点击 提交申请 按钮提交申请，支付宝会判定可贷款的金额，用户根据提示继续进行申请即可。

- **花呗**：花呗是一款虚拟信用卡产品，芝麻信用分达600分即可开通花呗，具有一定的信用额度，可以实现本月购、下月付款的功能，能在短时间内解决用户的资金周转问题，并且无利息。此外，花呗也可实现分期付款，缓解用户一次性支付的经济压力。若担心自己的额度不够用，用户可通过淘宝购物、绑定信用卡付款等方式来提升额度。

图8-2　蚂蚁借呗

- **网商贷**：网商贷是支付宝的贷款渠道之一。在网商银行里，网商贷是一个信贷分类，包含了阿里信用贷款、网商贷、淘宝/天猫信用贷款和速卖通贷款等，其本身也是一种贷款产品。淘宝网千牛卖家可打开卖家中心页面，在"资金管理"栏中单击"查看余额"超链接，打开"网商贷"页面，在其中可进行订单贷款、随借随还贷款及组合贷款等的申请。图8-3所示为"订单贷款"页面。

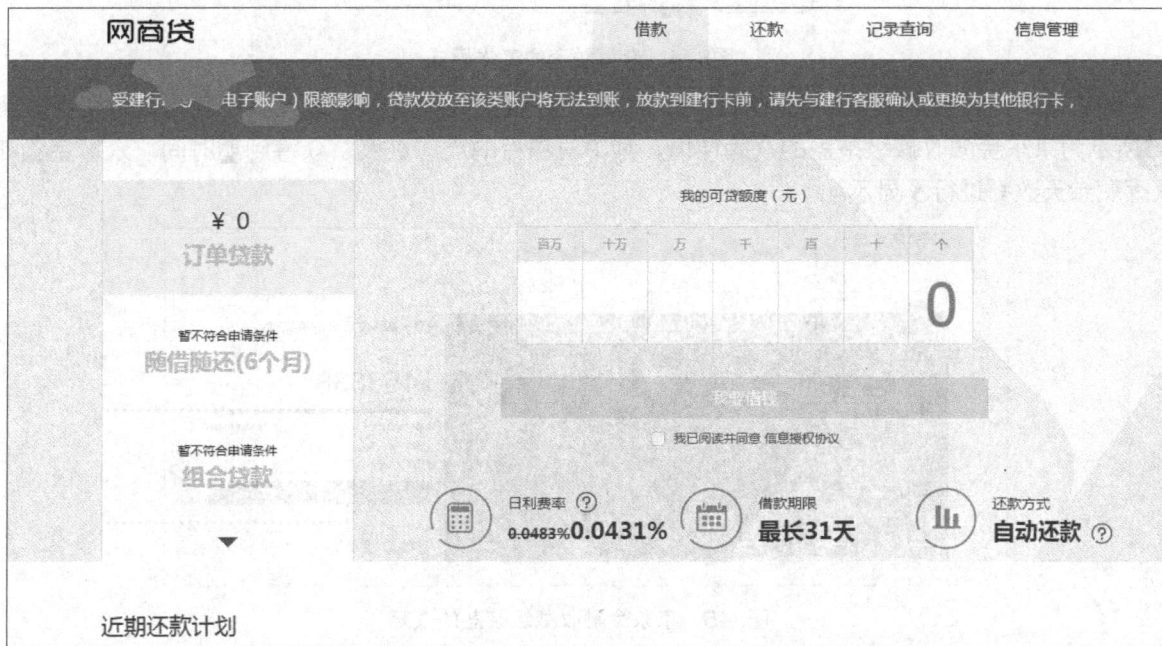

图8-3 "订单贷款"页面

经验之谈

从多数电商平台的融资案例来看，电商平台融资的特征为：申贷人必须是电商平台内的客户；创业者在平台上的信用资质和交易记录直接影响其能否成功贷款，以及贷款的额度和利率；贷款利息与同类银行贷款产品相比有所上浮。

8.1.6 众筹融资

众筹融资主要以"团购+预购"的形式向网友募集项目资金，是一种新的融资模式。众筹也是一种市场营销手段，小企业、艺术家或个人都可以参与众筹，对公众展示他们的创意，提高公众对组织和项目的认可，以感谢、实物、作品和股权等作为回报，获取公众的关注和支持，进而获得所需要的资金援助。

相对于传统的融资方式，众筹不仅能够与众多网友、投资者交流，形成一张大的人际网，而且成本低，仅需支付少量的众筹平台费用，其他成本很少。只要项目够吸引人，就有人愿意掏腰包，使创业者获得项目启动的第一笔资金，并且这些人很可能在以后继续参与到项目中，为项目的持续发展助力。

1. 众筹融资的工作模式

众筹融资的工作模式为：众筹发起人向众筹平台提交众筹项目，出资人通过众筹平台查看众筹项目并投资，在众筹时间段内完成众筹目标资金即表示众筹成功，然后众筹平台将众筹款拨给众筹发起人，最后出资人获得回报，如图8-4所示。

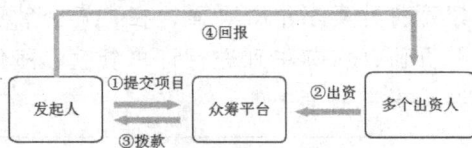

图8-4 众筹融资的工作模式

若在众筹时间段内不能达到筹资目标，即表示筹资失败，众筹发起人不能获得众筹资金。图8-5所示为京东金融收藏级茶盏的众筹详情，其中对项目的当前进度、众筹到期时间、众筹金额和众筹剩余天数都进行了显示。

图8-5 京东金融收藏级茶盏的众筹

2. 众筹的类型

根据回报方式的不同，众筹一般分为股权众筹、产品众筹、债券众筹和公益众筹4种。其中，产品众筹、股权众筹是最常用的众筹类型。下面对4种众筹类型的众筹方式进行介绍。

- **股权众筹**：出资人对项目或公司进行投资，获得其一定比例的股权。
- **产品众筹**：出资人对项目或公司进行投资，获得产品或服务。
- **债权众筹**：出资人对项目或公司进行投资，获得一定比例的债权，在一定时期后获取利息收益并收回本金。
- **公益众筹**：出资人对项目或公司进行公益众筹，不获取任何回报，主要为需要帮助的人进行筹资。

3. 众筹平台的选择

目前众筹平台参差不齐。一个众筹项目要想成功，除了项目本身要具有优势和竞争力之外，众筹平台的选择也很重要。不管是创业者还是出资人，在选择众筹平台时都应该谨慎，以防掉入众筹陷阱。下面介绍选择众筹平台的两种有效方法。

- **选择众筹大平台**：选择主流电商平台如淘宝网、京东商城、苏宁易购等搭建的大型众筹平台，以及人人投、兴汇利和天使汇等口碑不错的众筹平台，这些平台活跃度和安全性都比较有保障。如淘宝众筹平台上的"智能门锁T1"项目，借助淘宝平台的流量优势，众筹金额突破1400多万元，项目总参与人数突破2000人，超额完成筹资10万元的目标，如图8-6所示。但京东金融、淘宝众筹等大众筹平台上线门槛高，许多创业者耗费大量的精力和时间却不一定能上线。

图8-6 "智能门锁T1"项目

- **选择一些垂直性众筹平台**：除了选择一些众筹大平台进行众筹外，产品众筹的发起人还可以根据产品的类别选择一些垂直性众筹平台，包括智能硬件、农业、影视、音乐和游戏类等。例如，开始吧众筹网的定位是个性和创意，强调好玩和有趣；乐童音乐是专注于音乐领域的垂直众筹平台；摩点网是专注游戏和动漫的众筹平台，图8-7所示为摩点网中关于"国民富贵天团抱枕"的众筹。一些垂直性众筹平台由于目标定位更加精确，潜在用户更多，平台相关渠道更多，可以为产品带来大量曝光和流量，因此众筹效果可能比大平台的众筹效果更好。此外，垂直性众筹平台门槛比大平台要低，创业者发起的项目比较容易通过。

图8-7 摩点网中关于"国民富贵天团抱枕"众筹

8.2 创业财务的管理

不管创业者通过哪种方式获得了资金，都要在创业的过程中合理地利用并进行资金的管理，才能保证企业按照正常的轨道发展，并获得收益。企业在运作过程中，应由专门的财务人员来管理资金，但创业者或企业管理人员也需要掌握必备的财务管理知识。下面对其进行详细介绍。

8.2.1 财务管理的基础账目

在经营企业的过程中，无论是创业初期、中期还是后期，创业者都必须清楚财务管理的4个基础账目，包括现金账、销售账、费用账和库存账。这些账目是企业创业之初的基础，一旦出现问题，会给企业带来致命的打击。

- **现金账**：以月度为周期，目的是防止现金流断裂。详细记录每月几个重要的现金结算日期，如何时发工资，何时交房租，何时交水电费、上网费等。还要记住重要的回款账期，即每月几日某项工程（或某长期客户）结账。创业者必须对重要的缴费和结算节点做到心中有数，并予以记录。这样做的目的是早做准备，尽量避免出现赤字或支付能力不足。月末、月初何时资金最紧张，何时资金最富裕，对资金紧张期要提前多久准备好相应的现金预备支付；在资金宽裕期，要如何支配这笔钱，何时进货，何时预付，创业者要对这些问题心中有数。

- **销售账**：以单日为记录周期，最好日清月结。用流水账方式记录每天的销售额、进货成本、毛利以及为实现这笔销售所付出的人工费、交通费和运输费。每笔业务都要按时间顺序详细记录。

- **费用账**：以表格形式把所有已发生的费用都进行记录，每月记录一次即可。企业经营期间发生的费用都要记录在费用账目内，包括人员工资、房租、水电费、上网费、交通费、通信费、办公室耗材和设备折旧费等，因为这些费用都会影响毛利。如果创业者对于已发生的费用记录得不清楚，就会造成"表面上赚钱，实际上赔钱"的结果。详细记录费用账可以为计算保本销量提供依据，相关的计算公式为利润=销售额-总成本，总成本=进货成本+经营成本。

- **库存账**：企业经营初期，业务量小，库房管理制度需要在经营中逐渐建立和完善，因为有时理货或盘库不及时，就会出现库存与账目不符。要建立定期盘库和专人理货的制度。每次盘库和理货都需要两人以上进行，并及时记录和整理。尤其是超市类企业，如果理货不及时，就容易造成提货时将新货物卖出去而旧货物反而留下的情况。如果是食品类等有保质期的货物，就会因为盘库和理货不及时造成不必要的损失。要注意记录进货日期、出货日期、进货批次、批量和存放货架等信息，以便创业者及时掌握库存周转周期，合理分配资金。

📢 **经验之谈**

初创企业成功的关键就是建立正确、严格的财务控制。初创企业往往把管理的重点放在经营上，忽略财务管理，这其实是创业者对财务管理认识上的偏差。许多企业融资顺利、计划书完美、产品适销对路、组织高效且营销有力，但最后往往会因为财务管理不善而失败。

8.2.2 日记账和流水账的记录

不论企业的人数多少、资金多少、规模大小，创业者都要记好企业的日记账和流水账，并且做到日清月结，便于及时掌握企业现金流的情况，为下一步决策提供参考。

- **流水账**：流水账就是创业者按照企业每天发生的收入和支出事项的时间顺序，把所支出和收入的金额及时记录下来。这是企业和个人理财最基本也是最有效的方法。流水账的记账步骤为：及时收集日常发票、单据，并注意发票上是否注明了时间、金额、品名和数量等；按时间顺序对收入和支出进行登记；每天及时记录，做到日清月结；分析这些数据，保存好凭证备查。

- **日记账**：方便、简单的流水账并不是规范的财务记账，只是创业者在企业开办初期常用的方法。在规范的财务记账方法下，创业者可以根据企业的实际情况分设几本日记账。如现金日记账主要用于记录企业每日的现金收支情况；银行日记账主要用于记录每日银行账户的收支情况；销售日记账用于记录每天的销售收入情况；库存日记账用于记录每天采购的物品和支出情况等。日记账的登记应该以月为单位。

8.2.3 创业初期常见的财务风险

创业者拿到创业资金后，便开始创办企业。创办企业花销很大，短时间内却难以获得大笔收入。例如，注册公司需要支付开办费，员工招聘需要支付工资，新产品开发需要支付设计费，市场开拓需要支付营销费用、房租、水电费和上网费等，每一笔费用都需要在创业资金中支出。因此，创业者在创业初期应注意以下几点常见的财务风险。

- **赊销和账期过长造成回款困难，甚至成为坏账**：由于新产品尚未被市场和客户接受，赊销和账期是难免的，客户要先拿货后付款，但是产品的原料费、包装费和运输费等都是不能拖欠的。对于服务类来说，公司新产品的调研费、设计费和开发费用也是必不可少的支出。如果赊销出去的货物不能及时回收货款，给客户的账期过长，导致货款被拖延支付，可能会出现坏账。

- **货物积压或销售不畅**：企业刚开始经营时市场尚未打开，客户少、销售额小，致使货物销售缓慢，资金被货物占用，资金周转不灵。

- **房租等固定支出在经营利润中所占比例太大**：由于最初选址只考虑地段、市场，忽略了房租等因素，结果生意虽好，但房租成本占比过大，等于给房东打工。

- **创业之初租用面积太大**：创业初期业务不多，如果错误地高估了产品的受欢迎程度而租用面积太大的门面，就会造成租金压力过大的局面。

- **在公司门面和装修上花费资金过多**：有些创业者以为把公司装修得金碧辉煌就可以吸引更多的客户，导致装修花费过大，加大了财务风险。

- **固定资产占用启动资金太多**：有些创业者拿到启动资金或投资后，第一件事就是购入大量设备，导致流动资金不足，加大了财务风险。

8.2.4 应对财务风险的常用措施

企业在经营过程中将面临各种各样的财务风险，一旦创业者处理不当，将直接影响企业的财务状况甚至导致财务危机，影响企业的可持续发展。因此，创业者应积极采取相应的措施应对财务风险。常用的应对措施主要有以下几点。

- 当现金流断裂时，首先应该寻找帮扶资金，想办法解决资金问题。目前我国各级政府和社会上各种创业扶持基金很多，创业者应多留意这些政策和组织的帮扶要求，在遇到资金困难时可以申请资金扶持，以渡过难关。

经验之谈

关注现金流就是关注企业的资金周转能力。现金流是银行衡量企业还贷能力的指标。一个企业盈利能力强，现金流不一定大（可能赊销或者存货占用过大），因此现金流能更真实地反映企业的还贷能力。

- 出让部分股份，以换取周转资金。多数创业者最初100%占有自己企业的股份，在资金遇到困难时，可以采取出让部分股份给企业、机构或个人的方法来吸纳新股东或者转变为合资经营，以维持企业生存。
- 如果是由于货物销售不畅导致的资金占用，可采取促销手段，加快商品流通和促进销售，回笼资金。
- 如果是由于场地过大造成的房租压力，可采取部分分租的形式，将一部分场地转租给与自己产品和服务相近的企业，与他们一起分担房租。如卖地板的与卖灯具的合租；开饭店的与开停车场的合租；做设计的与广告公司合租等。
- 创业初期不宜添置太多的固定资产，设备能租就租、能借就借，避免被固定资产占用启动资金。
- 如果公司办公场地与业务发展并无直接关系，创业初期一般不需要进行豪华装修，可以等公司业务、客户、盈利模式稳定之后，视企业发展需要再扩大面积和提升装修水准。
- 切忌因为合作方是熟人或朋友就不签订合作协议。不论是赊销还是现款，都应该在买卖双方协商后签订购销合同或协议。创业者要有自我保护意识，力求把各种风险降到最低。
- 业务结构上，先做挣钱的业务，再去实现自己的其他理想。创业者首先应保证企业可以生存下去，然后去追逐心中理想的但是短期内不盈利的项目或产品。因为如果企业不能生存，一切想法和计划都会落空。

8.3 创业企业的管理

为了促进企业管理水平的提高，增强企业的竞争能力和发展能力，创业者应掌握企业管理的基本原理、方法，具备相应的管理知识，并能够运用这些管理知识和方法来解决企业管理中的实际问题。

8.3.1 企业管理的原理和方法

创业者应该运用合理的、科学的管理原理和方法并结合实际情况对企业进行管理。

1. 企业管理的基本原理

企业管理的基本原理主要有以下几点。

- **人本原理**：人本原理是指一切管理活动应以调动人的积极性、挖掘人的潜能为根本。人是管理活动中最活跃的因素。因此现代企业管理强调以人为中心，要求对组织活动的管理既是"依靠人的管理",也是"为了人的管理"。

● **系统原理**:系统原理是指在管理活动中必须运用系统理论、系统思路、系统工程和系统方法来进行系统管理。企业是一个系统,由各子系统及要素构成,外部环境是一个大系统。管理者要正确掌握整体与局部,以及内外彼此之间的关系,达到企业整体效益最优。

● **整分合原理**:整分合原理是指在整体的规划下,进行明确的分工,并在分工的基础上进行有效的整合。"整"是集权、统一,"分"是分权、分工,二者要妥善结合、互相协调。

● **反馈原理**:反馈原理是指管理者为了确保及时、准确、高效地完成既定计划,达成组织目标,必须快速准确地掌握组织内部和环境的变化,及时将系统的运行状态和输出结果与原计划和目标进行比较,以便出现偏差时立即采取行动加以纠正或修改计划、调整目标,保证组织目标的实现。

● **能级原理**:能级原理是指管理者应建立一个合理的能级结构,并按一定的规范和标准,将管理内容置于相应的能级之中,以实现管理的高效。不同的能级随组织机构的层次不同而不同,要各尽所能。

● **弹性原理**:弹性原理是指管理必须保持充分的弹性并留有余地,以适应客观事物可能发生的变化,实行有效的动态管理。企业应随时保持应变能力,合理运用弹性原理,将它们作为一切工作的推进力。

2. 企业管理的基本方法

企业管理方法是管理者在管理活动中为实现管理目标、保证管理活动顺利进行所采取的工作方法。企业管理的基本方法是从各种具体管理方法中概括出来的,主要有以下4种。

(1)PDCA循环

美国统计学家戴明提出的PDCA循环也称戴明循环,已在质量管理工作中得到推广。其实,它的应用大大超出了质量管理的范围,其不但反映了计划、组织、控制三项管理功能的有机结合,也反映出了企业经营管理工作的一般规律。PDCA循环是企业经营管理中最基本的方法。

PDCA循环的含义:P(Play,计划),根据企业目标,制订计划;D(Do,执行),按照计划,制定措施,组织执行;C(Check,检查),对照目标,检查效果,发现问题;A(Act,处理),总结经验,把成功的经验予以肯定并纳入标准,把遗留的和新产生的问题转入下一循环,然后制定新的目标,继续循环解决。

PDCA循环的运行状态:PDCA循环犹如车轮一般,按P、D、C、A四个阶段不停转动;整个企业的管理系统构成一个大的PDCA循环,而各个部门、各个环节的管理又都有各自的小PDCA循环,大环套小环、小环保大环、一环扣一环;PDCA循环每转动一圈,就提高一步,不停地转动,问题随之不断得到解决,经营管理水平也不断提高。

(2)目标管理

目标管理是指管理者以企业总目标为依据,从最高领导开始,逐级的主管与下属协同制定本部门和每个人的目标以及达到目标的计划和实施进度,然后据此填写目标卡,并将全过程记录下来,到期做出评定,给予奖惩,而后重新制定目标,再开始新的循环的方法。显然,这种方法是PDCA循环在计划管理方面的应用。

实行目标管理，其优点是可以在指定的时期内获得明显的效果，由于上下协调、层层落实，检查、控制、奖惩都比较易于执行；其缺点是容易忽视非定量的目标、例外事件或新的机会，外部环境多变时，容易打乱原定部署。

（3）满负荷工作法

满负荷工作法产生于石家庄第一塑料厂，是指管理者先对企业的各项工作提出较为先进的目标，然后把目标分成几个阶段来逐步实现，而后层层落实，形成保证体系，并与个人报酬挂钩。其主要内容有9项，即质量指标、经营指标、设备运转、物资使用、资金周转、能源利用、费用降低、人员工作量和8小时利用率。此法适用于管理基础较差的企业，可结合具体情况推行。

（4）例外管理

例外管理是指企业内部各级主管把自己部门中的工作分为两类：一类是常规工作，可以授权下级去做；一类是必须自己亲自过问的例外工作。各级主管在进行工作分类时，应先制定一些必要的标准和规章制度，把第一类工作交给经过训练或有经验的下属，按章执行，定期汇报。如果下属遇到例外的事情，则必须立刻报告主管，由主管亲自处理。

例外管理的优点是可以让主管集中精力处理重要事务，并充分发挥下属的能力；其缺点是制定标准和规章制度需要技巧和经验，下属有时未能及时汇报例外情况，容易导致失误。

8.3.2 企业的基础管理

基础管理是企业开展一切专业和综合管理活动时最基础的工具和方法，主要包括以下几项内容。

1. 规章制度

企业必须贯彻执行国家的法令、条例和政策，根据实际需要制定必要的企业规章、守则，还要建立严格的制度，使考勤、交接班、工艺操作、质量检验和财务出纳等环节都有章可循。在建立规章制度的过程中，企业要贯彻民主集中的原则，并且要严格执行，尤其是创业者和管理者要身体力行，这样才能凝聚人心，促进企业长足发展。

2. 原始记录

企业一切活动的结果必须以一定的表格形式用数字或文字加以记录。管理者要随时更新企业内部的各项原始记录和技术、管理、经营资料，使其形成统一、协调的企业信息系统，以适应现代企业经营管理的需要。原始记录是健全企业经营管理工作的重要内容，其信息务求准确，绝对不能靠主观估计，更不能凭空捏造。

企业原始记录的内容包括生产、销售、劳动、原材料（燃料和工具）、设备动力、财务成本和技术等各个方面。各种技术文件与管理文件，如产品设计任务书、设计图纸、各类工艺卡片、工艺操作规程、图纸及工艺更改通知单、产品品质鉴定报告和各种计划大纲及定额资料，都是企业生产活动必不可少的原始材料。

3. 计量监测工作

企业应根据生产规模和实际工作的需要，设置专门的计量监测机构，配备必要的人员，购置必要的计量监测器具，建立标准，加强对器具的检验和维修，以保证其准确性。另外，企业还应健全工作责任制，制定工作规程规范并严格执行，提高工作质量。这与保证产品质量、提高劳动效率、加强经济核算，以及清点材料、物资的收发和消耗，都有很大关系。小型企业可能会因为财力不足而无法购置昂贵的计量或测试设备。针对这种情况，小型企业可以与大型企业合办测试中心，或者利用科研机构的设备进行这类工作。

4. 统计工作

企业有了比较完整的原始记录之后，就要进一步根据有关规定和企业需要，应用统计方法及时加以统计分析，而后才能开展决策、计划和定额等工作，并以其作为检查考核的依据。统计工作以原始记录为基础，涉及整个企业。统计工作必须及时、全面、准确。统计工作有利于各级管理者处理问题，做出决策，进行检查、控制和指挥。

5. 定额工作

在一定的生产技术和生产组织条件下，企业要规定人、财、物消耗应当达到的定额标准。企业通常采用的定额标准有以下几种。

● **生产**：生产周期、生产批量等。
● **劳动**：单位产品（或零件）的工时定额、工序工时定额、设备看管定额和工时利用率等。
● **物资消耗**：单位产品（或零件）和原材料（燃料、动力、工具）消耗定额、材料利用率、物资储备定额和采购周期等。
● **设备**：设备生产能力（容量）定额等。
● **成本费用**：单位产品（或零件）成本定额、企业管理费定额和车间经费定额等。
● **财务资金**：储备资金定额、生产资金定额、成品资金定额、资金利用率、百元产值占用流动资金和流动资金周转天数等。
● **其他**：工具消耗定额、单位产品面积产量定额和单位产量耗电定额等。

有了科学的定额体系，还要有科学的定额管理制度。良好的定额管理制度对推动经济责任制度、贯彻按劳分配、提高劳动生产率、加强经济核算及降低产品成本都有重大作用。

6. 员工培训

企业应将员工的培训作为一项基本建设来进行。进行员工培训的第一步就是确定培训目标，而确定培训目标必须结合企业的实际条件和决策目标。新企业根据一定的标准招收员工后，要给员工一个熟悉业务、认同企业的过程。一些大型企业通常会有计划地组织员工参加培训，为员工讲授企业文化、企业历史、经营思想、管理技巧、行为科学和公共关系等课程，并以其作为提升干部、补充中高级经营管理人员的手段。进行员工培训是有进取精神的大型企业自我发展的必要途径。

↘ 8.3.3 企业的人力资源管理

创业企业的特点是小巧、灵活，因而在人力资源管理上，创业企业不必像大企业那样面面俱到，只需要根据其自身特点，充分发挥自身的优势即可。创业企业的人力资源管理工作包括以下几个方面。

1. 突破血缘、亲缘关系，走出家族制的藩篱

创业企业多半是靠创业者白手起家一点一滴做起来的。创业企业在原始积累的过程中，经历过千辛万苦。因此，许多创业者都把企业视同私有财产，往往任命家族成员担任要职，而对企业中非血缘关系的员工信任度非常低。这种家族式管理存在天然缺陷，会对外来员工起到一种排斥

作用。因此，创建现代企业制度不仅是国有企业的任务，创业企业更需要加快制度变革的步伐，早日走出家族制的藩篱。

2. 制定科学的管理标准

管理标准是履行管理职能时必须遵循的权责标准、程序标准、法律标准、制度标准以及实施标准（能干什么、谁去干、怎么干以及不能干什么），这些具有明确的规定性和较强的约束力。建立并贯彻执行管理标准是现代管理区别于传统管理的一个鲜明特征，创业企业必须站在管理法制化、科学化的高度来认识管理标准的重要性。

3. 制定严密的管理制度

企业的管理制度一经制定，就是企业至高无上的"法"，每个人都必须依"法"办事，任何人不得凌驾其上。管理制度在执行时必须具有时效性、可操作性和明晰性，让企业和员工一起成长。

4. 管理方法和手段的多样性与综合性

管理方法和手段是随着社会进步和科技发展而不断丰富和发展的，管理方法和手段的应用直接影响管理效果。其中有两点值得注意：第一，不能忽略思想和文化，其对人的世界观和价值观的形成、对行为的导向及组织的凝聚力有着重要的影响，是管理的重心，也可以称为管理的基础；第二，不能只强调或偏重哪一种或哪几种手段的应用，企业管理者应当善于管理，而善于管理就是要善于综合运用各种管理方法和手段。

5. 提升企业文化

维系员工的除了合理的薪酬激励和公平分配外，更主要的是企业文化的牵引，即企业必须提供共同奋斗的愿望、价值观念和文化氛围，激发员工目标与企业目标的趋同。

8.3.4 创业企业的营销管理

掌握产品和企业的生命周期以及产品定价策略，可以引导创业者建立企业从成长到衰亡的整体概念，从而建立起企业经营管理所需的不断创新的创业意识。

1. 产品和企业的生命周期

创业者了解产品和企业的生命周期理论，可以对产品和行业的发展趋势进行研究分析，有利于控制企业发展阶段，做出正确决策。

（1）产品生命周期

产品生命周期理论是美国哈佛大学教授费农于1966年在《产品周期中的国际投资与国际贸易》中首次提出的。费农认为，产品生命是指产品在市场上的营销生命。产品和人一样，要经历出生、成长、成熟、老化、死亡这样的周期。

产品生命周期（Product Life Cycle，PLC）把一个产品的销售周期比作人的生命周期。人的生命要经历出生、成长、成熟、老化和死亡这几个阶段，而产品的生命周期也要经历开发、引进、成长、成熟和衰退这几个阶段。产品在生命周期各个阶段的销售规律如图8-8所示。

产品在生命周期内各个时期的特点如下。

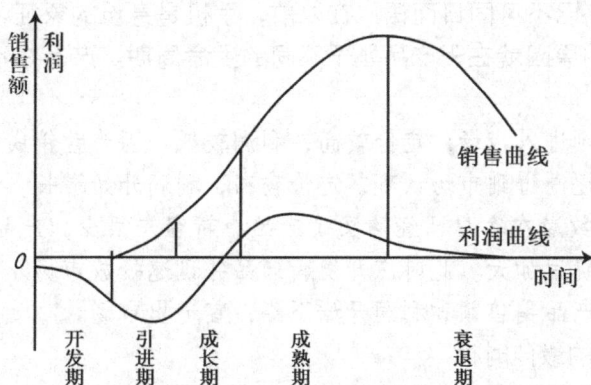

图8-8 产品生命周期示意图

- **开发期**：从开发产品的设想到产品制造成功的时期。此期间产品销售额为零，公司投资不断增加。
- **引进期**：把新产品投放市场的时期。此期间产品上市，销售额上升缓慢。由于引进产品的费用太高，初期通常利润偏低或为负数，但此时没有或只有极少的竞争者。
- **成长期**：产品投放市场一段时间后已有相当知名度，销售快速增长，利润也显著增加。但由于市场及利润增长较快，容易吸引更多的竞争者。
- **成熟期**：此时市场成长趋势呈现减缓或饱和状态，产品已被大多数客户所接受，利润在达到顶点后逐渐走下坡路，公司为保持产品地位需投入大量的营销费用。
- **衰退期**：此期间内产品销售量显著衰退，利润也大幅度滑落。优胜劣汰，市场竞争者越来越多。

经验之谈

了解产品生命周期后，创业者应该建立"做着今天、想着明天、计划着后天"的经营思路。任何产品都会有兴有衰，因此当第一个产品进入成熟期后，企业就应启动第二个新产品的开发或第一个产品的升级换代。只有这样，企业的利润才可以保持在一个稳定的水平。

（2）企业生命周期

世界上任何事物都存在生命周期，企业也不例外。企业的生命周期是企业的发展与成长的动态轨迹，包括创立、成长、成熟和衰退4个阶段。

经验之谈

从企业的生命周期来看，任何企业在成长期的失败率都较高，即使企业平安度过成长期，在成熟期时也应该防止一些弊病。所以创业精神应该贯穿于整个企业经营的始终，时刻不能放松。

2. 产品在不同生命周期的定价策略

了解产品在生命周期不同阶段的定价策略，创业者可以对市场和价格有所认识，从而有利于进行正确的产品定价。

（1）产品在不同阶段的定价策略

不论创业者生产的产品质量有多好，其价格还是由市场决定的。例如，计算机刚刚进入市场时的价格与今天的价格已不可同日而语；在以前，手机是身份的象征，但现在手机已经全面普及。造成这种变化趋势的原因就在于产品处于不同的生命周期。产品在不同的生命周期应采用不同的定价策略。

- **开发阶段：**产品刚进入市场，定价较高，利润较低，因为营销成本较高。
- **发展阶段：**产品逐渐得到市场认可，定价较高，利润开始增长。
- **成熟阶段：**大多数潜在客户已经购买了产品，新客户很少，产品价格降低或打折销售，盈利减少，营销费用加大。此时应开发新产品并迅速投放市场。
- **衰退阶段：**原有产品销售额和利润开始下降，宜退出市场。

（2）产品进入市场的最佳时机

创业者应该首先分析自身产品处于哪个阶段，并根据不同的生命周期来制定相应的营销策略。通常，进入市场的最佳时机是产品的开发阶段，这个阶段可以使产品在市场中获得最大的利润，往往能够在较长的时间内保持竞争优势。

3. 创业初期的营销方式

不同行业、不同规模的企业，所采取的营销方式都是不一样的，但是不论用何种形式的营销方式，其最终目的都是把企业的商品卖出去，为企业换取利润，以维持企业的正常运转。

（1）创业初期的营销——企业家营销

每个企业在创建之初，创业者都会经历一个艰苦奋斗的过程。最初的营销过程往往是对创业者心理素质的极大挑战。很多现在非常成功的企业，最初都是创业者亲自去推销的。创业者通过推销不仅可以更详细地了解自己的商品，还可以在谈判中独立决策，并且掌握消费者的第一手资料。

（2）成熟创业的营销——惯例式营销

创业企业进入成熟期后的营销方式与创业初期的营销方式是迥然不同的。随着公司的发展和消费者群体的壮大，企业应多采用惯例式营销，以细分市场为企业营销的基础。

（3）协调式营销——两种营销方式兼顾的模式

许多大公司采用惯例式营销之后，会花费大量的精力来阅读最新的市场数据，浏览市场调研报告，力求最好地协调与经销商的关系和利用广告进行产品推销。但是，经过比较发现，惯例式营销模式缺乏企业家营销模式的灵活性、创造力和热情，于是，更多的企业会在惯例式营销模式的基础上配合采用企业家营销模式，即企业的品牌经理和生产经理走出办公室参与营销，面对面地倾听客户的反馈，以保证企业的产品更好地满足客户的要求。

（4）做大企业的小伙伴

创业初期的企业力量不够强大、势单力薄，如果仅靠自己孤身奋战，不仅面临巨大的竞争压力，还会由于老是处在行业巨人的阴影下而难以取得长足进步。在创业初期，创业者应当找准自身的优势，取长补短，尽可能依附大企业成长，找到与大企业的共同利益，主动与他们结盟，将竞争对手转化为依存伙伴，用他们的优势和资源来发展自己。做大企业的小伙伴，这种营销模式实质上是依附成长模式。

4. 创业的经营理念

企业为什么而生存？企业追求的目标是什么？创业者应以什么样的理念来经营和管理企业？在企业创立前后，创业者对这些问题都应有相应的认识。

（1）创业者最初的目标是独立生存

所谓经营理念，就是企业的经营目标。现实中，有些企业并没有根据企业自身特点制定经营理念，而是直接借用别人的经营理念，如"以人为本""走向世界"，其实这些空洞的经营理念不过是一句随处可见的口号，并不能表达创业者的真实意图，也不能为员工所完全理解。不管是创业者还是企业，企业创立之初最简单的动机和目的就是要让企业长久地生存下去，只有这样才可以实现创业者的真实意图和最终目的。

初创企业聘请的员工较少，很多可能是创业者的亲戚和朋友，其经营理念就相对简单而实在；但是随着企业消费者群体的增多、销售量的增大，仅靠亲戚朋友参与经营管理是不够的，于是就有不同背景、不同家庭的人因为企业的需要而走到了一起，而所有员工追求的目标也会有所差异，创业者的思维方式和观念也应该因此而发生变化。

（2）创业者从"为自己"转变成"为员工"

当创业者看到员工们齐心协力保证企业的正常运转时就会意识到，有了员工们的辛勤劳动和付出，才会有企业的繁荣和未来，因此只考虑自己和家人的生存是不够的，还应考虑这些员工的利益。在这种想法的影响下，创业者的经营理念就会从"为自己"而逐渐发展成"为员工"。

（3）创业者为社会做贡献的理念是逐步形成的

当创业者意识到自己可以安稳地开办企业不仅得益于社会上很多人的帮助和提携，还得益于国家的稳定和繁荣富强时，就会萌生出为社会做贡献的理念。为了维护这种稳定的局面，企业向国家缴税做贡献也是理所应当的事。企业在逐渐做大的过程中，创业者的经营理念也逐步得到了提升，从"为自己"扩展到"为员工"，最后发展成"为国家"，经营理念的内涵也有了进一步的发展，这已成为一种创业者的自觉行动。

8.4　思考与练习

（1）创业者创立企业时，可以通过哪些途径获得资金？

（2）谈谈银行贷款与网络贷款的优缺点。

（3）怎样进行企业的财务管理？

（4）企业人力资源管理包括哪些内容？

（5）产品和企业会经历哪些生命周期？不同周期的特点是什么？